华城记

历史记忆中的

千年成华

政协成都市
成华区委员会 编

广西师范大学出版社
GUANGXI NORMAL UNIVERSITY PRESS

·桂林·

华城记：历史记忆中的千年成华
HUACHENG JI: LISHI JIYI ZHONG DE QIANNIAN CHENGHUA

策划编辑：邹湘侨
责任编辑：邹湘侨 刘玲
装帧设计：李浩丽 汪娟
责任技编：伍先林

图书在版编目（CIP）数据

华城记 ：历史记忆中的千年成华 / 政协成都市成华
区委员会编. --桂林：广西师范大学出版社，2020.10
  ISBN 978-7-5598-3372-3

  Ⅰ．①华… Ⅱ．①政… Ⅲ．①文化史－成都
Ⅳ．①K297.14

  中国版本图书馆 CIP 数据核字（2020）第 217821 号

广西师范大学出版社出版发行

（广西桂林市五里店路 9 号　邮政编码：541004）
网址：http://www.bbtpress.com
出版人：黄轩庄
全国新华书店经销
珠海市豪迈实业有限公司印刷
（珠海市香洲区洲山路 63 号豪迈大厦　邮政编码：519000）
开本：787 mm × 1 092 mm　1/16
印张：28　字数：338 千
2020 年 10 月第 1 版　　2020 年 10 月第 1 次印刷
定价：108.00 元

如发现印装质量问题，影响阅读，请与出版社发行部门联系调换。

成华区政协文史书籍编委会人员

撰稿人：冯荣光　陆　离　林元亨　刘小葵

　　　　　卢升第　雷文景　陆苏倩　龙德瑛

　　　　　谭　凯　唐澜芯　俞　希　袁　亮

　　　　　杨传球　杨　立　叶子祥　张义奇

封面绘图：金磊磊

序

清嘉庆十五年（1810），青龙场老成华人曾绍先写了篇《水堰记》："窃思木有本，水有源。盖成华东北隅上下两坝粮田之水源，缘起昭觉……"自康熙九年（1670）裁撤华阳并入成都县后，当地一度被民间称为"成华县"，虽于雍正年间复分为成都县和华阳县，但在百姓口口相传中，成都东北沙河流域一直有"成华"这一别称。

战国秦惠文王二十七年（前311）置成都县，唐贞观十七年（643）建蜀县，后更名华阳县。清代成都府下辖三州十三县，以成都县与华阳县为首县，首，有首要、首富之意，因区域在历史上分属成都县和华阳县得名的成华区，是两个首县的宠儿，尽得两县之精华。首善之地，比翼双飞，菁华成华，气质如华。这是一座菁华之城。

从地理而言，成都县与华阳县各取一块，组成成华区。这块区域是成都的高地，龙泉山延伸至此，形成了磨盘山、斧头山、凤凰山等浅丘。府河流淌，沙河蜿蜒，北湖、升仙湖如酒窝点缀其间。斧头山中的大熊猫繁育研究基地，上演着人与自然和谐相处的生态典范；"山不在高，有仙则灵"，道教发源于成都，也给这片土地带来了几分仙气。依山傍水，茂林修竹，登高远望，仙气缭绕。这是一座华美之城。

虽然嘉庆年间才有"成华"之称，但是古人早已在这块土地上繁衍生息。商末周初的羊子山土台，是古蜀国的国家祭坛，也是古蜀王朝更迭与政治中心转变的见证；羊子山汉墓出土的画像砖，再现了汉代成都的华阙林立、庭院深深、鲜车怒马、宴饮舞乐；玄奘求学多宝寺，唐僖宗亲临昭觉寺，从唐代开始，这里梵音缭绕、法相庄严。磨盘山上的和陵，是成都三大帝陵（惠陵、永陵）之一，五代金戈铁马，此时的成都，却堪称乱世乐土，花间词集、工笔画作，对中国文化影响深远。历代印记，风华春秋，千年历史，源远流长。这是一座风华之城。

蜀道难，难于上青天。诗仙李白曾感叹蜀道之难，但金牛道从驷马桥启程，沟通了天府与中原；东大路跨越东山，连接着成都与重庆。古道上满载着货物的车马，肩挑背驮的挑夫，骑着高头大马的官吏，背着黄卷的僧侣，以及马蹄声急卷一路黄尘而来的信使，一路打开了天府之国的繁华与富庶。京华冠盖，不绝于路，商贾行旅，车水马龙。这是一座繁华之城。

秦灭巴蜀后，秦国、楚国、魏国移民迁徙入蜀，羊子山172号墓，留下了楚国贵族的身影；"湖广填四川"中，闽粤一带的客家人迁徙到东山，带来新的物种、食物。新中国成立后，160多家工厂落户东郊，伴随工厂迁徙的，是十余万工业移民。成都是座移民城市，成华区更是移民的乐土，他们的年华扎根在这片土地上，也把自己变成了成都人、成华人，天府文化也在不断融合的过程中再生与涅槃。上川之路，千年不绝，天府之国，凤凰涅槃。这是一座年华之城。

绕不开的羊子山，说不完的驷马桥，忘不了的客家话，数不尽的大东郊。唐宋遗风白莲池，五代风流芙蓉花，川西禅林昭觉寺，全球萌宠大熊猫……在沙河潺潺的水声里，在火车东去的鸣笛里，翻开成华这本厚重的大书，一页页，都是历史与诗篇；一段段，都是锦绣与芳华。在成华"三十而立"之时，区政协依照"以时为经，以史为纬，以文为魂"的方法，对成华历史深度挖掘，集思广益，博采众长，提出了"华城"一说，既描绘了大美成华城市的肖像，也是对成华千年历史的凝练概括。今天，这本纵贯古今、采撷华章的《华城记》，付梓出版，旨在"以古鉴今，存史资政"。

作为成都的自然山水高地、历史人文高地、工业文明高地，雄踞成都东北部的"华城"成华，是菁华之城、华美之城、风华之城、繁华之城、年华之城。成华者，天府之"花"也。"华城"成华，是成都地理的宠儿，是蜀山蜀水的馈赠，是四川历史的华章，也是天府文化盛开的锦绣繁花。

目录

地理

站在地球仪前来看成都平原，这片富饶的土地位于北纬 29 度至 31 度之间，30 度线贯穿中央。成都东北部的成华，是成都的高地，因龙泉山脉延伸至此，又称东山。东山俯瞰，不仅可得一座城市的面貌，亦可见千年天府的兴衰。金牛道与牛龙路，一条官道，京华冠盖，不绝于旅；一条商路，车水马龙，川流不息。

沙河，也称升仙水，早在两千多年前，沙河周边就有了发达的农业。悠久的农耕文明岁月，沙河始终滋养着两岸居民。20 世纪 50 年代，沙河又为东郊工厂的奠基提供了养分，并由此影响并书写了成都的工业化进程。

东山之边
沙河流淌

　　成都东北部，如果从地形上看，那是一片逐渐抬升的坡地，越往东去，地势越高。东山不是一座山，东山是山地与平原之间的过渡地带，是龙泉山余脉延伸至平原的缓坡。

　　坡地边缘，有一大一小两条河由北向东南而来，大的叫府河，小的叫沙河，府河又名郫江、清远江，如今与南河一道统称锦江。公元 876 年，为加强成都城防，时任西川节度使的高骈使原本与锦江并行而流的郫江改道，形成了成都城一千多年"二江抱城"的地理格局。

　　岷江自都江堰向东南分出蒲阳河、柏条河、走马河、江安河、金马河，其中走马河又分出一条徐堰河。徐堰河流至郫都区的石堤堰，便与柏条河汇合，又分出两条河，北侧的一条名毗河，向新都区流去；南侧的一条就是府河。府河在郫都区两路口分出一支东风渠。东风渠，又名东山灌渠，是 20 世纪五六十年代开挖建成的一条人工河流，它向东流经金牛区，成华区北部、东部，穿越龙泉山西麓的丘陵地带。

　　分出东风渠后，府河干流继续向南，在成都市城北洞子口再次向东分出一道支流。这道支流就是成都东部大地上的另一条著名的河流——沙河。从空中俯瞰，沙河犹如一条游龙，在城市边沿游动，蜿蜒在龙泉山脉前的凤凰山、羊子山、磨盘山、洪家坡、青龙包、朱家岭、塔子山、狮子山、董家山等坡地之间。这条龙的头在洞子口与府河分流处，属金牛区，身子属于成华区，尾却在三瓦窑与府河汇合，延伸至锦江区，全长二十多千米，跨越成都三个行政区域。沙河，也把其最美妙的身姿，留在了东城。

沙河
宛若游龙绕成都

府河在洞子口上游连续拐了几道大弯后，左纳凤凰河，再过双水碾，到达升仙湖，接纳了农耕时留下的灌溉沟渠。从升仙湖开始，沙河分出两支，右侧一支为小沙河，左侧一支是干流。干流沿升仙桥北路和赤虎桥北路、赤虎桥南路一直向南流，便来到了历史悠久的羊子山和驷马桥脚下。

跨川陕路，过高笋塘后，沙河突然折向西南，很快又向东南穿过二环路北四段，经古三洞桥，在416医院附近越三友路，并连续拐了几道S形弯道来到虹波桥，又向西南拐一小段，穿踏水桥，然后过麻石桥，转向东北方。这个弯道就是"麻石烟云"。

沙河到达沙河路后，又转向东南，相继过杉板桥、跳蹬河桥后，到达多宝寺附近，在此接纳了下涧漕沟。过了"沙河客家"多宝寺桥后，沙河开始向西南流，穿五桂桥，在塔子山公园以南左纳秀水河，然后过沙河堡、五福桥，穿过净居寺老沙河大桥和新沙河大桥后，向南行，在观音桥附近又左纳了一条灌溉渠，即与三圣湿地驷马排洪渠相连的南三支渠。离开观音桥后，沙河再次折向西南，来到"东篱翠湖"。这里原来叫东湖，人们俗称三瓦窑。沙河到这里，便一头扎进了府河的怀抱。

沙河流经成都三个行政区，除头尾之外，将近三分之二的河段都在成华区境内。时间上溯，沙河则分属于成都县和华阳县。《成华区志》称："沙河纵贯成华全境……成华区属于都江堰自流灌溉区，河网密布。"

"成华"名称的来历与沙河密不可分。据资料显示，"成华"一词最早见于清嘉庆十五年（1810）曾绍先的《水堰记》："窃思木有本，水有源，盖成华东北隅上下两地粮田之水源，缘起昭觉……查康熙三十四年（1695）寺曾禀恳成华县主：'有案牍无有碑铭，后人不得而知'，越至雍正六年（1728）分设华阳一县，分为两县，成都百姓居上，华阳百姓在下，需用昭觉余水繁多……"这则资料说明，康熙九年（1670）首次裁撤华阳并入成都县后，民间就习惯称成都县为"成华县"。后于雍正年间，再次分为成都县和华阳县。而在老百姓口耳相传中，仍然将成都市区东北部一带称为"成华"。

前世
古升仙水

沙河的前世不叫沙河，而称升仙水。

距离成都城区北部约六千米的地方，突兀地隆起一片丘陵地，方圆十余千米，人称凤凰山。山不在高，有仙则名。从古至今，凤凰山可谓是离成都人最近的仙山。

近两年，我先后三次登上凤凰山，循着古人的足迹，去寻觅沙

上、下：属岷江水系的沙河，和府河、南河一起都是流经成都市的主要河道，为成都"三河"之一，主要担负着市民生活用水、沿河农田灌溉及城市东郊防洪排汛等任务，被称为成都的"生命河"

摄影：甘霖

华
城
记

保持了沙河人文特色的"北湖凝翠""新绿水碾""三洞古桥""科技秀苑""麻石烟云""沙河客家""塔山春晓""东篱翠湖"八大景点，与天府绿道相互连接，一线串珠，构成了成都东部市区一条美丽的"翡翠项链"

摄影：甘霖

河的源头。许多年前我曾上过一次山，那时的凤凰山还是园艺场，山上除了花木、果树、奶牛、青草之外，便是泥泞的土路。山下有条河，如绿色的缎带，从北山脚下蜿蜒而过，那就是从远处来又流到远处去的东风渠。其实山脚下原本还环绕有一条历史悠久的凤凰河，如今却难觅踪影。夏天两次上山，都适逢雨后，山坡上到处都是湿漉漉的，纵横的沟壑都有积水，正在往山下无声地流淌，最终都流向南山脚下。

从山顶到赖家店山脚下来，果然看到绿汪汪的一沟水，水上有桥，水中长满水草。站在溪水边回望山顶，顿时有巍峨挺拔之感。其实山并不高，只是山形有些奇特，想象它从古至今一路走来，沧海桑田，变化实在太大。据史载，古时候的凤凰山是座森林繁茂、草木葱茏，并且野生动物出没的仙山，所以才成为皇家狩猎的围场，再加上蓄水能力很强，从山中流出的一股水便形成了一条河的源头。《成华史话》说："秦汉时，因它从城北凤凰山流过，所以最早它被称为'凤凰水'。"但关于"凤凰水"，我没有查找到古文献记载。大约唐初，因这条河上的驷马桥从以前的"升迁桥"改叫"升仙桥"，凤凰山和凤凰水也分别叫升仙山和升仙水。

沙河的前身正是这升仙水，而升仙山则是古升仙水的源头。换句话说，沙河的源头曾经就在凤凰山。

最早记载沙河的是南朝时期蜀人李膺，据乐史《太平寰宇记》卷七十三引其《益州记》说："昂（升）迁水起自始昌堰，堰有两叉，中流即昂（升）迁。"此"昂"字当是"昇"的讹写。而升迁，则源于司马相如过驷马桥而升迁的典故。古时候的始昌堰具体在什么位置，今天只能知道个大概。有学者认为："始昌堰，相当于近代的砖头堰。"这仅仅是一种猜想。砖头堰在郫江（府河）分流的水道上，而升迁水、升仙水显然出自升仙山，始昌堰应该在升仙水之上才说得通。可以肯定地说，始昌堰就在升仙山，即今天的凤凰山脚下。

唐人卢求《成都记》说得更明白："城北有升仙山，升仙水出焉。"不仅印证了始昌堰就在山脚下，而且说明至迟在唐代，升仙山还有不少山水流泻，所以沙河依然还称升仙水。民国时期所修《华阳县志》记载，当年在驷马桥附近挖出几通石刻碑，即《唐代韦津墓志铭》和《胡璩崔协墓志铭》《朱文同郭有直墓志铭》以及《南宋喻三娘买地券》，还将驷马桥一带称为升仙乡，可见直到南宋时，沙河正式名称还叫升仙水，但民间已经有另外的称谓。

升仙水变成沙河，有个演变的过程，这个过程或许就与河道的改变有关。陆游《十一月三日过升仙桥作》诗云："桥边沙水绿蒲老，原上烟芜黄犊闲。老子真成兴不浅，凭鞍归梦绕家山。"诗中的"沙水"便是沙河。之后，元代费著《岁华记丽谱》也称升仙水为沙水。

从升仙水到沙水，不应该只是名称变化那样简单，说明河道源头可能已经改变，河水的含沙量大了，故而叫沙水。之所以有这样的猜测，是因为凤凰山山体是黄泥土壤构成，黏着性很强，泥土可能把水染黄，如双流区黄龙溪镇那条芦溪河就是这样。可能是在晚唐时期，郫江改道绕城北后，人们在新郫江上分出一支水连通了升仙水故道，从而加大了升仙水的流量，新水源带来了郫江上游平原地区的沙土，致使河水含沙量大增，于是升仙水成了沙水——标志着现代沙河的雏形已经基本确立，沙水正式被称为沙河也就是顺理成章了。

沙河名称最早出现在《多宝寺石幢记》中：

去迎晖门外东五里许，古有遗址曰多宝寺。旧有常住土地，东至沙河，西至水沟，内田三丘……东至官草山，南至本寺左沙河，西至白土沟，北至象鼻嘴叶氏居址，俱在界内……成化十七年岁在辛丑六月吉旦。

沙河上三洞古桥

绘图：崔兵

　　这段碑文结尾处明确记述是明成化十七年，也就是公元 1481 年。文中两处提到了多宝寺的田产与沙河的距离。多宝寺即在今万年场附近的沙河边，五百多年前，正是这所寺庙的住持第一次记载了升仙水的新名字叫"沙河"。清代地理学者陈登龙《蜀水考》也沿用了沙河这一名称。

　　从此，"升仙水"逐渐被历史的帷幕遮蔽，沉入了尘封的故纸堆中。

　　历史上的沙河除了被称作升仙水之外，还有人称之为油子沟。水是生命的源泉，对于成都东城外坡地前的大片土地而言，颂扬油子沟的功绩不容忽视，民间专门有歌谣："观音菩萨去西天，鸟瞰大地兮起尘烟。洒下一滴净瓶水，化成油河金灿灿。大油河兮小油河，两岸荒野分成良田。油子河兮油子沟，年年两岸闹丰收。"

中国古人取名字，除了姓名之外，还有字和号，把这种命名方法移情到事物上，同一事物也就常常有多种称呼。成都的河流一般都有多个名字，譬如南河，古名检江，又曰外江、流江、锦江、大江、汶江、都江、清江、笮水等；又譬如府河，古称郫江，又称府江、市桥江、清远江、永平江、油子河等。这些不同的称呼，实际上是同一河流在不同时期的名字，也表示它在某一时期所具有的某种特点。

沙河历经凤凰水、油子沟、升仙水、沙水，或许还有官源渠等名称的变迁，最后成为今天的沙河，不仅意味着时代的推移，还包括时间在成都东城所造就的沧海桑田的巨变。

变迁
沙河的三次转身

沙河历经沧海桑田，时至今日，已经历了农耕文明、工业文明和生态文明三个时代。

农耕文明时代是沙河历时最悠久的时期。羊子山下出土的五件打制石器表明，在旧石器时代晚期，沙河两岸已有人类活动；而羊子山古蜀人祭祀台则证明，数千年前，沙河之滨已经有人耕耘。1979年3月19日，在圣灯村十组（今成华区圣灯街道境内）出土了两座古蜀时期的古墓，除了两具尸骨，还有青铜剑、钺、带钩、青铜锯片，最重要的是发掘出了战国铁斧、铁铲各一件。战国中晚期，正是古蜀开明王朝时期，这两件铁制工具的出土，说明在两千多年以前，沙河已经有十分发达的农业。发达的农业生产必定要仰赖沙河水的滋养。沙河作为整个都江堰自流灌溉区的一部分，人们只需开挖引渠或

沙河，宛如流动的翡翠

摄影：甘霖

简单建闸筑堰，便可使河水任意流向四面八方，润泽大地万物。

　　"水利殖养其国"，蜀人治水，民得安处，沙河流过的地方滋养了成都平原东北一方膏腴之地。从土壤看，沙河沿岸至府河东岸的广大地带，系沿岷江水系组成的河漫地带，千百年来的水流冲刷所带来大量沉积物，形成了厚厚的黑油沙土，抓一把都似要流油，适合种植各种粮食作物和蔬菜。除了盛产水稻、小麦、玉米、红苕等粮食作物之外，沙河的土壤性质保证了一年四季有时令蔬菜源源不断地被送到城市居民的厨房。冬春的萝卜、油菜薹、莲花白、小白菜、莴笋、青菜、韭菜，夏秋的番茄、海椒、四季豆、茄子、黄瓜、豇豆、花菜、芹菜……不一而足。

左思《蜀都赋》曾描写成都农家："户有橘柚之园，其园则有林檎枇杷，橙柿樗榜，榡桃函列，梅李罗生。百果甲宅，异色同荣。朱樱春熟，素柰夏成。"扬雄《蜀都赋》也写道："绿畛黄甘，诸柘柿桃，杏李枇杷，杜樗栗梽，棠梨离支，杂以樃橙，被以樱梅，树以木兰。"左、扬二赋中充满田园牧歌诗情画意的景象，在 20 世纪末期的沙河畔还几乎随处可见。

沙河本身还是一个天然的渔场。以前河面上经常能够看到如柳叶一样漂来的渔舟，鱼鹰傲立船舷，颈子上拴着一根谷草，打鱼人一声吆喝，鱼鹰们一个猛子扎进河中，不一会儿就见鱼鹰衔着肥肥的鱼儿跳上船舷。沙河出产鲤鱼、鲫鱼、鲶鱼、草鱼、鲢鱼等，常常引来人们扳罾、撒网、垂钓。直到今天，沙河岸边的钓鱼人也身影不绝。每每夕阳西下，垂柳依依，头戴草帽的钓鱼人收拾起长长的鱼竿鱼线，带着满足的表情离岸而去，仿佛一幅消逝已久的画面又在沙河边展开来。

20 世纪 50 年代，田野阡陌纵横的沙河两岸，一批现代军工企业如雨后春笋破土生长。众多工厂之所以选择在成都东郊落户，关键就在于沙河能够提供充足的工业用水。滋养了农业文明的沙河，又催生了成都工业文明的形成。

最先落户的是苏联援建中国的 141 个工业建设项目（后又增加至 156 个）中的三个军工企业，分别是 784 厂、719 厂、715 厂。1958年，东郊的另一个重要军工企业国营红光电子管厂在圣灯寺旁诞生——这是中国建成最早的大型电子束器件基地，中国第一支自主研发生产的显像管就出自该厂。

在苏联追加的援建项目中，国光电子管厂也是较早落户沙河畔的。

左、右：沙河上曾经有多座桥梁，如过去的老桥有驷马桥、上中下三洞桥、踏水桥、沙板桥、跳蹬河桥、多宝寺桥、五福桥、五桂桥、观音桥等，大多改造为钢筋混凝土桥梁，抑或成为了一个地名。今天，全长22公里的沙河上建有32座桥梁。图为古三洞桥

摄影：甘霖

1958年，工厂筹建时本选择在德阳与"二重"厂相邻，后改定在成都沙河踏水桥东侧，1963年工厂落成。

成都量具刃具厂早在1952年就开始筹建，工厂采取复制哈尔滨量具刃具厂的办法建设，是西南地区第一家专业生产量具刃具的大型企业。今仍矗立在二环路东一段与府青路交会处的"红楼"便是与"哈量"一模一样的建筑。

占据了东郊工业区最大地盘的是人们熟知的420厂，这是由沈阳111厂包建，于1964年建成。

从20世纪50年代起，数十家军工和民用企业布设在沙河两岸。

华城记

　　"一五"期间国家的 156 个项目，有 8 个在东郊；其中 9 个电子工业项目，有 4 个落户东郊；而四川的 13 个重点项目建设也有一半落户在东郊。三线建设时期，又有一大批企业迁移进来。鼎盛时期，东郊有一定规模的工业企业达一百七十多家，从某种程度而言，成都的工业化进程，即是由东郊实现的。

　　进入 21 世纪后，沙河再次华丽转身，以新姿态迎接着生态文明时代。2006 年，在澳大利亚昆士兰州举办的国际河流节舍斯河流奖评选中，沙河的综合治理成果得到了评委一致的好评，战胜了法国德农河，获得 2006 年的澳大利亚国际舍斯河流奖，成为发展中国家唯一获得这一奖项的河流。

　　崭新的沙河治理突出了以人为本的理念，既保持沙河所蕴含的传统文化的精华，又与最新的国际环保理念接轨。景观建设方面，确立了保持沙河人文特色的"北湖凝翠""新绿水碾""三洞古桥""科技秀苑""麻石烟云""沙河客家""塔山春晓""东篱翠湖"八大景点。这些景点与绿地相互连接，一线串珠，构成了成都东部市区一条美丽的"翡翠项链"。

　　数千年来，沙河究竟历经了多少次重要变化，我们已经难以知晓。但至少有三次人工的改变是有史可查的。第一次改变大约在晚唐至宋代，沙河由过去的升仙水变为沙水，河水源头从升仙山转移到了郫江，使之成为"东别为沱"的一道"新河"，这是城东自然地理上的巨大改变。第二次是在 20 世纪 50 年代，十万大军治沙河，淘淤泥，修河堤，建桥梁，种树木，实现了沙河亘古以来的角色身份转换，这是城东经济地理上的改变。第三次便是 21 世纪初的再次华丽转身，沙河彻底告别了农业和工业，成为美化城市的一条生态长廊，这是城东人文地理上的又一巨大变迁。

道教传说下的山与水

　　翻阅古籍，我们在历代对成都地区的描绘中常常能看见"升仙"二字。东晋《华阳国志·蜀志》中记载："城北十里有升仙桥，有送客观。"唐人卢求《成都记》说："城北有升仙山，升仙水出焉。"元代费著的《岁华纪丽谱》、清代《成都县志》等均有关于"升仙水"的记载。

　　历史上成都平原的东北一隅（今成都市成华区），留下了太多有关"升仙"的传说——这里的湖叫升仙湖，湖边的桥叫升仙桥，桥下流淌的水又叫升仙水。"升仙"二字为何有着如此巨大的魔力，竟然能够影响这片土地上千年之久？这一切的起源，要从道教在成都创建说起。

升仙
道教修行的终极追求

　　东汉顺帝汉安二年（143），沛国人张道陵来到四川大邑鹤鸣山，创建了"正一盟威之道"，自称"天师"，因此民间又称为天师道。张道陵是如何来到鹤鸣山的，史料中没有明确的记载。不过，我们可以确定的是，在去往鹤鸣山之前，张道陵在蜀中逗留了至少一年时间。因为根据东晋葛洪的《神仙传》记载，汉安元年（142），上元之夜，太上老君降临蜀地，向张道陵传授"三天正法，命为天师"，并赐给他《太平洞极经》《正一盟威二十四品法箓》、三五都功玉印、雌雄斩邪剑等经书、法器，张道陵因此得道。

在创建天师道之前，张道陵就并非是籍籍无名之辈。张道陵是沛国丰邑（今江苏徐州丰县）人，生于东汉建武十年（34），是汉初名臣张良的八世孙。他7岁开始读《老子》，通晓天文地理、河洛谶纬之书，年轻时就有弟子千余人，并漫游天下，曾经"涉河洛入蜀山，得炼形合气之书，辟谷少寐"。后来又赴京入太学，博通五经。永平二年（59），任江州（今重庆）令，在巴蜀生活了一段时间。因不满官场腐败，辞职入洛阳北邙山修炼长生之道。永元元年（89），汉和帝赐为太傅，又封为冀县侯，三次下诏请他出来做官，均遭其拒绝。后张道陵听闻"蜀人多纯厚，易可教化，且多名山"，乃第三次入川，最后选定了鹤鸣山作为开宗立教之地。

相传天师道在蜀中降妖伏魔，救护众生，蜀地的人民都非常感动，都愿意听受天师教化。于是天师设立二十四治，即二十四个教区，广收门徒，教化民人。东汉永寿二年（156），张道陵在苍溪云台山（今四川苍溪县云峰镇境内）白日飞升。据传说，天师道第二、三、四代天师均得太上老君道法亲授，全部成仙。

升仙，这便是中国古代道教修行的终极追求。《释名》云："仙，迁也。迁入山也。故其制字，人旁作山也。""仙"最初的含义就是入山修道，在道教看来，唯有入山修行，远离世俗，方能得道升仙。西汉时期，出现了中国第一部系统叙述神仙的传记《列仙传》，记录了古代传说中70多位神仙的事迹。

东汉到南北朝时期，是道教的发展时期；隋唐和北宋，是道教兴盛的时期。蜀中作为道教的起源之地，信徒众多，因此我们不难理解，地名中的"升仙湖""升仙水""升仙桥"，都是道教文化下的产物——正是因为道教白日飞升、长生不老的传说，才有了这些以"升仙"为名的地名。但或许还有一个疑惑，古籍中的"升仙湖""升仙水""升仙桥"均在今天的成华区内，与道教的创始地鹤鸣山，以及张道陵飞升的云台山都不在同一片区域，"升仙"二字固然是来源于道教，但其得名却又另因他人。

在成华这片土地留下"升仙"传说的，是另一位叫作张伯子的道士。《成都记》载："城北有升仙山，升仙水出焉。相传三月三日张伯子道成，得上帝诏，驾赤文于菟于此上升也。""于菟"是古人对虎的一种称呼，对于修道之人来说，能够驾驭猛虎飞升，自然是道法大成，位列仙班。所以即使张伯子此人在史料中的记载寥寥无几，生平也不详，但后人还是仰慕他修道飞升的传说，将这片土地的诸多地标冠以"升仙"之名。

当然，在今天的人看来，升仙和长生毕竟只是一种缥缈的传说，若要严格地按照历史考证，不免也会发现诸多可疑之处。例如传说中天师道的前四代天师都羽化升仙，天师道的第三代天师是张道陵的孙子、汉末军阀张鲁。历史上的张鲁，雄踞汉中三十年，后来投降曹操，官拜镇南将军。而据《三国志》记载，张鲁去世于建安二十一年（216），谥号原侯。

升仙桥　二仙桥
湖光水色　仙气氤氲

　　沙河源自升仙山，古称升仙水，横跨升仙水的第一桥自然也被称为升仙桥。升仙桥下游水积成湖，这便是今天成华区升仙湖名字的由来。尽管古成华地域的许多地标都以"仙"为名，但它所蕴含的文化却是丰富多样的，并非只是包含道教文化。例如升仙桥固然历史悠久，但真正让它名垂青史的却是另一个名字——驷马桥。唐代诗人岑参，曾经写过一首名《升仙桥》诗，诗云：

　　　　长桥题柱去，犹是未达时。
　　　　及乘驷马车，却从桥上归。
　　　　名共东流水，滔滔无尽期。

　　虽然这首诗是以"升仙桥"为名，但讲述的却是司马相如长桥题柱、乘"驷马车"而归的励志故事。可见相比道教升仙的传说，"学成文武艺，货于帝王家"的典故在古代更是深入人心。

　　古代成都东门，距离升仙桥仅数千米之处，同样有一座桥被冠上了"仙"的名号，这便是二仙桥。二仙桥修建于清代道光年间。和升仙桥之得名类似，二仙桥名字的来历，源于两位

左、右："昭觉八景"之"威凤凌霄"插画让人想象凤凰山的得名。见光绪《重修昭觉寺志》，光绪二十二年（1896）刊刻本

仙人曾路过此地。至于这两位仙人是谁，一直有两种说法。一说是八仙中的吕洞宾和韩湘子，另一种说法是和合二仙，即唐代有名的诗僧寒山和拾得。

据历史记载，寒山和拾得都是唐代的诗僧，二人曾一起在天台山国清寺修行，交情笃深。佛家文化中，著名的《寒山拾得问对录》便是来源于他们的一次对话：

昔日寒山问拾得曰："世间有人谤我、欺我、辱我、笑我、轻我、贱我、恶我、骗我，如何处置乎？"拾得曰："只是忍他、让他、由他、避他、耐他、敬他、不要理他，再待几年，你且看他。"

寒山、拾得本是古代的"名士"形象，但清代皇帝的一封敕令，顿时将他们的地位抬升，逐渐演变为带有吉祥寓意的"和合二仙"形象。雍正十一年（1733），皇帝下诏敕封唐代诗僧寒山与拾得，一为"妙觉普度和圣寒山大士"，一为"圆觉慈度合圣拾得大士"，世谓"和合二仙"。民间传说，"和合二仙"专门掌管人间的婚姻和美、家庭幸福等事宜，是古代的喜神。

相传和合二仙被人间的皇帝册封以后，就开始巡游四方，司掌人间婚姻。有一天，两位神仙驾着祥云，来到了成都府华阳县的东门外，在云端俯瞰人间的时候，看到一条弯弯的小河和一座小石桥，有一对母女面色蜡黄，满脸愁容。两位神仙心生怜悯，于是化作蓬头垢面的和尚，来到母女面前。

寒山问道："两位面色忧愁，是有什么忧心的事情吗？"母女回答："师父你有所不知，我们母女二人是客家人。女儿从小与谢家的阿仔订了亲，去年谢家从湖广省迁徙到四川以后，从此渺无音讯。我便带着女儿前来寻亲，至今没有找到，女儿的婚事没有着落，盘缠又即将用完，不知该如何是好啊。"

一旁的拾得心想，这是他和寒山自从被凡间的朝廷册封以来，遇到的第一件差事，一定要办好。于是他使用法力，掐指一算，对母女二人说："明日午时三刻，请两位施主在这座石桥边等候。必定会遇到你们要找的人。"

果然，第二天的正午时分，从东山方向走来一位担着柴火的年轻人，母女二人定睛一看，正是谢家的阿仔。久别重逢，大家喜极而泣。谢家阿仔把母女接回家中，双方父母商定，选择吉日完婚。自此以后，当地居民便把这对新人重逢的地方称作"二仙桥"，新婚之时供奉和合二仙的画像，也成为成华二仙桥地区周边的婚庆习俗。

凤凰山
城北有仙山

唐代诗人李白的诗中曾写道："蜀国多仙山。"四川盆地得天独厚的自然风貌，让历朝历代的诗人都为之倾倒。说起蜀中的"仙山"，或许很多人首先想到的是"青城天下幽，峨眉天下秀"，但古人早已说过，"山不在高，有仙则灵"，在隋唐、两宋时期，成都北郊的升仙山，就是一座不折不扣的仙山。

升仙山，就是今天的凤凰山，它位于成都城北郊约 6 千米处，地处成华区和金牛区的交界，南北走向，由首尾相顾的两个山头组成，远观似迎风展翅、翘首远望的凤凰，故得其名。在漫长的历史长河中，这座"仙山"留下了许多具有神话色彩的传说，以至于它的别名之多，令人叹为观止。石斛山、升仙山、学射山、威凤山、星宿山，这些都是凤凰山的别名。

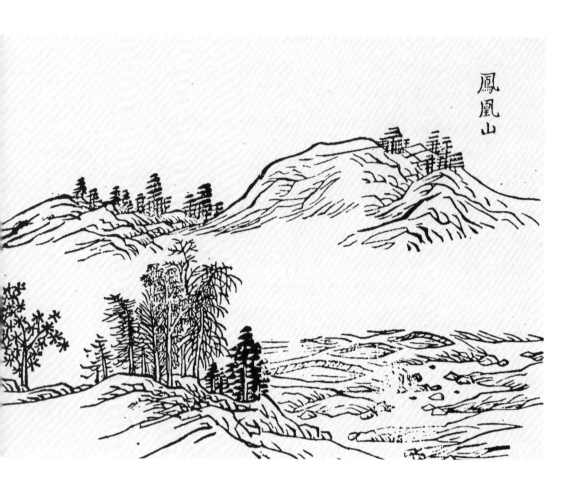

鳳凰山

华城记

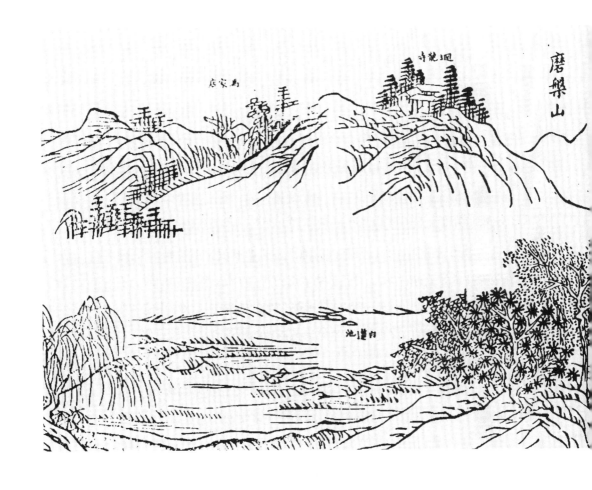

左：同治《重修成都县志》载"凤凰山"插画

右：同治《重修成都县志》载与凤凰山相邻的"磨盘山"插画

最早关于凤凰山的传说，可以追溯到古蜀时期。据晋常璩的《华阳国志》记载："（古蜀）有王曰杜宇，教民务农，一号杜主。时朱提（今云南昭通）有梁氏利，游江源。宇悦之，纳为妃。"当时，杜宇住在天璹山（天回山）上，利妃给他生一女，可爱至极，取名为凤。杜凤从小体弱多病，直至二十岁，尚未出阁便病死宫中。蜀王杜宇悲伤不已，将爱女葬于天回山西南边的土坡上，以便随时看到爱女之墓。由于爱女情深，蜀王将杜凤以王妃的规格而葬，在墓上覆盖大石镜。石镜的形状就和古代的量器斛相似，后人就叫此山为石斛山。

道教历来讲究风水，石斛山的地形"势如巨浪，重岭叠嶂"，这种地形在道家看来是可以"葬千乘（王侯）"的风水宝地；同时，石斛山所在的东北区域又是成都地区地势最高的地方，风水学中有"东北多仙山"的说法，石斛山因此成为了道教鹤鸣山之后，道教教徒最理想的修行之地。

西晋时期，晋孝武帝司马曜就曾下令益州牧在石斛山修建道馆，弘扬道教。大约从这一时期开始，石斛山又多了两个别名——升仙山和学射山。升仙山，自然是因为张伯子得道而得名。东晋道教学者葛洪的《神仙传》中说："（升仙山）在府城北，一名小蓬莱。上产灵药，乃张伯子得道之所。"在道教人士眼中，升仙山是一座地位超然的仙山，甚至有人把升仙山与大邑鹤鸣山、甘肃平凉的崆峒山并列，足见其在道教中的分量。

学射山这个名称则来源于历史上著名的三国时期。公元221年，刘备在成都称帝后，立刘禅为蜀国太子。古代帝王之家对继承人的教育十分重视，其中儒家所强调的"君子六艺"，即礼、乐、射、御、书、数是必修科目。据说，当时城北的石斛山是刘禅练习射艺的皇家猎场，晋代以后，民间便将此山称为"学射山"。由此可见，当时的成都居民对于后主刘禅是具有怀念之情的，真实历史中的刘禅或许也并非如小说中"扶不起的阿斗"。

乃至隋代，成都及其周边地区道观林立，呈现出一片繁荣昌盛的景象。据《隋书》记载，开皇二年（582），隋文帝下诏"于益州创建至真观一所，以供三清"。于是，隋蜀王杨秀命人在学射山上修建了至真观，道观中建有老君殿、三尊殿、天宫、仙居珠亭、讲堂、斋坛等诸多宏大的建筑。隋代成都有至真观、严真观、玉局观、青羊宫、紫报观、金乌观、鹤鸣观等数十座道馆被陆续兴建起来，其中位于学射山的至真观，是兴建时间最早、影响最大的道观。

隋代末年，由于社会动荡，学射山上的至真观也不可避免地走向了衰败。唐代贞观年间（627—649），广汉道士昭庆法师立志恢复至真观，被益州刺史、驸马都尉请为至真观观主。后来昭庆法师寝疾，由其弟子黎元兴继任观主。据《灵异记》记载，黎元兴继任观主后，想要修缮道馆，却苦于没有合适的木材。一日，黎元兴梦中被神人引领至高山大殿中，谒见黄老君。老君身长数丈，髭须皎白，戴凤冠，著云霞衣，侍卫十余人。老君对黎元兴说："吾近有材木，可构此观，无烦忧也。"数日后，有人于万岁池中乘舟取鱼，忽见水色清澈，池底大木极多。黎元兴令人取之，得乌杨木千余段，至有长百尺者，用以起观，作黄老君殿，依梦像塑之，又制三尊殿及讲堂、斋坛、房廊、门宇，皆足用焉。

抛开记载中的神话部分姑且不论，至真观在唐代经历了两代法师的苦心经营后，利用万岁池（今白莲池）发现的乌木，终于建成了当时西南地区规模最大的道馆。"初唐四杰"之一的诗人卢照邻在至真观写下了《益州至真观主黎君碑》，文章中说："（至真观）栋梁平圃，丹腾长楼。大开流电之庭，广制明霞之宇。"从唐代开始，学射山或者说升仙山，香火鼎盛，信徒众多，迈入了历史上最热闹的时期。

农历的三月三日，是蜀地古老传统"蚕市"举办的日子，也是升仙山传说中张伯子得道飞升的日子。从唐代开始，每年的农历三月三日，至真观上就格外热闹。达官显贵们在这一天来道观上香祈福，普通百姓则前来祭祀蚕神，祈求一年蚕桑大吉。唐高宗时，至真观道士王晖"好为人相蚕种，遥知丰损"，是日，人们蜂拥而至，从而蚕市大兴："倾城士庶，四邑居民，咸诣仙观，祈乞田蚕。"北宋时期，至真观一度改名为通真观，但仍是蚕市的举办地点。杜光庭在《神仙感遇传》中记载："学射山通真观蚕市，是日营设大斋，祈神求福，人物喧阗，蜂拥毕至，从而蚕市大兴，每年相袭。"

明天启《成都府志》称学射山又名"威凤山"，清同治年间（1875—1908）《重修成都县志》中，所附录的地形图将古籍中描述的升仙山标注为"凤凰山"。大约就是从这个时期开始，这座历史悠久的仙山有了它今天的名字。如今的凤凰山，在一望无际的成都平原上静静矗立，是成都北门外的一个风景优美的去处。在不同的历史时期，人们因为各种期许赋予了它不同的名字，这些别名见证了道教与成都本土文化的交融，也见证了"蜀国多仙山"的浪漫传说。

官道向北
商道往东

　　成华区，成都东北门户。历史上，境内的金牛道和牛龙路两条路，纵贯南北、横连东西，就像两条大动脉，给成都的发展源源不断地提供新鲜血液，见证了东北郊的繁荣变迁。金牛道是联系四川和中原地区的重要通道，承载着关中地区与西南地区政治、经济、文化交流的重要使命，也是蜀道中最出名的一条路。而牛龙路更是旧貌换新颜，从一条"过牛过马的路"变成成都向东发展的主干道。

金牛道
官道出川

　　成都城址2300多年来基本没有变过，但城市格局却发生了很大变化，西南民族大学文学院教授祈和辉认为，金牛道从西门算起，而出成都的起点就是成华区的驷马桥。以金牛道为线索讲述成华区乃至成都的历史，再合适不过了。

　　春秋时期大小诸侯国林立，为争夺资源，诸侯国间或以武力相胁，或以计谋制胜。相传，秦惠文王欲伐蜀，苦于山川之隔，便生一计：给蜀王写信，称秦国天上落下五头神牛，屙的都是黄金。自己不敢独享宝贝，愿把神牛连同珠宝、美人献给蜀王，但蜀道艰险，运送不便，请派使者来取。蜀王大喜，派遣五丁力士开山架桥，希望得到传说中的神牛与佳人。北魏阚骃《十三州志》曰："秦王未知蜀道……乃令五丁共引牛至之成都，秦知蜀道而亡蜀。""地崩山摧壮士死，然后天梯石栈相勾连""石牛粪金、五丁开道"的传说，其实讲述的是一条北起汉中平原、南迄成都平原的古道诞生的背景。但对于金牛道这条昔年司马相如出川北上的大道，蜀人更喜欢把它称为"蜀道"，如李白的《蜀道难》。

北金牛道的主要路线是汉中—勉县—宁强—广元—剑阁—梓潼—绵阳—成都，全长一千多千米。金牛道经褒水（今褒河）、嘉陵江诸多河川，在龙门山脉与秦岭山脉之中开凿出一条道路，连接起汉中平原与成都平原，其工程之艰巨，可想而知。千年之后，李白"连峰去天不盈尺""剑阁峥嵘而崔嵬，一夫当关，万夫莫开""蜀道之难，难于上青天"的感叹流传至今。

学术界认为，金牛道的历史，或许远比史书记载的更为久远。三星堆不少青铜器与商朝如出一辙，诸如青铜尊、青铜罍等，应该是蜀地工匠模仿中原青铜器制作的；而三星堆的玉戈、玉瑗在安阳殷墟都能找到原型，可见三星堆传承着中原地区的玉石祭祀体系，暗示着蜀人与商王朝之间早已有着频繁的交流了。而这样的交流，必定建立在道路通畅的基础之上。从地域关系来看，蜀地与商朝的交流也依赖金牛道，只是当时还没有金牛道这个称呼罢了。

自秦汉以来，金牛道就是南北丝路的中枢，堪称丝绸之路这条国际大动脉的核心路段，正是通过金牛道及其连接的巴蜀其他路线，以成都为中心的蜀地盛产的丝绸等大宗商品才得以源源不断地通过丝

明清成都东大路示意图

绘图：万邦　供图：胡开全

绸之路运销到国内外；自汉代开始，蜀锦便成为丝绸之路上经久不衰的商品。

　　金牛道上留有君王的治乱之泪，更让文人墨客的诗赋感怀千古留名。南宋乾道八年（1172），在前线抗金被调回的陆游，经蜀道，过剑门，写下了《剑门道中遇微雨》："衣上征尘杂酒痕，远游无处不销魂。此身合是诗人未？细雨骑驴入剑门。""自古诗人例入蜀"，陆游如此，在蜀中生活了近八年的杜甫更是如此——他足足写了九百多首诗。历代大诗人，三三两两、一代又一代，经由金牛道，进入湿润安稳的成都平原，山河的壮美，国力的强盛，时局的动荡，化入他们浩如烟海的诗词中，成为蜀道历史与川西文化的底色。

历史上的金牛道还是一条佛教流传之路，沿途的广元千佛崖、皇泽寺，剑阁鹤鸣山，绵阳西山观，旺苍佛子崖等，都有着诸多精美的石窟。有唐一代，官员、文人、商贾或外放为官，或流徙巴蜀，或往来经商，京华冠盖，不绝于路，也将中原盛行的开窟祈福之风带到了巴蜀。从广元千佛崖到成都北门的"川西第一禅林"昭觉寺，以及唐初盛极一时的讲经院多宝寺，也多少得益于这条古道。

经过历朝历代不断完善，金牛道成为沟通蜀地与中原的一条重要通道，到中华人民共和国成立前，金牛道仍是从陕西入四川的必经之路。1952年，新中国从成都动工修宝成铁路，就是沿着金牛古道的南北走向修建。次年，正是在修建宝成铁路时，考古人员发现了羊子山祭祀台遗址。这是整个成都，乃至四川地区迄今为止发现的唯一一座地面祭祀遗址建筑，同时也是目前我国发现的同时期最大的祭祀台遗址。而其中发现的五件旧石器时代（距今约300万年至约1万年）晚期的实物遗迹，更是古蜀先民1万年前就在成都平原生活的证据，比宝墩、三星堆、金沙还要早。

蜀道难，蜀人敢于上青天。这条绵延千年的大道上，南来北往的人流、物流和信息流，极大地沟通了中国大西南和大西北以至整个古代中国，为多元一体的中华文明的形成和发展，为多民族统一国家的建立和巩固，发挥了巨大而不可替代的历史作用。

牛龙路
商道蜿蜒

与大名鼎鼎的金牛道相比，说起牛龙路，很多成都人都茫然。

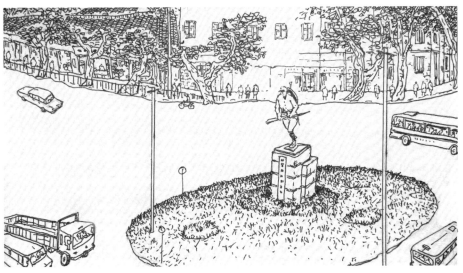

上：川军出川抗战，东出部队即走的东大路。曾经矗立在
成都东城门的"川军抗日阵亡将士纪念碑"（路面正在整修）。
摘自丁成明主编：《川人抗战档案文献图集》
下：记忆中的"川军抗日阵亡将士纪念碑"
绘图：崔兵

一条条羊肠小道，汇向了通往成都的古蜀道——金牛道
（今川陕路）。图为 1917 年，古道上的挑夫
摄影：［美］西德尼·戴维·甘博

不过，若说起成华大道，一般成都人都会知道。其实，牛龙路就是如今的成华大道。如果说，金牛道的历史是一部宏大的叙事史诗，牛龙路则更像是一部充满个人回忆的市井风情画卷。

牛龙路，顾名思义，是连接牛市口和龙潭寺的道路。今天的成华大道则是成都向东发展的主干道。在老成都的记忆中，以前的牛龙路只是一条两车道的公路。从成都东郊出城去龙潭寺，牛龙路是必经之路。这条路也是成都东门出城通向重庆的成渝大道的支路。从牛龙路东端出发，向东北，可通往五凤溪，连接的是东大路北支线；向东南，则可通往洛带，连接的是东大路中线。这条蜿蜒的古老商道，堪称老成都的一条经济命脉，民间谚语云："运不完的五凤溪，搬不空的甑子场（洛带），装不满的成都府。"

成渝之间，最早在蜀汉时期就已形成了一条非常繁华的古道。对于这条逐渐逝去的古道，龙泉驿区档案馆朱成文曾撰文考证：魏晋南北朝时期，驻防武康郡（今简阳）的车骑大将军强独乐等十一位将帅为称颂周文王宇文泰平定南方，使得此道得以重新开通，特意在龙泉驿区山泉铺东面的显益之岗大佛寺为其建记功碑（即北周文王碑）。唐代正式将此道称作官道。这条从成都到重庆的大路，是成都沟通川东的必经之路，民国时期被称为东大路。

东大路成都至简阳路段，全长约70千米，分成中线、北支线和南支线三条道路。中线由成都锦官驿过龙泉驿至简州阳安驿，北支线从成都双桥子出发，经洛带镇、金堂五凤溪，南支线则由成都九眼桥出发，经高店子、柏合镇。

唐宋时期，官道东大路就已经非常繁华，商机涌动。宋代袁辉的《通惠桥记》中说："商贾轮蹄，往来憧憧，不减大郡"，足见当时东大路的繁华。这条路全长50多千米，整日都有骡马队、快马、轿子、滑竿通行，堪称最早的"成渝高速"。

清朝年间，牛龙路就像一根扁担，挑起了锦官驿（牛市口）和龙泉驿（洛带、东山）两大古老的商圈。

1952年，新中国建设的第一条铁路——成渝铁路通车，东大路完成历史使命。牛市口交通要隘的作用式微，但随着钢管厂、五冶等大型国有企业落户东郊，这里的工业移民成倍增加，繁华更甚以往。当年牛龙路到双桂路的420厂家属区变成高档商业楼盘，这一戏剧性的变迁被著名导演贾樟柯拍成了电影《二十四城记》。从陈冲饰演的"厂花"，成华人或许会想起昔日双桥子成都无缝钢管厂有个临时车工叫刘晓庆。

古代，古蜀先民以高度的勇气和智慧，修筑栈道等交通设施，化险阻为畅达，创造了人类历史上的伟大奇观。金牛道、牛龙路，在天府成都的成华版图上，向北向东，联系着成都与中原，与重庆，车水马龙，川流不息。

北湖
张仪筑城留遗珠

　　很多地方都有"北湖"，它所代表的不是一个确切的地点，而是一种文化的概念，蕴含着一个城市空间的布局。北湖，顾名思义，就是北边的湖泊。成都的"北湖"，从它诞生的那一刻起，就注定了它将成为成都历史文明的参与者。北湖在历史上有着诸多名字，万岁池、北池、白莲池……然而无论是它的前世或者今生，它始终是成华土地上的一抹迷人的亮色。

秦万岁池
张仪筑城留遗珠

　　公元前 316 年的一天，一场战争在蜀国的葭萌关（今四川剑阁东北）展开。两军交锋，进攻方是以相国张仪、主将司马错为首的秦国军队，守军是蜀王亲自率领的蜀军。尽管蜀王亲率大军的举动称得上是悲壮，但战争总是残酷无情的，兵败遁逃的蜀王最终被秦军杀死，这也意味着古蜀国由此灭亡。

秦灭巴蜀之战，在战国时期并不是一场特别大的战役，但这场战役的意义与影响却是深刻久远的。正如秦国主将司马错在进军巴蜀前向秦王的谏言："得其地足以广国，取其财足以富民缮兵。"且巴蜀可从水道通楚，"得蜀则得楚，楚亡则天下并矣"。秦灭巴蜀，达到了进一步"富国""广地""强兵"的目的，战略上还形成了对楚的侧翼包围，为秦灭楚和统一六国准备了条件。

公元前311年，距离秦灭巴蜀已经过去了五年，随着秦国对巴蜀的统治渐渐趋于稳定，一场浩大的工程便由此开始——成都"筑城"。秦国主持"筑城"的官员，历史上一直有两种说法，一说是由蜀守张若主持修筑成都城；另一说是由秦相张仪、蜀守张若共同参与。但我们可以明确的是，秦人按照秦都咸阳的建制修筑了成都，即把城市分为了东、西两部分。东为太城，是蜀郡太守官舍区域；西为少城，是商业区，市张列肆，商业繁盛，设有盐铁官管理盐铁税，市官管理市场。

当时的成都城并不大，"周十二里，高七丈"，但从当年十月开始动工，直至第二年九月方才完工。或许是因为修筑城墙耗时颇久，竟留下了一个关于筑城的传说。相传，张仪修筑成都城并不顺利，当时建城的主要方式是夯土筑城，在取土修筑成都城时，城墙筑了又塌，

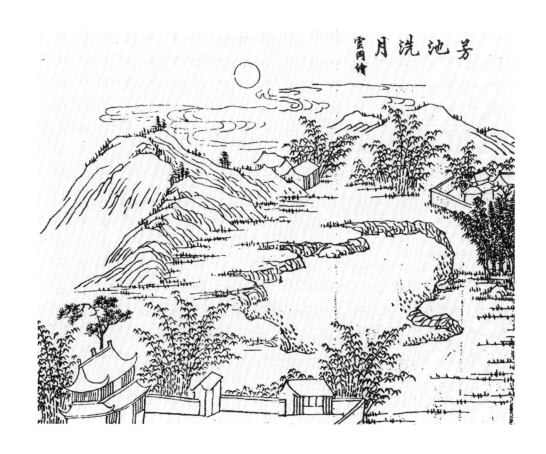

左、右："昭觉八景"之"芳池洗月"插画，说的正是"白莲池"。见光绪《重修昭觉寺志》，光绪二十二年（1896）刊刻本

塌了又筑，屡筑屡颓。正当负责筑城的张仪一筹莫展时，忽见一只大龟绕城而行，张仪顿时大悟，便按照大龟的爬行路径筑城，最后终于大功告成，因此古成都又名"龟城"或"龟化城"。东晋《搜神记》亦有类似的记载：

> 秦惠王二十七年，使张仪筑成都城，屡颓。忽有大龟浮于江，至东子城东南隅而毙。仪以问巫。巫曰："依龟筑之。"便就，故名龟化城。

尽管传说故事精彩奇丽，但从现代人的角度来看，这并不能解释筑城"屡筑屡颓"的原因。古代的成都平原河港密布，沟渠纵横，由岷江水系千百年的冲积而成，其地多为黑泥沙石。这种松软的土质，黏性极差，不适合做夯土筑城的建材。因此，筑城才会"屡筑屡颓"。而张仪最终解决土质问题的方法，就是从别处取土。成都郊外的黄泥黏土，虽然肥沃不及成都平原上的黄泥沙土，但其黏合能力出众，确是修筑城墙的好材料。

史料记载也为当代学者的推断提供了佐证，《华阳国志》记载："其筑城取土，去城十里，因以养鱼，今万岁池是也。"由此可见，张仪最终选择去城门十里之外取土，方才修建了古成都城。而城门北外取土后留下的大坑，蓄水成池被人用于养鱼，形成了万岁池。

数千年前修筑古成都城的张仪，或许从未想过，因筑城而遗留下来的这些池子，最终竟成为了成都的名胜古迹。和万岁池有着相同经历的，还有城东的千秋池、西北的天井池、城西的柳池和城北的龙坝池，这些城池犹如众星拱月般环绕在古成都城池外。众多池子中，千秋池和万岁池经常被人一同提起，因此成都又有了"东千秋，北万岁"的说法。直到清代，顾祖禹的《读史方舆纪要》还曾记载："万岁池，在府治北十里。张仪筑城，取土于此，因以成池……又千秋池，在华阳县治东五里，相传亦张仪所凿。谚曰：'东千秋，北万岁'，谓此。"

盛唐名胜
北池风景如画

唐代以前，相传万岁池是刘禅、孟昶等帝王的游乐之地，故名"万岁池"。《华阳国志》载"（万岁池）其园囿之"，意思就是说这个地方历朝历代都是皇家的园林。唐开元年间（713—741），万岁池还流传着一个颇为传奇的故事，给万岁池增添了宗教的神秘气息，并逐渐广为人知。

《蜀中广记》记载了这个故事：唐开元中，有僧人每日傍晚在万岁池旁诵《法华经》，夜里见一老叟来听。僧人觉得奇怪，问之，老叟曰："我池中龙也。"在古代传说中，龙为可以呼风唤雨的神兽，于是僧人说："如今四方干旱，为何不降雨？"老叟答曰："凡降雨，必须要'天符'，如果没有，天则会诛杀之。今日我愿意为上师降雨，但请上师安葬我。"是夜，大雨，质明，池边有一个大蛇被斩为两段。僧人取蛇身焚化，为其立塔，被称为龙坛。

唐天宝年间，剑南节度使章仇兼琼在万岁池筑堤坝，蓄水用于灌溉。通过这则史料，我们大概可以得知唐代的万岁池已经脱离了"御用"的招牌，成为周边百姓灌溉土地、士人官员游赏玩乐之地。因为万岁池在成都北门，唐宋时期也被称为北池。岑参就曾在春日陪侍御游北池，留下了"日暮舟中散，都人夹道看"的诗篇，可见当时北池游客之多。

唐广德二年（764）秋天的一天，一行人从成都出发，来到了城北的万岁池，这群人中为首者是郑国公、剑南节度使严武，同行的还有时年五十二岁、为严府幕僚的诗人杜甫。这天，杜甫写下了《陪郑公秋晚北池临眺》，诗云：

北池云水阔，华馆辟秋风。

独鹤元依渚，衰荷且映空。

采菱寒刺上，踏藕野泥中。

素楫分曹往，金盘小径通。

蓑蓑露草碧，片片晚旗红。

杯酒沾津吏，衣裳与钓翁。

异方初艳菊，故里亦高桐。

摇落关山思，淹留战伐功。

严城殊未掩，清宴已知终。

何补参军乏，欢娱到薄躬。

诗中向我们展现了唐代北池的绝美风光：北池水云相连，格外辽阔，池边有华丽的馆舍可以遮蔽秋风；有鹤依凭于水中，荷叶于天空相映池中；池上有运送莲藕的小船，池边长着茂盛的碧绿野草；船上的小旗被晚霞映红，鲜艳的秋菊刚刚盛开。

到了唐贞元年间（785—805），万岁池还成了"官府认定"的游览胜地。贞元四年（788），唐德宗下诏说：现在天下太平，百姓小康，每年正月的晦日（即正月最后一天），三月三日定为国家节日，各地文武官员要选当地文化风景胜地游赏玩乐。时任剑南西川节度使的韦皋便积极响应唐德宗的号召，把成都的万岁池、学射山作为游赏之地。司空曙于唐德宗贞元年间在韦皋幕下任职，在此期

上、下：在两千多年的历史中，从北湖诞生的那一刻起，它始终伴随着这座城市的命运

上图摄影：李熙腾　下图摄影：夏宏君

华
城
记

北湖在历史上有着诸多名字，万岁池、北池、白莲池……然而无论是它的前世还是今生，它始终是成华土地上的一抹迷人的亮色

摄影：冯衍凯

间，多次陪宴于北池，留下了《晦日益州北池陪宴》诗。在诗中，诗人描写了当时北池游乐的盛况："野闻歌管思，水静绮罗香。游骑萦林远，飞桡截岸长。"北池周围歌管丝竹声中，穿绮披罗的游人在水上、在岸边漫游。林间人们骑马纵游，水上飞桡表演正酣。

宋代北池
官府与民同乐

宋代，万岁池方圆十里，能够灌溉三乡田地，成为当地农业发展的重要支柱，同时依旧保持着作为游赏胜地的功能。绍兴年间（1131—1162），万岁池因年久积淤，妨碍灌溉，龙图阁待制兼成都知府王刚中亲自负责，召集三乡壮丁共同疏通，垒土为堤，在堤防上种植榆树、柳树，并立石柱记载、表彰此事，百姓因此称颂："王公之甘棠也。"

宋代游万岁池主要集中在每年的上巳日前后。据元人费著《岁华纪丽谱》记载："三月三日，出北门，宴学射山。既罢后射弓，盖张伯子以是日即此地上升。巫觋卖符于道，游者佩之，以宜蚕避灾。轻裾小盖，照烂山阜。晚宴于万岁池亭，泛舟池中。"

《茅亭客话》中则记载了宋代官府在上巳节与民同乐，"时当春煦，花木甚盛，州主与郡寮将妓乐出城，至其地，车马人物阗噎。有耆宿鲜于熙者，与朋友数人，于万岁池纵饮"。三月三日，主政成都的官员带领僚属嬉游于万岁池，同往的还有乐妓歌吹，乘车骑马，好不热闹。成都百姓着丽服，泛舟万岁池中，宴饮于万岁池亭。

淳熙年间（1174—1189），范成大受任为四川制置使，在此期间，他常常到万岁池游玩宴饮，并留下了《上巳前一日学射山万岁池故事》《上巳日万岁池坐上呈程咏之提刑》等诗歌。此时的万岁池游人众多，"游骑不知都几许？长堤十里转轻雷"。在范成大眼中，万岁池风景甚美，"绿岸翻鸥如北渚，红尘跃马似西池"，甚至和长安曲江水景相比也毫不逊色。因此亦有人将万岁池的景色与杭州西湖相媲美，淳熙十五年（1188），京镗任成都知府时，曾写词云："锦城城北，有平湖，仿佛西湖湖畔。"

清代白莲池
庄严梵音下的圣地

明末清初，连绵的战火摧毁了繁盛一时的成都，成都城内十室九空，城外猛虎横行，几乎人烟绝迹。万岁池，这个成都城北最美丽的一颗明珠也失去了它的光芒，华丽的阁楼、精美的池亭、灌溉的堤坝都成了一片废墟，白鹤、小舟、游人不见踪影，就连曾经绵延万顷的麦垄也变成了荒芜的杂草。

同样被战火摧毁的，还有万岁池的老邻居——昭觉寺。昭觉寺建于唐，盛于宋，被称为"川西第一禅林"，然而清初时，当一个叫作王瑹的读书人来到北门的昭觉寺遗址，看见的只有"荒烟乱后居民尽，古寺钟残旅梦遥"的荒凉景象。

一片废墟中，一位名为丈雪通醉的僧人，发下宏愿要恢复昭觉古寺。经过几年的辛苦劳累，康熙二年（1663），在成都城尚在重建之时，昭觉寺已经初具规模，于是成都便有了"先有昭觉寺，后有成都城"的说法。康熙二十六年（1687），随着"湖广填四川"的移民运动为成都恢复了元气，成都北门外炊烟阵阵，佛寺威严矗立。这一年，四川巡抚姚缔虞、提督吴英、布政使李辉祖及前任布政使刘显

北湖生态公园

绘图：崔兵

弟、按察使王业兴、成都知府佟世雍、成都知县宋右举联合发文，发布了昭觉寺的田产范围："前抵驷马桥，后达白莲池。左抵升仙铺，右达大团山。"

为何昭觉寺的周边多了一个白莲池呢？原来，白莲池就是过去的万岁池。白莲为佛教圣物，传说往生净土的人就化生在七宝池的莲花中。昭觉寺的中兴开山祖师丈雪通醉是双桂堂破山禅师的弟子，破山常常借出淤泥而不染的白莲花，来表明自己的心迹，例如他曾经写过一首《移新荷口占》的诗："种自污泥开白莲，就中无染是天然。应知浊世多贤圣，岂在随方又逐圆。"大概是因为跟随破山学法的缘故，丈雪也对白莲情有独钟。有一日，南明宰相吕大器的儿子吕潜来到昭觉寺拜访丈雪。当时昭觉寺的重建还未完成，吕潜听取了丈雪的重建计划，并记录在他的《宿昭觉寺》一诗中："手植尺藤今作杖，句题片石早成编。为怜归客时招隐，拟向池头种白莲。"

"拟向池头种白莲"，说明在昭觉寺重建以前，丈雪就计划在万岁池种植白莲了。曾作为上巳节饮宴之地的万岁池因此得以重建，并更名为白莲池，成为了昭觉寺的莲花池和放生池。

城北遍种白莲的风尚，一直延续到了后世。乾隆时期，清代四川三大才子之一的李调元来到成都城北，坐在驷马桥歇脚喝茶，看见满池的莲花，兴起之下作诗一首："秋阳如甑暂停车，驷马桥头唤泡茶。怪道行人尽携藕，桥南无数白莲花。"城北种白莲之盛，可见一斑。

2020 年的夏天，当我走进如今的北湖生态公园，在湖面可以见到白鹤凭依水中，仿佛见到了杜甫诗中的"独鹤元依渚，衰荷且映空"，从弯曲的楼梯登上阅湖长廊，至最高处，极目远眺，竟有一种穿越时空的错觉感，眼前景色和两千年前诗圣的诗是如此贴切："北池云水阔，华馆辟秋风。"原来，自然和诗歌一样，都有着不朽的魔力。更为称道的是，在两千多年的历史中，从北湖诞生的那一刻起，它始终伴随着这座城市的命运。北湖的前世与今身，宛若天府文明的一颗掌上明珠。正如明珠不会被光阴蒙尘，时间也从未减去北湖的绚丽色彩。

自然

大熊猫是中国家喻户晓的「国宝」，它卡通的形象、可爱的憨态、平和的性格、丰富的内涵，令全球动物爱好者着迷。多年来，大熊猫架起了国际友好交往的重要桥梁，成为最具辨识度的中国名片。

大熊猫绝大部分栖息在中国四川，今天，在成都这座公园城市，位于成华区的成都大熊猫繁育研究基地，演绎着人与自然、动物和谐相处的生态典范。大熊猫黑白二色，犹如道家思想一阴一阳，它是自然的产物，也是文化的象征。如今，在人们的眼中，大熊猫已经成为天府文化乃至中国文化中最为生动的符号之一。

黑白之道
熊猫的象征

　　一百五十余年前，法国传教士、博物学家戴维在四川宝兴邓池沟发现了大熊猫，引起了西方世界的极大兴趣。西方探险家由好奇而猎杀，后忏悔，到后来成立保护组织，积极参与中国的大熊猫保护。中国从成立保护区，宣传保护大熊猫、研究跟踪大熊猫，到成功的人工繁殖大熊猫——大熊猫与人类的关系逐渐亲密无间，熊猫和人相依相伴，从"大熊猫国家公园"到"熊猫之都"，熊猫与人类有了一个共同的"世外桃源"。

　　人类通过百余年的不断建构，更使大熊猫超越了生物属性，具有了厚重的多重文化象征，这就是每个人心目中的"大熊猫文化"。在我们的目光所及之处，熊猫的名字是"阿璞""胖墩""滚滚""阿宝"……它的眸子与微笑是爱和美的化身。

想象古蜀人身旁的大熊猫

　　大熊猫是中国特有的珍稀濒危野生动物，是仅产于中国的"活

大熊猫是活的太极图

摄影：周孟棋

化石"，也是生物界公认生态保护的代表动物。八百万年之前，地球上还没有人类，大熊猫的祖先"始熊猫"已经出现在云南禄丰。对在晚中新世古猿地层中发现的大熊猫化石研究分析发现，"最早的熊猫"像一只肥胖的狐狸，是一种由拟熊类演变而成的食肉动物。在中国的大地上，如果"始熊猫"被认为是出现的第一只大熊猫，那么大熊猫比这片土地上的人类出现得还要早。

长达八百万年的大熊猫生活进化史，背后蕴藏着太多的自然与人文之谜。

在距今约三百万年的更新世初期，有一种化石被定名为大熊猫的小种。它像一只胖胖的狗，有现在大熊猫的一半大，从其化石牙齿推测，它已进化成为兼食竹类的杂食兽。到了更新世晚期，这种大熊猫的小种则依赖竹子为生。

这种像狗的大熊猫，让人想起古蜀人身边的那只"犬"。《尔雅·释山》云："独者蜀。"人们进一步注疏说："虫之孤独者名蜀，是以山之孤独者亦名曰蜀也。"西汉扬雄《方言》说："一，蜀也。南楚谓之独。"伴随着孤独的蜀人的，是一只"吠日"的狗，是否曾经也有一只像狗一样的大熊猫伴随在蜀人的身边？四川盆地生产的竹子，让它们最终选择了留在天府之国？

然而，在漫长的时光中，历来重视历史记录的中国古代典籍，有关大熊猫的文字却始终若隐若现，古人并没有关于"大熊猫"的明确记载。在自然史与人文史中，大熊猫都表现出神秘性，一如古蜀文明的悠远莫测。孙前、何芬奇《大熊猫古名研究》中，分别考证了以前学术界的驺虞说、貘说和貔貅说，并认为这三种说法都不成立。

最为接近大熊猫形象描述的文字，出自明末清初四川井研人胡世安，他在《译峨籁》一书中披露了峨眉山的大熊猫身影。胡世安在《译峨籁·方物纪》记载："貔貅，自木皮殿以上，林间有之。形类犬，黄质白章，庞赘，迟钝，见人不惊，群犬常侮之。声訇訇，似念陀佛，能援树。食杉松颠并实，夜卧高篝下。古老传名皮裘，纪游者易以'貔貅'。此兽却不猛，两存以备考。"此后清康熙《峨眉山志》和王士祯在《陇蜀馀闻》关于大熊猫的记载，都源自胡文。

从记述看，胡世安当是亲眼见过"大熊猫"。而康熙年间，曾经两次"奉命典四川乡试"的王士祯，却并没有那么幸运地见过大熊猫，他在《陇蜀馀闻》中考证说："貔貅产峨眉，自木皮殿以上，林木间有之。形类犬，黄质白章，庞赘，迟钝，见人不惊，群犬常侮之。其声似念陀佛，非猛兽也。予按《毛诗》陆疏云，貔似虎或曰似熊，一名执夷，一名白狐，辽东人谓之白罴，与此差异。"而在后来的《香祖笔记》中，记载就更为离谱："峨眉瓦屋山出貔貅，常诵佛

在自然史与人文史中，大熊猫都表现出神秘性，一如古蜀文
明的悠远莫测

摄影：周孟棋

号。予《陇蜀馀闻》载之。雅州傅良选进士云，其乡蔡山多貔貅，其
状如黄牛犊，性食虎豹而驯于人，常至僧舍索食。"

　　"熊猫教父"胡锦矗在《卧龙的大熊猫》一书中指出："大同小异
的类似记载随后出现在许多书里，但是，正如一般有关古代自然历史
的记载那样，文字记载都是基于经传的描述或注疏，而不是以实际观
察为根据。这就引起了名称和记载上的混淆，这些名称和记载可能是
也可能不是指的熊猫。"

　　走遍了一个个羌族部落、致力于收集羌族民间音乐的汪静泉，
说他在那些古老部落一次次听见天籁之音时，就不由想起走下岷山的

左、右：顽皮可爱的大熊猫，自被发现的那一刻起，就萌
动了世人的心
摄影：周孟棋

古蜀蚕丛氏的背影。这些深藏云朵下的部落，是否就有他们的后裔
呢？神秘的大熊猫，也让人遥想远古的古蜀人，他们有过怎样的对
视，或者相伴？

黑白与大道

颇为神奇的是，道教是中国唯一的本土宗教，黑白两色的太极
图，与大熊猫的黑白两色相似。大熊猫的黑白二色。犹如道家思想一
阴一阳的自然生态、平衡和谐的哲学观，也体现了中国文化"大美至
简"的美学思想。大熊猫的生存史告诉我们：与大熊猫同时期称霸
东亚大陆的剑齿虎、剑齿象在第四次冰川来临之后完全绝种，而避让

作为自然的活化石，大熊猫蕴含着天府文化深厚的历史

摄影：周孟棋

于高山竹海、改变肉食为素食习性的大熊猫却存活了下来，表现了它顺应环境变化，无意中奉行了老子"上善若水，水善利万物而不争"的观点。

　　大熊猫分布史也告诉我们：大熊猫在由散布中国广大区域而逐渐收缩到一个点，中国西部的蜀地高山成为它们最后的主要栖息地，而多水多林盘修竹的四川，既是中国道家文化的繁盛之地也是道教的发源地。这种历史的暗合不得不让人拍案叫绝：大熊猫是有生命的太极图，太极图是静止的大熊猫。作为自然的活化石，大熊猫蕴含着天府文化深厚的历史。

　　"大道，在太极之上而不为高；在六极之下而不为深；先天地而不为久；长于上古而不为老"（《庄子》），"易有太极，始生两仪，两仪生四象，四象生八卦"（《易经》）。从无极而太极，以至万物生。与太极的不谋而合又让人联想到中国功夫，难怪美国梦工厂出品的《功夫熊猫》系列动画电影，能够大获成功，其胖乎乎的熊猫阿宝也以神似太极的"熊猫拳"和"肚皮功"而深入人心。

古人云："爱人者，人恒爱之；敬人者，人恒敬之。"（《孟子·离娄下》）黑白太极，和善相亲，中华民族以和为贵、以柔克刚、中庸之道、无为而治的传统文化，在大熊猫身上体现得淋漓尽致。

爱与美的化身

大熊猫文化是人性的文化。穿越八百万年而来，大熊猫那疲惫而忧郁的眼神，那天真快乐的孩童脾性，是最打动人的。

亲和友善、家喻户晓的大熊猫不但是中国人民的"国宝"，也是世界人民的至爱，它以卡通的形象、可爱的憨态、平和的性格、独特的食性，令全球的动物爱好者和青少年们着迷，被视为中国的和平、友好使者。作为中国的"外交使者"，熊猫不断扩展着中国的朋友圈，也使中国的文化深入人心。多年来，大熊猫架起了国际友好交往的重要桥梁，进一步展示了中国和平友善、开放包容的国家形象。大熊猫不但是中国的象征，是最具辨识度的中国文化符号之一，也是世界和谐、和平、美好的象征。

大熊猫是全球生物保护的一个象征。大熊猫的生存与保护，折射着人类认识自然、和谐相处的努力。1961年，全世界动物学家就聚在一起，为世界自然基金会WWF选定了以大熊猫图案作为会徽和会旗，并一直沿用至今。可爱顽皮的大熊猫宝宝，以其物种身上所体现的生态多样性的内涵，跨越了国家和民族的界限，表现了人类保护大自然的决心。世界自然基金会 WWF 的这面熊猫旗帜与联合国的旗帜并列为"地球的 logo"。人们纷纷聚集起来，不断学习环保知识，关爱自然与生活，热心公益并携手世界自然基金会和一个地球自然基金会（OPF），一同为地球做出改变，成为具有环境责任感和公益行动力的公益公民"熊猫客（Panda Pals）"，与熊猫一起成为了熊猫客部落的一员。激发人类的生态环保意识，大熊猫的宣传作用是不可替代的。

大熊猫也是天府文化的象征。在天府成都，有金沙、草堂、武侯祠，自然还有让人念念不忘的大熊猫。林盘修竹，美田弥望，人们梦中的天府文化与古蜀传说，当有一只滚滚的大熊猫伴随。

今天，在世界各地，川菜馆常有一个英文的名字"Panda Chine"，中国菜、中餐馆、川菜馆，店招上也常画着一只大熊猫。2016 年，四川旅游带着熊猫和川菜走出国门。2018 年，首届中国大熊猫国际文化周在北京开幕。2019 年，成都熊猫亚洲美食节的吉祥物"胖墩"诞生，谐音熊猫（Panda）的"胖墩"成为四川美食的代言人。同年，一只长着爱心眼圈、身穿红色短袖的卡通熊猫，成为首个中国大熊猫国际形象，它的名字叫"阿璞"。

华城记

国宝家园
熊猫与一座城

　　在我们蔚蓝的星球上，大熊猫绝大部分栖息在中国四川。成都是大熊猫保护和文化传播的重要国际中心，也是中国大熊猫国家公园岷山片区、邛崃山——大相岭片区的重要区域。而位于成华区外北熊猫大道 1375 号的成都大熊猫繁育研究基地，则是国宝大熊猫与这座公园城市最好的见证。

　　从 1869 年发现大熊猫到 1987 年，成都与大熊猫的关系经历了清末、民国、中华人民共和国三个历史时期。早期，熊猫的肉身属于中国，但现代科学意义的"大熊猫"属于西方，中国人遭遇了科学缺席，民国时也只有零星研究。1949 年以后，西方人一度只能在纸上或博物馆了解大山中的熊猫，属于中国的熊猫回到了中国人手中。在此背景下，成都经历了百花潭动物园、成都北郊动物园，再到成都大熊猫繁育研究基地三个时段。除了百花潭，后面两处都位于今天的成华境内。今天，位于成华区斧头山的大熊猫基地在三十余年之中，攻克了大熊猫圈养繁殖的一系列难关，拥有全球第一的大熊猫人工繁育成果，让成都有了"熊猫之都"的美誉。而成都人都知道，要去看大熊猫，就要到成华。

从"石谷子地"到"熊猫的公园"

位于成都北门的斧头山曾是一块璞玉，它在今成华区处子般静卧着。1987年，因为大熊猫的到来，斧头山开始了自己的华丽转身。

被誉为"熊猫作家"的谭楷是基地从初建到繁荣的参与者与见证人，他清晰地记得：那时候的斧头山，虽离市区仅仅十千米，但坑坑洼洼的路途总要折磨得路人精疲力竭。落寞的山上，除了有一所成都建设学校设帐教学，打眼望去，漫山杂草，农家的田园稀稀落落，疏于打理的坡地完全就是"石谷子地"。好在这附近有白莲池苗

成都大熊猫繁育研究基地，是国宝大熊猫与成都这座公园城
市最好的见证
摄影：甘霖

今天，位于成华区斧头山的大熊猫繁育研究基地在三十余年中攻克了大熊猫圈养繁殖的一系列难关，拥有全球第一的大熊猫人工繁育成果，让成都有了"熊猫之都"的美誉

摄影：周孟棋

圃，可以为今后基地绿化提供方便，还有成都动物园的饲养场，可算着小小家底，而圈养、展示熊猫的成都动物园离这里也很近，利于今后转移熊猫。这三个因素也许是当年基地选址斧头山的重要原因，但要建立一个专门机构来繁育大熊猫可是大手笔，一定有更为重要的因素促使人们下定决心。

1976 年和 1983 年，大熊猫栖息地发生了两次"竹子开花"事件，大熊猫的生存受到威胁，野生熊猫最多的四川成为"重灾区"。从卧龙、天全等地抢救出的熊猫，大部分都运来成都动物园医治，这里成为救护野外大熊猫最多的动物机构。据冯文和教授统计，动物园在 1974—1993 年，共救治野生大熊猫六十三只。最后留下了六只熊猫，其中三只雌性：美美、果果、苏苏；三只雄性：强强、9 号（川川）和 6 号。慎终追远，这六只熊猫成为今天成都大熊猫繁育研究基地"成都圈养种群"的"老祖宗"。可以说，历史给予了成都与大熊猫零距离接触的天然地理优势。

这一切，为熊猫基地的建立奠定了基础。令人略感诧异的是，在成都建立一所集科研、旅游、教育为一体的熊猫繁殖基地这一决定，居然是在文化宫公园里面产生的。时间在 1986 年春节，人们在检视历史时发现，这个会议选择的时机恰到好处：1. 从 1972 年起，熊猫几次被作为国礼赠送给美国、日本等国，成为"外交大使"，它的政治意义非同凡响；2. 世界自然基金会已经与中国开展了大熊猫保护合作研究，借鉴国外经验，进一步与国外合作成为可能；3. 中国已经开辟了五个大熊猫自然保护区，圈养熊猫的策略有利于野外保护；4. "竹子开花""熊猫粮荒"已经引发了全球性的关注。

政治、科学、情感合力推动着斧头山的蜕变。

第一期工程于 1987 年开工，到 2008 年底第三期工程基本完成后，熊猫基地占地面积共计一千余亩。如此庞大的"专题动物园"建设

随着大熊猫国家公园的落地，以"成都大熊猫繁育研究基地"为代表的成华，以生态之美的优势在"熊猫版图"中占据着极其重要的位置，成为大熊猫国家公园的世界性窗口
摄影：周孟棋

在一个特大城市之中是罕见的。从一期工程到三期工程，用了二十年，曾经的"石谷子地"在建设者的精雕细刻之下幻化为鸟语花香的城市公园。

2019 年，作为成都市 66 个产业功能区之一——成都熊猫国际旅游度假区的核心项目，大熊猫繁育研究基地再次改扩建。扩建后，熊猫基地面积将变成三千五百多亩，相当于原来面积的三倍。

随着大熊猫国家公园的落地，以"成都大熊猫繁育研究基地"为代表的成华，以生态之美的优势在"熊猫版图"中占据着极其重要的位置，成为大熊猫国家公园的世界性窗口——天府成都·生态成华，这里是熊猫的乐园。

"熊猫公园"
亲近国民宝宝

2012 年 11 月 11 日，姚明来到成都参加大熊猫野化放归仪式，他对熊猫肥胖而灵活的身体惊叹不已："它们的柔韧性太好了，我刚进去它是背对我的，我都不知道它怎么突然转过来了。"这位篮球天才用体育人的眼光欣赏着熊猫，也用保护者的姿态对众人演说道："五十多年前成都发现大熊猫是'授人以鱼'，今天我们野放大熊猫是'授人以渔'。"他在回答另一个提问时又说："具体的内容，有专家，有科技工作者去完成，我们插不上手……我们能做的，就是向全世界、全人类呼吁，保护大熊猫，保护野生动物……"

姚明说到做到，同年 9 月 10 日，"2012 年成都熊猫基地全球招募熊猫守护使"活动在上海启动，"姚基金"参与活动，姚明出席启动仪式并再次重申他的理念："姚基金的目标是支持贫困地区教育事业，我认为教育是多元化的，野生动物保护要从娃娃抓起，对自然保护也是教育中非常重要的一部分。通过教育去让孩子们了解怎样保护自己的家乡，发展自己的家乡。"

一部"熊猫热爱史"，几乎就是一部名人推波助澜的历史，熊猫的光环总是套着名人的光环，两相辉映，长久不衰。在美国，为全世界倾慕的童星秀兰·邓波尔、被评为"20世纪美国十大偶像"的女作家海伦·凯勒，还有著名辣妈歌星苏菲·塔克都是熊猫粉丝，虽时隔多年，大熊猫早已不是难以窥见的传说中的"神兽"，却仍然吸引着名人争先恐后地"朝拜"，一幅幅"熊抱美图"也成为时尚。

"一个滑稽的黑白双色的大家伙朝我飞奔而来，刹那间来到我的面前，扬手就是一记上勾拳，然后它的十八个同伴也加入了行列，两只攻击我的裤腿，另外的则试图爬上我的脊背。我被熊猫宝宝环绕着……站在它们中间，我才意识到，我刚刚实现了我毕生的梦想。"这是成都"熊猫大使"奈吉尔·马文在成都熊猫基地亲近熊猫之后留下的文字。

奈吉尔·马文是英国著名野生动植物电视节目的编导兼主持人，被誉为"电视界的斯皮尔伯格"，他的重要作品包括一部追寻中国野生大熊猫的五集纪录片《马文与中国大熊猫》。儿时，父亲曾送给他一本《动物园时光》的儿童书，里面的熊猫图像让他一见钟情，那时候，他就许下了追逐熊猫的梦想，当他在成都身处熊猫世界时，美梦成真的他激动地告诉人们："讨论熊猫能让我的内心如绒毛般温暖，舒服。"奈吉·马文的感受无疑代表了所有熊猫粉丝的心，无论是普通人还是名人，中国还是外国人，许多熊猫迷投向熊猫的瞬间即被萌化。

华
城
记

熊猫是国人的"国民宝宝",也是人类地球村的"功夫娃娃"
摄影:周孟棋

地球那么大
我要去看看

1999 年,在德国柏林动物园熊猫馆,一位华人中年男子被熊猫吸引,整整一个下午,他的眼睛就没有离开过熊猫,小宝贝的所有姿态都被他努力收藏在脑海中。这是他第一次在现场见到大熊猫,神奇和可爱远超他所闻,他恨不得即刻就能抱着它,捏它的鼻子,抚它的嘴巴,但他太忙,俗事缠身,平日里,也只能空闲的时候在电视上欣赏这些宝宝。不过十年之后,机会终于来临,他来到了成都熊猫基地认养了两只熊猫,并将自己的名字拆分开来为宝宝分别起名"成成"和"龙龙"。这位痴迷熊猫的男子正是国际功夫巨星成龙,认养熊猫仪式于 2009 年 5 月 12 日在成都熊猫基地举行,成龙准备捐资十万元人民币作为两只熊猫的繁育基金,并郑重地在协议书上签上自己的名字。待他将捐赠支票牌递给工作人员时,影坛"大哥"却临时改变了主意,只见他拿着记号笔当众在票牌上增添了一个零,十万瞬时变成了一百万,突如其来的递增引来众人一片欢呼,他对此解释说:"我不仅仅只想有'成成''龙龙'这对儿女,我还想有更多的熊猫孩子。"

成龙爱熊猫在影视圈并不是新闻,他的夫人林凤娇就曾在成都熊猫基地"揭发":每当看到电视上有大熊猫画面时,成龙总爱傻乎乎地发出"咯咯"的笑声。他的朋友们见他这般痴迷熊猫,都怂恿他赶快去认养两只。他自己也承认,他有浓厚的熊猫情结。在认养现场,他的两个"孩子"——只有半岁的成成和龙龙依偎着他时,这位

在风靡全球的好莱坞大片《功夫熊猫》的中文版中，热爱熊
猫的功夫巨星给《功夫熊猫》配音，喜剧明星配超级喜感的
大熊猫，成龙成为不二人选
摄影：周孟棋

屏幕上的铁血男儿开心得合不拢嘴，他告诉记者："我希望可以抱一
抱大熊猫，亲它一下，这是我多年来最大的愿望。"认养后的第二年，
成龙又来到成都探望他的两个"孩子"，同样的舒心欢畅再次写在他
的脸上："又抱到熊猫了，就让我抱着它多坐一会儿吧，就算是这样
坐一天都不会觉得无聊，我真是太喜欢熊猫了，看着它们憨厚可爱的
样子，我觉得什么烦恼都没有了，只有开心！"

　　当成都市正式授予成龙"熊猫大使"这一称号时，他满心欢喜
地接过了"大使证书"。在娱乐巨星中，成龙是与大熊猫结缘最多的

人之一，之前，他还先后受聘为香港和柏林的"熊猫大使"，在风靡全球的好莱坞大片《功夫熊猫》的中文版中，他的配音俨然是绝配，热爱熊猫的功夫巨星给《功夫熊猫》配音，喜剧明星配超级喜感的大熊猫，成龙成为不二人选。2017年，成龙再次为中英联合制作的自然类纪录片《地球：神奇的一天》配音，在表现成都基地的画面中，成龙替大熊猫说出了它们的美好心声："地球那么大，我要去看看。"

"地球那么大，我要去看看"，红尘滚滚，诸事烦扰，许多人需要成龙的功夫喜剧娱乐身心，也需要熊猫传递的温暖与祥和，据《中国国家形象调查报告2012》显示，最受海外民众喜爱的中国元素前五名依次是：大熊猫、长城、成龙、中国美食、故宫，这个文化现象不需要细想也可知晓：熊猫征服了全世界的无数高官显贵、明星达人，第三名的人类明星也钟情于第一名的动物明星。熊猫为什么这样红？熊猫为什么红了一百五十年仍然是"网红"？

因为，熊猫是国人的"国民宝宝"，也是人类地球村的"功夫娃娃"！而在成都成华的"熊猫公园"，"网红宝宝"的"滚滚"故事，每一天都在滚动直播……

考古

大约商末周初，一座恢弘的国家祭台出现在成都东北，是十二桥文化的重要标志，也是古蜀国权力更迭与政治中心转变的见证。古蜀国衰落后，古人在其上营造墓茔，172号墓的主人，便是一位远道而来的贵族；汉代砖石墓中出土的画像砖，庭院建筑、宴饮百戏、车马出行，成为了解汉代成都的窗口。

磨盘山上的和陵，是成都三大帝陵之一，再现了五代十国的金戈铁马。

二仙桥、青龙场宋墓，令人想象万商成渊的繁华成都，也步入一个道教兴盛的天府。考古中的成华，是再现成都历史的重要拼图，也是天府文化的璀璨华章。

羊子山
古蜀王朝的国家祭祀台

　　成都北门外，有座古桥驷马桥，桥北曾经有一座边长为 140 米、高 10 米的正方形土台——羊子山土台，这座庞然大物高高耸立在平原上，远远望去显得特别起眼。考古学家曾以为这是一座大墓，后来才发现它是一座大型国家祭台——它出现在三星堆衰落之时，是古蜀国权力更迭与政治中心转变的见证。

　　考古学家发现，羊子山土台的朝向与成都城的格局和成都的主要街道一样，都是北偏西的。这只是一种巧合吗？

驷马桥北
墓葬还是祭坛？

　　羊子山土台在老川陕公路旁边，过去人们从这里经过，都觉得诧异：这个大土堆是墓葬吗？谁的墓修得这么高大？在羊子山土台的年代和性质被确认前，连考古学家也认为它是一座有着特殊背景的古代大墓。

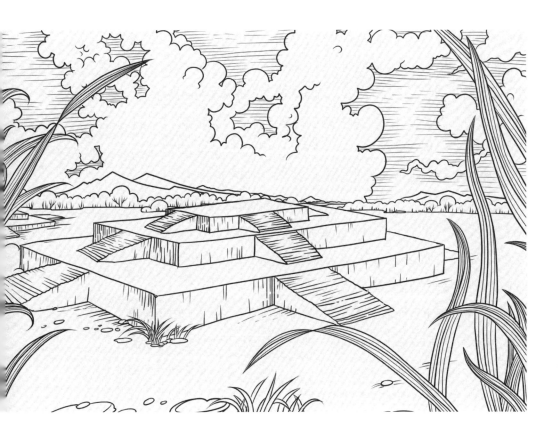

羊子山土台线描图

绘图：金磊磊

　　1953 年，羊子山旁出现了一个砖瓦厂，当地人打算就地取材，利用其土坯烧制砖瓦。考古学家闻讯而至，他们首先清理了羊子山上面的古墓群，然而，清理结果却出乎很多人的意料。羊子山上古墓群的年代从秦代一直延续至今，如同一部通史，包罗万象，记载着各个朝代的沧桑巨变。

　　两年多时间过去了，山包越割越小，仅剩 40 米见方，残高 7.3 米，考古学家期待中的大墓却迟迟没有出现，这种反常的现象引起了考古学家的注意，他们开始重新考察羊子山，发现原来是一座人工夯筑的土台，其年代在商代晚期到周代早期，考古学上为十二桥文化一期，这是继三星堆文化遗址之后，成都平原又一青铜文明的高峰。

土台四方形，正中为土块垒砌成的郭墙，墙角宽 6 米，在其上砌十层土砖后，再在内部夯土；完工后，在外围 12 米再夯墙，类似"回"字，两层砖墙间的空隙仍以土夯筑；又在距离 12 米的位置夯筑第三道砖墙，其底部直径约 160 米。考古学家推断，砖墙面积 31 000 余平方米，以一平方米用 44 块土砖计算，共用砖 130 余万块。完工后的羊子山土台四方三层，三级土台逐步升高，四方有登临的阶梯，形制很像一个去顶的金字塔。

根据羊子山土台周围的遗迹，考古学家复原了古蜀人修筑羊子山土台的场景：他们先在土台中心筑一圈正方形围墙，等修筑到一定高度时，再在外围筑第二层土台，成为一个"回"字形，最后在外围加筑第三层土台，土砖有木棒夯打的痕迹，可见原料应以泥土与草木混合而成。这种建筑模式是羊子山土台经历千年依然屹立不倒的关键，古蜀人显然已经掌握了丰富而实用的建筑技术。

四方三层，四周还有台阶可以登临，如此奇怪的形制在良渚文明的瑶山祭坛中曾经出现过，不过这并非良渚人的首创，新石器晚期的部落首领和帝王就普遍采用筑坛的方式来举行大型祭祀活动，如余杭瓶窑镇汇观山祭坛、上海福泉山祭坛，其中 1983 年发现的上海福泉山祭坛和 1987 年发现的瑶山祭坛，形制、结构都与羊子山土台大体一致，自上而下分为三个阶梯。而放眼国外，两河流域的乌尔城有座兹格拉特神塔庙，底座是由三个依次缩小的土台组成，上面建着神庙。

羊子山的形制，古史中亦有记载，比如东方的琅琊台，《水经注》记载，琅琊台"基三层，层高三丈，上级平敞，方两百余步，广五里……台上有神渊，渊至灵焉，人圬之则，斋洁则通。神庙在齐八祠中。汉武帝亦尝登之。"又如《路史》，"庸城者，垣墉城郭女。群玉之山，平阿无隘，四彻中绳，庸成氏之所守，先王之册府也"。北京大学考古文博学院孙华先生认为，庸成氏即古蜀历史上的开明氏，其"四彻中绳"的做法，亦与羊子山相似。如此说来，羊子山土台很可能便是古蜀人的祭坛，是古蜀国祭祀的神圣场所。

在这些古老的祭坛中，羊子山土台显然更为恢宏，底座面积超过了 19 000 平方米，巨大的建筑昭示着羊子山土台背后是一个强大的王国。

20 世纪 50 年代考古发掘羊子山的情景
供图：郑光福

左右组图：羊子山如同墓葬博物馆，发现战国、汉、晋、魏、唐、宋直到明代墓葬共有211座，组图为其墓葬出土的文物

一破一立
政治中心发生转变

学者段渝在《四川通史》中提出了羊子山土台建筑工程问题。他认为，羊子山土台"若征发2万人修建，至少要3年或4年才能建成"。这个观点一经提出，立即引起了考古界对羊子山土台的大讨论。

两万人要修建三四年才能完工，如此浩大的工程直到现在仍令世人惊叹。羊子山土台浩大的工程说明当时古蜀国具有强大的国力，背后必定有一个强大、统一的政权支撑。十二桥文化时期的古蜀已经具有了王国的特征，埋藏着无数财富的金沙遗址与十二桥庞大的宫殿遗址，无不彰显着古国生机勃勃的活力。

羊子山土台的地面台基上，曾经有过几条神秘的白色石条，中间两条白石成对角线交叉，这似乎是古蜀人在奠基仪式上埋下的某种神秘符号。把这些图案跟三星堆青铜大立人联系起来，古蜀国古老而神秘的祭祀仪式慢慢变得清晰起来：建坛之前，古蜀人曾经进行过一个奠基仪式，从残留的石壁、陶器和灰烬看，他们可能先摆上了各类祭器，然后进行焚烧；祭坛建成后，这里便成为古蜀人祭祀的天堂和心目中的圣地。主持祭祀的巫师登台作法，祭坛下面，是虔诚的子民。而学者对于青铜大立人身份的争论，向来莫衷一是，羊子山土台却意外地成了解读青铜大立人的密匙。大立人基座是三层四方，跟羊子山土台几乎一样，由此看来，大立人似乎是一个主管祭祀的巫师。

三星堆的晚期，古蜀人挖下两个祭祀坑后，踏上了流亡的道路。祭祀坑底堆放着小型青铜器、玉戈、玉璋，中间是大型青铜器，最上面则是六十余根象牙，当青铜器、玉器、金器被尘土湮没的刹那，三星堆人积聚了几个世纪的财富也在那一刻化为乌有，迁徙的号角由此吹响。

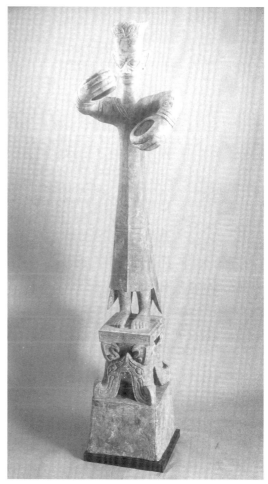

左：在古蜀文化中，面具是古蜀先民精神世界的折射，是古蜀人在祭祀活动中所使用的通神娱神的工具，被赋予了独特的内涵。金沙遗址曾出土两件金面具

摄影：李绪成、李升

右：对于三星堆青铜大立人身份的争论，向来莫衷一是，羊子山土台却意外地成为了解读青铜大立人的密匙。大立人基座是三层四方，跟羊子山土台几乎一样，由此看来，大立人似乎是一个主管祭祀的巫师

供图：三星堆博物馆

（清）释中恂、罗用霖编《重修昭觉
寺志》载"昭觉全图"，光绪二十二
年（1896）刊刻本。可见羊子山（时
称羊鹿山）、驷马桥、凤凰山在成都
北门外所处的位置

三星堆古国消失后，古蜀文明的中心进一步移向今天的成都城。而羊子山土台以及金沙遗址、十二桥宫殿遗址的兴起，却成为某种象征，诚如上海大学博物馆馆长李明斌所言：

当三星堆将惊世骇俗、美轮美奂的重器向两个坑里倾覆的同时，羊子山土台却在平原的中心位置高高竖立了起来。这极具象征意义的一破一立，昭示着成都平原两支考古学文化的更替，一支盛极而衰，一支欣欣向荣，给波澜壮阔的古蜀历史留下了浓墨重彩的华丽篇章。

向往岷山
遥远故土的怀念？

让我们把目光回到北偏西这个未解之谜上，除了羊子山土台以外，成都平原很多重要的考古发现，无论是城址，还是祭祀台、房屋遗迹，大多都是北偏西方向，甚至连成都城的格局和成都的主要街道，也是北偏西。这一切似乎昭示着古蜀人对于北偏西的热衷。

年代比羊子山更为久远的三星堆遗址有两个祭祀坑，一号坑为北偏西45°，二号坑为北偏西55°。2001年，一些十二桥文化的墓葬被发现，在成都黄忠村一万三千多平方米的面积上，密密麻麻分布着八百余座墓葬。奇怪的是，这些墓葬并不是传统的南北朝向，古蜀人的头部一律朝着北偏西，古蜀人对于北偏西的偏好显然被一代一代继承了下来。

历史上，咸阳、洛阳、开封等古城都是正南北方向，偏偏蜀人的方位概念跟中原地区不同。有学者根据司马迁在《史记·西南夷列传》中的描述，认为古蜀人的方向感和地理概念跟中原不同，他们的北要偏西一点，东要偏南一点。这种方位差别造成了北偏西这个奇怪现象。问题是，秦灭蜀后，张仪主持修筑成都城，按理说应该不会再有北偏西的情况出现，结果却不光是成都城，就连城里的街道也变成了北偏西方向。为什么深受中原文化熏陶的张仪筑城时也要选择北偏西方向？

今天，如果我们从成都平原出发，沿着北偏西的方向一直走，经过郫县、都江堰，到达岷江，顺流而上，便能到达岷江上游，这里曾是著名的营盘山文化根生的土壤，而营盘山文化，早已被证明是古蜀文明重要的源头。

历史上，岷江上游迁徙到成都平原上的古人拉开了古蜀历史上绵亘数千年的迁徙序幕。我们今天看传说中的蚕丛、柏灌、鱼凫、杜宇、开明等几代蜀王都有从外地迁徙过来的痕迹，这些迁徙让成都平原的历史变得复杂无比，直到现在我们仍然不能厘清头绪。

《蜀王本纪》记载，"蚕丛始居岷山石室中"，传说蚕丛部落善于养蚕，早就过上了"男耕女织"的生活，后来，蚕丛率部族从岷山向成都平原迁徙，吞并和同化了成都平原上的其他部落，逐渐建立了一个统一的部落。来自岷江上游的蚕丛也被认为是蜀人的祖先。明代史学家曹学佺在《蜀中名胜记》中记载岷江流域有蚕崖关、蚕崖石、蚕崖市等名胜，看来就是当时蚕丛部落从岷江向南一路迁徙在沿途留下的古地名。

北偏西，偏向的方向就是岷江上游和岷山地区，这似乎跟一个遥远的传承有关，难道古蜀人一直在怀念祖先的故土——岷江上游，所以无论是他们的祭坛，抑或是祭祀坑、墓葬，都向着岷山？从三星堆，再到金沙，这个传统显然一直被传承着。

顺风顺水
古蜀人的建筑之道

按照建筑史的常识，房屋应向阳而建，城墙应顺流而筑，这样才合乎自然规律。城市布局也是如此，与当地的风向、水流息息相关。羊子山土台等古蜀遗址的朝向究竟是自然原因还是祭祀原因造成？考古学家开始重新审视北偏西这个独特的现象。

学者林向根据建筑学原理提出了自己的观点，他认为，北偏西的取向与成都平原的风向、水流有密切联系。整个成都平原为北偏东走向，与北偏西恰好垂直，山在西北角，出水口在东南角，西偏北的方向利于通风，这是一个比较科学的布局。古蜀人对自然恰如其分地利用和调节，才有了北偏西这个独特的现象。

史前的成都平原曾分布着宝墩遗址、芒城遗址等七座古城，古城的位置，就在河流旁的台地上；三星堆遗址也不例外，旁边就是鸭子河；而金沙遗址的形成，与摸底河或许也不无关联。顺着岷江，从上游迁徙到成都平原的古人显然注意到了河流的走向，根据北偏西方向和成都平原上的史前遗址，我们甚至可以想象他们在成都平原上生活的一幕幕：岷江自西北向东南而下，在成都平原分布成扇形水网。古蜀人依河而聚，顺着河流的方向建筑自己的房屋，河流给他们带来了丰富的水产资源，他们种植着庄稼，过着农耕生活。

水利专家冯广宏在一幅水向图中表达了他的观点，他认为，成都平原重要的水利枢纽都江堰、郫都，乃至成都、龙泉，都在一条线上，北向西偏一点，这正是河流的流向。而根据气象学上的风向玫瑰图，成都平原多北风，城市北偏西布局容易通风，这才有了朝向问题。

一个是祖先力量神奇的感召，一个是对自然恰如其分的处理，无论如何，位于北门成华区的羊子山，其北偏西的朝向，都应该是古

金沙遗址出土的太阳神鸟金饰，或是古蜀人早期部落的图
腾，再现了远古人类"金乌负日"的神话传说，体现了古蜀
人对太阳的崇拜，以及崇尚光明的飞天梦想

摄影：李绪成、李升

人刻意为之的。这处恢宏的祭台，与金沙遗址（祭祀区、生活区和墓
地）、十二桥遗址（连绵不绝的居住区和大型的木结构宫殿式建筑）
一起，勾勒了古蜀人十二桥文化时期的版图。它们既是古蜀人建筑技
术的体现，也蕴藏着古蜀人来源的秘密，更是古蜀国政治中心更迭的
见证、古蜀王朝国家实力的象征。

　　大约秦灭巴蜀之后，一群群移民来到成都，羊子山土台也渐渐
被废弃。再后来，古人看土台风水好，将其视为死后的归宿，雇人破
土动工，破坏了土台原来的格局与模样，那些曾经在土台上上演的祭
祀，吟唱的祝词，也渐渐被人遗忘。

动荡与融合
一座战国墓背后的移民史

公元前 300 年前后，一些风尘仆仆的远行者正跋涉在崎岖险峻的入蜀道上，"难于上青天"的蜀道令他们吃尽了苦头，而离目的地成都平原，还有一段遥远的距离。他们之中，有秦国百姓，楚国、魏国的达官贵人，还有一些戴着镣铐的犯人，甚至还能看到赫赫有名的秦相国吕不韦的后人与家丁。

相国后人、达官贵人、普通百姓、犯人组成的似乎是一支近乎天方夜谭的队伍，然而，对蜀道沿途的百姓来说，这早已不是稀罕的景象了。自战国晚期以来，蜀道上几乎终日可以看到这样的迁徙队伍。长期以来，这些移民仅仅出现在史料中，成都羊子山 172 号墓，则再现了他们的身世、迁徙旅途，乃至国仇家恨。

羊子山上
古墓重现

1953 年，原西南博物院在羊子山发掘考古，共发现墓葬二百余座，如同墓葬博物馆一般，涵盖了战国、汉代、南北朝、唐、宋等不同时期的墓葬。3 月初，一座恢宏的墓葬被发现，后被编号为 172号墓。

172 号墓为土坑墓，长 6 米，宽约 2.7 米，坑中安置木椁，四面、底部填充 0.5 米厚的白膏泥。由于年代久远，木椁早已变形，残高 1.47 米，南、北壁坍塌，椁中木棺腐朽不堪，墓主的骨架仍有痕迹，他头枕东方，脚向西方，环绕他的，是琳琅满目的随葬品。

墓主头骨后散落着铜镜、铜印、犀牛齿、象臼齿、铜戈、铜矛、玉觿、琉璃珠，玉觿鱼形，鱼眼、嘴清晰可见。觿是古时解结的工具，张陵山良渚文化遗址出土了中国最早的觿。觿因随身携带，遂逐渐成为古人的配饰，西周、春秋战国时期极为流行，《诗经》吟道："芄兰之支，童子佩觿，虽则佩觿，能不我知。"

铜镜圆纽座，四弦纽，纽外弦纹三周，弦纹外装饰羽毛纹、云雷纹、蜗纹、三角形纹组合成的图案，蜗纹中心突起乳钉，造型流畅、极富动感。《中国古代铜镜》一书认为其图案为羽纹与鳞纹，并将其命名为羽鳞纹镜。羽鳞纹镜常出土于湖南一带的战国墓中，是一种地域性极强的铜镜。

更多精美文物，则暗示着墓主尊贵的身份。墓主腹部放置一件玉璧、一件玉瑗、两件玉环，身边还摆放着玉环、管状玉饰等等，它们必定是墓主生前的心爱之物。玉璧外径 14 厘米、内径 4.1 厘米，色彩碧绿，浮雕谷纹，出土时已断为两半。谷纹在战国玉器上颇为常见，一般认为，谷纹模拟谷物发芽的样子，寓意丰收与生机。

大件随葬品堆积在椁室东部，包括铜器、漆器、石器、陶器等类别，又以铜器最为琳琅满目，有铜鼎、铜罍、铜甑、铜釜、铜钫、铜盘等。铜鼎共三件，一大二小，大鼎高 50 厘米、口径 50 厘米，圆腹圆底，两耳下部有蟠夔纹，出人意料的是，不仅鼎身有明显的补丁，鼎足也修过，一只鼎足甚至是用铁修补的，鼎中有肉骨头痕迹，看来是实用器。铜罍通高约 35 厘米、腹径 44 厘米，圆腹平底，下有圈足，两侧有兽首形耳，耳上挂铜环。罍腹外刻有神兽浮游于水波中，水波末端如浪花，卷起乳钉。有意思的是，铜罍肩上刻有图案，"王"字隐约可见。"王"字在巴蜀青铜器、印章上屡有出现，如 1998 年蒲江县出土过一枚珍贵的鱼形印章，印面有十字界格，将图语分成四部分：一条正在吐丝的蚕与一条鱼，汉字的"王"与火焰纹，一座山与三蒂纹，一只倒立的铎。

羊子山一号墓发掘现场
供图：郑光福

楚风浓郁
贵族远迁

羊子山 172 号墓木椁底部涂抹了一层厚厚的白膏泥。白膏泥是古时的黏土，由于黏性大、密封性好，有很强的防腐作用，常常被长江流域的楚人用来保护墓葬。考古学上，白膏泥的发现通常被认为与楚文化有关。

这并非偶然，楚文化的痕迹在战国墓葬发掘中屡有发现，又以 1980 年发掘的新都马家大墓最为典型。大墓为木椁墓，椁室由三十四根长楠木与十二根短楠木叠砌而成，这是楚墓的常见做法，墓中的铜敦是典型的楚国青铜器，一件铜鼎器盖上刻有"邵之食鼎"四字铭文，邵（同昭）与景、屈同为楚国大姓。

频频出现的楚文化痕迹，令人想起史书中关于蜀王鳖灵的记载。《蜀王本纪》记载，古蜀历史上有蚕丛、柏灌、鱼凫、杜宇、鳖灵五位先王，鳖灵本是荆楚之人，举族迁徙入蜀，称丛帝，创立开明王朝：

> 荆有一人，名鳖灵，其尸亡去，荆人求之不得。鳖灵尸随江水上至郫，遂活，与望帝相见。望帝以鳖灵为相。时玉山出水，若尧之洪水。望帝不能治，使鳖灵决玉山，民得安处。鳖灵治水去后，望帝与其妻通。惭愧，自以德薄不如鳖灵，乃委国授之而去，如尧之禅舜。鳖灵即位，号曰开明帝。帝生卢保，亦号开明。

大约春秋时期，荆楚一带的鳖灵部落，为逃避楚人追杀，沿长江逆流而上，逃亡到成都平原，被蜀王杜宇任命为丞相。此时一场汹涌的洪水袭击成都平原，鳖灵领着蜀人治理滔天的洪水，杜宇却在宫中与鳖灵之妻私通，东窗事发后羞愧不已，将王位禅让给鳖灵，鳖灵即位，定国号为开明。

大多数学者相信，所谓禅让只是史学家的溢美之词，真实的鳖灵很可能通过一场宫廷政变夺得了王位，历史上的楚人常有弑君夺权之举，不知道这只是巧合，还是荆楚之人流淌着的反叛血液使然——鳖灵是荆楚一带的部落，自然会打上楚文化的烙印，这个逃亡的部落即便两手空空，他们掌握的制作工艺和他们的审美观念、宗教信仰乃至故土情结，必定会在文物中有所折射。

开明王朝的王族，多以船棺安葬，比如成都商业街船棺、蒲江飞虎村船棺、广元昭化宝轮厂船棺，伴随墓主长眠的，大多是铜釜、铜矛以及巴蜀式柳叶剑等。羊子山 172 号墓，其陪葬品与巴蜀船棺风格迥异，带有更浓郁的楚风——172 号墓出土的铜鼎形制，同样见于江陵望山一号墓，墓主可能是楚王亲近侍从；铜罍在大型楚墓中几乎均有发现，比如信阳楚墓、雨台山楚墓。更为直接的证据是漆器，172 号墓中出土了漆扁壶、漆盒、漆奁、圆形漆扣、方形漆扣等诸多漆器，这样的组合，在四川也极为少见，而多见于云梦战国晚期秦代楚墓中，云梦县城关镇楚王城，曾出土了举世闻名的云梦睡虎地秦墓竹简。

关于 172 号墓的年代，《成都羊子山第 172 号墓发掘报告》认为在战国年间，而四川大学历史与文化学院教授宋治民则提出 172 号墓为秦代墓葬，此说得到学术界的广泛认同。成都市考古研究所副所长江章华认为，"秦要兼并六国，不可能每占一地即移大量秦人镇守，（虽然）移民乃是削弱地方势力的一种有效办法。另外秦灭蜀后，采取了封侯置相的办法，且封的三个蜀侯都反叛了，如果移秦民万家镇

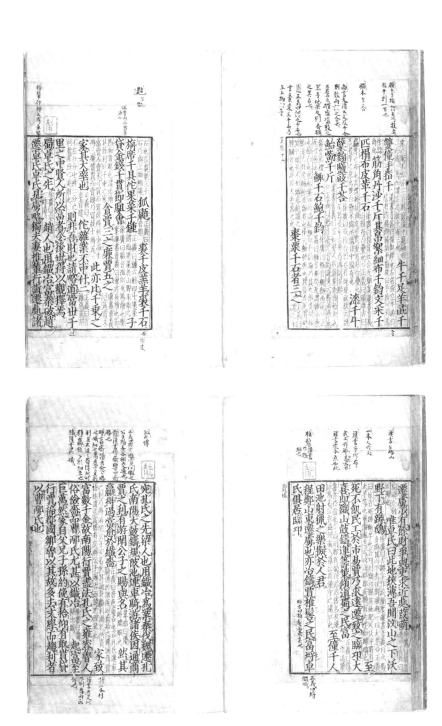

守蜀地的话，这种情况似乎可以避免。这从另一侧面证明秦移万家于蜀的并非秦人，而很有可能就是楚人。"

种种迹象表明，172 号墓墓主，并非开明王族，而是一位远迁而来的楚人，且地位尊贵。如果这个推断不假，大约战国晚期，这位贵族千里迢迢来到了成都，他背负着亡国之痛，那时的楚国，城池被攻破，被楚人视为生命的盐场正在丢失；他充满了对未知的疑惑，成都究竟是座怎样的城市？史书并未记载下他的故事，但考古发掘透露了一些信息，他或许定居在成都，度过了余生，那些来自楚国的器物，让在地下的他被故乡的气息环绕。

相国落难
商贾暴富

公元前 316 年，秦灭巴蜀。灭蜀后，如何改造蜀地的问题，摆在了秦人面前。秦人立蜀侯为傀儡，是为政治改造；筑造成都城，是为军事改造；而延续时间最长，最兴师动众的则是经济改革。此时的秦国正力敌六国之师，急切需要巴、蜀为统一道路提供后援。统一是军事实力的角逐，也是国力的比拼，强大的军队加雄厚的国力才是真正的王者；而移民，便是为经济改革服务的。

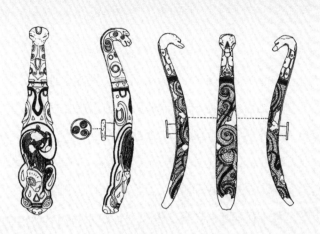

①

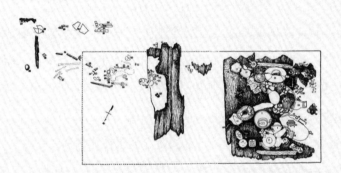

②

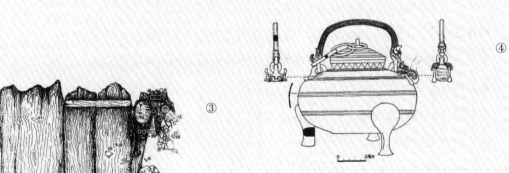

③

④

⑤

基于此，秦惠文王一纸令下：六国王公贵族、地主富贾，与秦人为敌、不守法纪者，举家迁徙至蜀；秦国国内作奸犯科者，流放至蜀。秦惠文王死后，他的法令被子孙延续下来，长达一个世纪的迁徙，数以万计的移民，构成了巴蜀历史上第一次大规模移民浪潮。《华阳国志》记载，"乃移民万家实之。"这次移民规模浩大，按照一家五口计算，大约有五万人之多。事实上，这五万人只是先行者，直到秦始皇嬴政当政，轰轰烈烈的迁徙仍在有条不紊地进行着。

　　对大多数移民来说，这次艰难的迁徙无异于一次永别。蜀地遥远，离开故乡与家中的亲人，这辈子都不知道能不能再回故土。而对蜀地，他们大多人是陌生的：那里会有肥沃的耕地么？听说蜀人"左言"，讲起话来难懂无比，外乡人很难听清楚，蜀人会跟家乡人一样淳朴么？旅途的劳累以及前途未卜的失落，笼罩在这些移民心头。

　　伴随着秦朝军队的南征北伐，一批又一批移民无奈背井离乡。公元前238年，迁徙队伍中出现了一个大人物的身影——吕不韦。贵为相国、文信侯的吕不韦曾经权倾一时，但由于他的门客扬言造反，被嬴政诛杀，吕不韦也难辞其咎，被贬居蜀中。吕不韦眼看自己经营了几十年的政治生意血本无归，在蜀地又不知道将受到何种待遇，悲难自禁，绝望之中饮鸩自尽，死在了入蜀的路上。吕不韦或许是这些移民中最赫赫有名的一位，他将政治当作生意来做，破产后也选择了一个商人最极端的抵抗方式。

　　随着吕不韦的下台，他的家人和众多门客也成了秦王朝流放的对象，大量的流放以致最后形成了一个独特的刑罚。《汉书》记载："秦法：有罪，迁徙之于蜀汉。"可见当时迁入蜀地罪人之多。除此以外，一些富商大贾也成了秦王安排迁徙的对象。

　　富商大贾们来自赵、魏、楚等国，家有千金之财，皆是当地望族。秦灭六国后，他们已是秦人的掌中之物。这些人有钱有势，秦人生怕他们留在故土滋事，便将其发配至蜀。这正中他们下怀，强留在故土与秦人为敌并不会有什么好结果，到了西南腹地成都平原，秦王朝鞭长莫及，反能一心经商，安享太平。赵国卓氏的话颇能代表商贾们的心理："吾闻岷山下之沃野，下有蹲鸱（即芋头），至死不饥……民工于市，易贾。乃求远迁。"赵国卓氏主动要求入蜀，可见他认为迁入成都并不是什么坏事。

赵国卓氏来到临邛（今邛崃），见临邛山中多产铁矿，却无人开采，不由大喜过望，随即大量招揽滇、蜀两地百姓上山采矿，交由随行的铁匠铸铁。卓氏采矿，只需上缴国家少许银两，是一本万利的行当。战国年间，铁器在蜀地尚不流行，卓氏的铁器因而极受蜀地百姓欢迎。几年下来，赵国卓氏富甲天下，单家中仆僮就有千人之多。卓家之女卓文君与大才子司马相如比翼齐飞，一曲《凤求凰》成为永恒的经典与佳话。鲁国程郑也靠在临邛铸铁发家，富比卓氏。

而对普通百姓来说，除了远离故乡，他们的生活与从前是没有太大区别的。到了蜀地，有人分得几亩薄田，日作暮休；有人在成都城以经商谋生，祖传的手艺在故土并不稀罕，到了蜀地却成了一门绝活。慢慢地，他们过上了定居生活，许多人与蜀地女子结婚生子，俨然成了半个蜀人，有生之年再也没有走出过蜀地。耳濡目染，他们渐渐能听懂蜀人的"左言"，蜀人对他们的小篆也不再陌生。

在秦王朝长达一个世纪移民政策的驱使下，一批又一批的六国富商巨贾、罪人、百姓来到蜀地，耕作、经商、娶妻、生子，生活很快回到了从前，他们死后，自然也用故乡的方式安葬。羊子山172号墓的墓主，便是一位特殊而尊贵的移民，在那个动荡的年代，来到了成都，我们也通过他的故事，管窥一部浩荡的移民史，乃至战国诸侯割据、秦灭六国的历史风云。

画像砖
再现汉代成都

　　羊子山算不上山，它只是一座直径为一百四十米、高约十余米的土丘。然而，就是这样一座不太起眼的土丘，自 20 世纪 50 年代开始，给人们带来了不断的惊喜和震撼。

　　1952—1953 年间，为了配合宝成铁路的开工建设，文物部门派出专家对铁路沿线进行了一系列的考古调查工作。在调查过程中，偶然发现了羊子山。经过多次勘查研究，考古专家们认为这里很有可能埋藏有历史文物。果不其然，随着发掘清理工作的逐步进行，二百多座战国、汉、晋、魏、唐、宋、元时代的墓葬以及一座商周时代的大型土台遗址，惊现在世人面前。

　　据后来的发掘清理报告介绍，墓葬中的 1 号墓、2 号墓、10 号墓、187 号墓为汉代画像砖墓。四墓共出土单阙、凤阙、骑吹、四骑吏、导车、斧车、轺车骖驾、轺车骑从、车马过桥、骈车（帱车）、弋射收获、纳粮、盐井、庭院、传经讲学、宴饮、宴乐、乐舞百戏、西王母画像砖共计四十余方，涉及汉代社会生产、庭院建筑、宴饮百戏、车马出行、教育、神话传说等方面，为我们了解汉代人，尤其是汉代成都人的社会生活提供了生动而又形象的画面。

弋射收获
劳作休闲

"弋射收获"画像砖在 1、2、10 号墓中均有出土。砖为上下两图，上图部分为休闲弋射的场面：碧波荡漾的池塘，几尾肥大的鱼和野雁在水中自由自在地游弋、觅食。满塘的莲（荷）花盛开，莲（荷）叶浮于水面。池塘边的树荫下，隐藏着两个宽袖长袍的猎手，手持弓箭跪在地上。其中一人身体弯曲、仰面朝天，手中的弓箭对准了正在空中飞翔的大雁。另外一人身体略倾、弯腰抬臂，对着雁群满弓待射。他们身旁的空地上，各有一个用以放置"缴"（丝线）或"矰"（短箭）的半圆形木架。池塘的上空，十余只大雁作惊恐纷飞状，四散逃逸。

下图则是劳作收获的景象：一群农人在田地里忙碌。右边是两个裸露上身，穿短裤的赤足椎头男子，手里挥动长镰，正在收割谷物。在他们的身后是两个着深衣的男子和一位穿长裙的妇女，正在俯身拾捡地里被割下的谷穗。最后还有一人肩挑禾担，手提一食具，正欲离去。

"弋射"又称"缴射"，是用一种在短箭上系有丝线的弓箭猎鸟，猎手通过这种丝线收回射出的箭以及被射中的猎物。"弋射"至少在战国时代就出现了，汉代则是上流社会比较流行的一种娱乐方式。从衣着打扮和行为上看，上方图中弋射狩猎的两位，显然不是一般的猎人。画像砖下方的收获部分则是普通农人的劳作场面，他们挽起双袖，赤着双足，在烈日下或风雨中忙碌地劳作，甚至于连吃饭喝水都不离开田间地头，与弋射部分充满闲适的情景相对照，不啻天壤之别。

天空与大雁、农田与池塘、辛勤的劳作与休闲似的狩猎。如此完美的画面，呈现在我们面前的不仅仅是美丽的田园风光，还有汉代成都平原的农业与农村经济。

天空与大雁、农田与池塘、辛勤的劳作与休闲似的狩猎。如
此完美的画面，呈现在我们面前的不仅仅是美丽的田园风
光，还有汉代成都平原的农业与农村经济。图为"弋射收
获"画像砖拓片，羊子山遗址出土

华
城
记

古蜀以富庶著称，农耕经济十分发达，战国时期就是全国重要的水稻产区。秦灭蜀后，蜀郡太守李冰修建了著名的水利工程都江堰，解除了旱涝灾害的影响，蜀地的农业生产得到进一步发展，成为秦国的粮食供应基地，为秦统一全国作出了极其重要的贡献。

汉王朝建立以后，由于朝廷采取了"休养生息"的政策，加之没有受到战乱的破坏，四川地区的农村经济得到了更加全面的发展。汉文帝时，蜀郡太守文翁为了让都江堰水利工程发挥更大的作用，"穿湔江口，灌溉繁田千七百顷"，进一步扩大了良田的数量和规模。《华阳国志》中就记载了繁县（今新都境内）"有泉水稻田"，江原县（今崇州境）"有好稻田"，"绵与雒（今绵竹、广汉、德阳一带）各出庄稼，亩收三十斛，有至五十斛"。蜀地的粮食生产不仅能够满足本地需要，还经常赈济遭受自然灾害的其他地区。据《汉书》记载：汉代初年，关中发生大饥荒，发生了人吃人的惨剧，汉高祖刘邦体恤民情，曾下令饥民"就食蜀汉"；汉武帝时，"山东被河灾"，朝廷"下巴蜀粟以赈之"；元鼎年间，"水潦移于江南"，汉廷"方下巴蜀之粟，致之江南"。

泉吐白玉
盐井繁忙

汉代中期以后，土地兼并现象日趋严重，农村出现了大量豪强地主。这些豪强地主占据着森林山地、河塘池泽。在他们的庄园里，不仅有良田、豪宅、武库、织机、酿酒作坊、车马和家禽，有的甚至还有冶炼工场和盐井。

考古学家在 2 号和 10 号墓中就发现了这样一方"盐井"画像砖：绵延的崇山峻岭，树木茂密，山上矗立着高耸的井架，架上有右组图：常璩《华阳国志》记载，李冰“识察水脉，穿广都盐井诸陂池，蜀于是盛有养生之绕焉”。《说文解字》注说：“天生曰卤，人生曰盐。”羊子山遗址出土的东汉盐井画像砖上，生动地再现了成都平原汉代井盐生产的情景，其形制借鉴了战国时期中原地区辘轳提水原理，也显示出后来大英卓筒井、自贡燊海井的雏形

轱辘，轱辘的绳子上系有一上一下用以吸卤的两只大木桶。井架旁还有一用于输送卤水的卤槽，长长的卤槽下有支架支撑，连接到山下煮盐的几口大釜内。井架上有四个盐工正在忙碌地工作。大釜置于灶上，灶前有一人正在烧火摇扇，图中可以看见燃烧的火焰。崎岖的山道上，两位背柴火的工人弯腰驼背正在行走。远处的山林中可见虎、狼、鹿、猴、鸟等飞禽走兽和狩猎的猎人。

据《华阳国志·蜀志》中记载：秦并巴蜀以后，李冰为蜀守，就开始“穿广都盐井”。汉代时，四川及成都附近的盐井数量已经很多了，是全国重要的井盐产地。西汉扬雄就曾在《蜀都赋》中说：“西有盐泉铁冶，橘林铜陵。”晋人常璩后来也在《华阳国志·蜀志》中写道：“家有盐铜之利，户专山川之材。”从画像砖上看，当时的井盐生产已经有了一些原始的助力机械，而且器具完备，分工细致，已经初步具备了采掘业和手工业的一些特征，并在一定程度上形成了规模化生产。

除了盐井，在四川和成都周边的地下，还有大量的天然气资源，并时有喷发。魏晋文学家左思在《蜀都赋》中有这样的描写：“火井沉荧于幽泉，高焰飞煽于天垂。”面对这一得天独厚的自然条件，聪明的蜀人便充分加以利用，发明了以天然气煮盐的方法。扬雄的《蜀王本纪》中就有这样的一段记载：“临邛有火井一所，纵广五尺，深

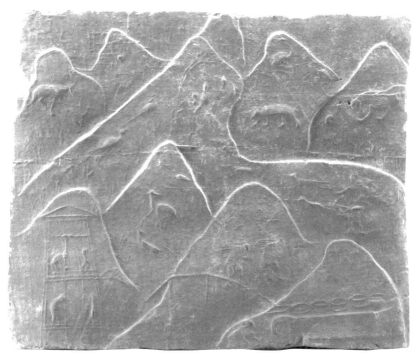

六十余丈……井上煮盐。"西晋张华的《博物志》也有类似的记载："临邛火井一所……井在县南百里，昔时人以竹木投以取火。诸葛丞相往视之，后火转盛。执盆盖井上煮盐，得盐。"这些文字记载表明，早在两千多年前，聪明的蜀人就已经开始开发利用天然气了。

自古以来，盐都是关乎国计民生的大事，盐的开采和经营都是暴利行业，宋代诗人把盐比喻为"白玉"和"黄金"，所谓"一泉吐白玉，万里走黄金。"秦代时，朝廷就在巴蜀地区设立了盐官。汉武帝时期，将盐铁的产销权利收归国有，在全国范围设立盐官，对盐业实行专卖制度，在今四川境内的蜀郡、犍为、益州等地都有朝廷派驻的盐官。汉宣帝时，"又穿临邛、蒲江盐井二十所，增置盐铁官"。虽然后来盐官屡设屡罢，盐业政策也时放时禁，但汉朝廷始终没有放弃对盐税的征收。据《汉书·食货志》记载，西汉晚期，精明的成都商人罗裒上下打点，买通朝廷和地方官吏，垄断了巴蜀地区的盐业经营权，成为闻名全国的巨富，可见盐业所带来的利润是多么的丰厚。

阙与庭院
汉代建筑

独特的建筑不仅可以展示城市的魅力和个性，同时也是时代精

神的反映。在悠悠的历史长河中，由于受各种灾难的破坏和漫长岁月的侵蚀，过去历朝历代的建筑大部分早已灰飞烟灭，即使侥幸保留下来的也大多是断壁残垣，很难看出它们曾经有过的风采。特别是距今已有两千多年的汉代，更是如此。值得庆幸的是，汉代人以特有的方式，为后人留下了一幅又一幅美术画面。随着羊子山汉墓单阙、凤阙和庭院画像砖的出土，我们有幸在两千多年以后，依然可以眺望大汉时代的建筑风貌与格局。

"凤阙"画像砖，画面上两阙对称耸立，威仪十足。阙为重檐式，上面的瓦楞清晰可见，檐下有木枋、斗拱。两阙之间以层楼连为一体，其上饰有一昂首展翅的凤鸟。根据《太平御览》卷一七九所引："建章宫阙临北道，凤在上，故号曰凤阙也。"这也是此砖名为"凤阙"的由来。

"单阙"画像砖，画面正中浮雕一重檐单阙，阙檐下方两端各系一灵猴——单阙的形制样式与凤阙基本一致，只不过一为双阙一为单阙。阙的两旁各站立一人，皆戴冠，着宽衣袍，左者持棨戟，右手捧盾，微微躬身作迎候状。

关于阙，左思在《蜀都赋》中用华丽的文字这样描写道："华阙双邈，重门洞开，金铺交映，玉题相晖。"唐代大诗人李白也在《忆秦娥》中写下了这样的千古绝句："乐游原上清秋节，咸阳古道音尘绝。音尘绝，西风残照，汉家陵阙。"

阙是中国古代一种具有仪式感的独特建筑形式。阙源于门，门的出现，本是用以防护和遮挡隐私。而阙则是建在宫门或陵墓等建筑群前的空旷地带，左右对称的一种用作标志性的建筑物。阙在汉代十分盛行，除宫殿、陵寝外，城门、祠庙、官府、大型住宅和大中型坟墓前也都建有不同规模的阙。传说西汉长安城未央宫的东阙、北阙，建章宫的凤阙、圆阙，都是历史上著名的大阙，其中凤阙甚至高达二十余丈。

　　阙有木制和石制两种形式，木制的阙很难长久地留存下来。现在尚存的阙基本上都是石阙，数量也不多，而且大部分都在四川境内，数量超过全国现存阙的三分之二。除了石阙之外，我们能够见到的汉阙，就是雕刻在画像砖（石）上面的阙了。画像砖上的阙是以浮雕的形式，模拟木阙或石阙而刻画的。作为墓葬中的装饰品，"单阙"和"凤阙"画像砖基本上镶嵌排列在墓道或墓室的首位，因而在墓中还具有天国之门的象征含义。

　　如果说阙的象征意义大于实际意义，那庭院就是真正实用的建筑了。

　　羊子山 2 号墓中的"庭院"画像砖上，画面为一幅四合院建筑的俯视图，庭院的四周以长廊形的五脊平房连接而成院墙，院内以纵横隔墙将庭院分为几个小的院落。前院中有两只雄鸡，正在昂首相斗；后院中有两只展翅的鹤，相对而舞。两侧为东、西厢房，上面是一座有台基的五脊房屋，檐下有两柱，方形柱础。堂上有二人相对而坐，他们之间有席铺陈于地，上有耳杯和盂，两人似乎正在饮酒作乐。右边前院为厨房，院内有井，井上架辘轳。后院有一可远眺的高楼，上有斗拱、椽木等结构，下有供人上下的楼梯。楼下一人手执扫帚，正在做扫除工作，他的面前还立有一犬。

　　"音声何嗷嗷，鹤鸣东西厢。""黄金为君门，白玉为君堂。堂上置樽酒，作使邯郸倡。"汉代乐府诗《相逢行》中的诗句，似乎就是对庭院画像砖画面内容的真实描绘。

　　从这方画像砖所反映的内容上看，这应该是一座富裕人家的宅院。它的四周不仅有围墙环绕，院内还分为几个不同功能的小院，还有一座远远高于其他建筑的高楼。这种高楼在其他画像砖上，如"市集"画像砖上也有所见。它在"市集"画像砖上的作用主要是

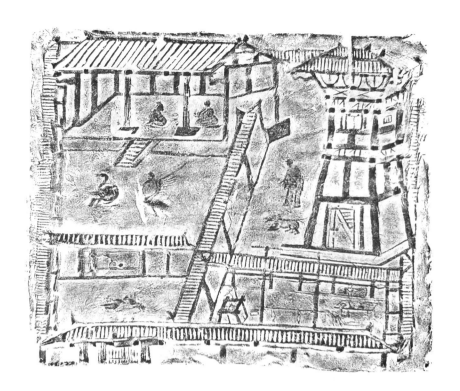

作为钟楼之用，而在这方庭院画像砖上，应该是起瞭望和防卫的作用，因此有专家把它称为"望楼"也不是没有道理的。除反映房屋建筑，这方画像砖还在一定程度上反映了汉代人，特别是富贵人家的生活习俗。画面上的主人与宾客共坐于高堂之上，一边饮酒，一边欣赏仙鹤起舞、雄鸡相斗，日子过得相当惬意。

宴饮舞乐
豪门狂欢

经过"文景之治"以后，汉代的经济得到恢复和发展，加上政治稳定，汉代社会出现了前所未有的繁荣景象。随着社会财富的日益

积累，随之而来的就是享乐主义弥漫，宴饮之风盛行。汉代大文豪
成都郫县人扬雄在他的《蜀都赋》中，这样描写道："若其吉日嘉会，
期于倍春之阴，迎夏之阳，侯、罗、司马、郭、范、晶、杨，置酒乎
荣川之闲宅，设坐乎华都之高堂。延帷扬幕，接帐连冈。"

在羊子山 10 号墓和 2 号墓中出土的"宴乐"和"乐舞百戏"画
像砖上，我们就可以看见扬雄笔下描写的情景：

"宴乐"画像砖正中置有樽、盂、杯、杓等饮用器皿。上方左侧
一男一女坐于席上，席前有两案。男者衣冠楚楚，宽袍拖得很长。女
者云鬓高耸，广袖宽衣。上方右侧一伎正在抚琴，后面一伎似在伴
唱。下部左边一人身着宽袍，左手击节，右手敲鼓。右边为一束发戴
冠，深衣长袖的舞者，只见他一臂高举，一臂低垂，正在翩翩起舞。
这位舞者所表演的是汉代最流行的"长袖舞"。《韩非子》中说"长袖
善舞，多钱善贾"。"长袖舞"曾是战国时期楚国的宫廷风尚，刘邦宠
姬戚夫人的"翘袖折腰之舞"也正是这种舞蹈。在跳这种舞时，舞者
身穿长袖舞衣，伴随着音乐的节拍，长长的袖子在舞者的挥动下或凌
空飘逸，或婉转曲折。有时节奏较快，腾跳跨越，如疾风骤雨，热烈
奔放；有时节奏较慢，飘逸舒缓，如一缕清风，委婉庄重。

"乐舞百戏"画像砖，左上为男女主人席地而坐，座下有席，席

上还有盛有食物的器皿。左下方有两伎跪于席上，双手捧琴，正在伴奏。右下角是一头梳双髻的女伎，只见她左臂向上右臂朝下，双手各持一长巾，长巾在空中飘动。这种手持长巾的舞蹈，汉代时称"公莫舞"，传说取意于楚汉战争前夕"鸿门宴"的故事：项羽的部下项庄在宴会上以舞剑为名，欲借机杀刘邦。项伯为保护刘邦，挺身而出，起舞"以袖相隔"，使项庄无法下手，他还对项庄说"公莫"，不要杀害刘邦。后人以巾模拟项伯舞袖的姿态，因此称为"公莫舞"，晋代改称"巾舞"。表演时，舞伎手持长巾起舞，在令人眼花缭乱的舞动中，长巾看起来就像长袖一般。

画像砖的右上角是两位赤裸上身的男伎，其中一人正在"弄丸"，另一人一手持长剑，剑尖指向空中的一丸，他的另一手的肘部则在"顶壶"。"顶壶"是汉代人十分喜爱的一种百戏，伎人表演时将壶抛掷于空中，用手接、背接或用头顶。壶在古代是常用的生活用具，人们在日常生活中经常接触这种器具，抛接传递，日趋熟练，熟能生巧，弄壶戏也就应运而生。值得一提的是，这位"顶壶"的伎人一心二用，一边在"顶壶"一边还与搭档表演"弄丸"，两人的配合似乎相当默契，显示出了极为高超的技艺。画像砖的最下方还有一赤裸上身的伎人，他双臂伸出，嘴巴大张，口中喷出火焰，正在表演一种类

似"吞刀吐火"的魔术。据史料记载,这种"吞刀吐火"的表演来自西域,表演者以燃着物放于口中,不停地喷吐火焰,由于它看起来十分惊险刺激,很受汉代成都人的喜爱。

对于蜀人在宴饮时观赏歌舞杂耍的风气,魏晋文学家左思在《蜀都赋》中写道:"三蜀之豪,时来时往。养交都邑,结俦附党……若其旧俗,终冬始春,吉日良辰,置酒高堂,以御嘉宾。金罍中坐,肴烟四陈,觞以清醥,鲜以紫鳞,羽爵执竞,丝竹乃发,巴姬弹弦,汉女击节。起西音于促柱,歌江上之飂厉;纡长袖而屡舞,翩跹跹以裔裔。合樽促席,引满相罚。乐饮今夕,一醉累月。"在富丽堂皇的大厅里或是在旷野的帷幔下,人们一边喝着清醥美酒、吃着美味佳肴,一边听巴姬弹弦、汉女击节,观赏着舞姬们的曼妙舞姿与俳优的杂技魔术。在跨越了两千年之后,再来观察一下今天成都人的生活,我们是否能够感受到一点似曾相识?

鲜车怒马
骑吏飞扬

车马是古代必不可少的交通工具,在冷兵器时代,车马也是一种非常重要的战争工具。反映在羊子山出土的画像砖中,就是车马类题材的大量发现,如骑吹、四骑吏、导车、斧车、轺车骑从、轺车骖驾、骈车等。

"骑吹"画像砖是一个马上乐队的场面,画面上共有六骑,骑者均头戴圆顶小帽,身穿宽袖长袍。马为彩头结尾,分为两列,三对一列。马上骑者,有的执幢,有的握槌,有的吹奏,场面十分热闹。

"四骑吏"画像砖上,四骑分为两队,上有幢旗。骑者皆头着帻,足上着靴，身穿束带短衣。四马彩头结尾，扬蹄飞奔。其中一马作回首嘶鸣状，动感十足。据《续汉书·舆服志》："公以下至二千石，骑吏四人；千石以下至三百石县长，二人，皆带剑持棨戟为前列。"砖上的四骑吏应该是二千石俸禄以上官员出行时的随从导骑。

"导车"画像砖，这是一辆一马有盖轺车，车上有二人，皆着冠，左为官吏，右为御者。车前有二骑，骑者背带弩弓，佩有箭箙，骑上立一麾幢。两位骑者，一人手握长矛，另一人则持有棨戟。轺车左侧还有一步卒，执紫戟徒步相随。根据汉代的典章制度，三百石俸禄以上的官吏置导从，其数量以官品的高低而定。《续汉书·舆服志》中记载："公卿以下至县三百石长，导从。置门下五吏，贼曹、督盗贼、功曹皆带剑，三车导；主簿、主记两车为从。县令以上加导斧车。"画面上的二骑吏正是《续汉书·舆服志》所说的"千石以下至三百石县长，二人，皆带剑持棨戟为前列"。显然，这方画像砖所反映的就是千石以下至三百石县长的出行场面。

"轺车骖驾"画像砖，画面也为一有盖轺车，盖有四条"牵带"系之。车厢两侧重耳，轮毂清晰可见。三马驾车，中马负轭，左右骖。车上乘有二人，右为官吏，左为御者。所谓"骖驾"，《说文》中说"骖，驾三马也"。据《后汉书·舆服志》："皇孙绿车，皆左右骖，驾三。"这种三马所驾之车，应该是较高级别的官员所乘之车。

先秦时期，车马大量用于战争，各诸侯国拥有战车的多少，是衡量其国力强弱的重要标志。到了汉代，战车在战争中的作用仍然十分重要。同时，也需要大量的驿车来传达政令和信息；社会生产和商业贸易更需要大量的车马以从事生产和交流。此外，各级官吏、豪门贵族、富商大贾，以及普通民众也需要大量的代步车马，以供其执行公务和出行。

由于楚汉战争的影响，汉初社会经济出现了严重倒退。特别是

华
城
记

左上："骑吹"画像砖
左下："导车"画像砖
右上："四骑吏"画像砖
右下："轺车骖驾"画像砖
四组组图画像砖
羊子山遗址出土。汉代
人乘坐什么样的车马，是
社会地位与财富的象征，
所以司马相如在去长安之
前，才要发出"不乘赤车
驷马，不过汝下"的豪言

马匹尤为匮乏，甚至出现了"自天子不能具钧驷，将相或乘牛车"的寒碜景况。虽然贵为天子，要找四匹同色的马，居然都难以办到。而将相级别的高级官员们，有的也只能以牛车代步，十分寒酸。更为紧迫的是北方屡遭匈奴人的侵扰掠夺，由于军马的短缺，令汉朝的大军无可奈何。正因于此，汉代人才对车马产生了一种无法释怀的心情，汉廷也下了决心，既要让守卫边关的将士纵马驰骋，杀敌保国；也要让大汉的土地上车水马龙，川流不息。于是，无论在边郡还是内地，一个又一个马场、一座又一座马厩兴建起来。一段时间之后，出现了"众庶街巷有马，阡陌之间成群"的壮观场面。

仅有马匹没有车辆也是不行的，在发展养马业的同时，汉代还大力发展车舆制造业，成都就是汉廷在外郡设置的重要造车基地。据《华阳国志》记载，汉廷在成都城的西面内江和外江之间，修筑了车官城，负责制造各种车辆。还在车官城的东西南北四面，专门修筑军事营垒加以保护，对它的重视程度可想而知。此外，汉廷还鼓励民间造车。由于前景好，有利可图，一些豪门贵族、富商大贾也纷纷加入了造车的行列。根据司马迁在《史记》中的记载，当时涌现出了一批专门从事车舆制造的私营大作坊主。在造车业内部，分工之细，工艺之复杂也是前所未有的，《后汉书·舆服志》中说"一器而群工致巧者，车最多"，说明造车业已成为一个集大成的产业。

由于车舆制造业的迅速发展，车马的种类日益增多，专用车马开始大量出现。据不完全统计，有供皇帝及各级官员乘坐的辂车、金根车、安车、轩车、辎车；使者乘坐的大使车、小使车；老弱妇孺乘坐的辎车；用于运货的大车、客车、栈车、棚车；用于仪仗导从的斧车；狩猎用的猎车；邮传用的驿车；丧葬用的辒辌车；囚载犯人的槛车等几十种之多。另外，汉代对于车马的使用还有着严格的等级区分。从车马的形制、颜色、马匹的数量等都有着详细的规定，如皇帝乘坐的是六马拉的车，诸侯四马，大夫三马，士二马，庶人一马。

随着养马业和车舆制造业的兴盛与发展，从皇帝到官僚贵族都备有大量车马。出行时纵马列队，车骑相连。史料中有关这方面的记载也是非常多的，如《汉书·卢绾传》"宾客随之者千余乘"，又《后汉书·党锢列传》"士大夫迎之者数千辆"。如果将羊子山出土的骑吹、四骑吏、导车、斧车、骈车、辎车骑从、辎车骖驾等画像砖依次排列起来，我们就可以看见这样的场面：多辆马车组成的车队，前有开道的伍伯、骑从、导车、斧车，后有压阵的卫从、骑吏奔驰在成都街头，可谓浩浩荡荡，气派非凡。

汉代是中国历史上特别追求时尚的一个时代，尤其是走在潮流前沿的成都。由于车马是当时陆路唯一便捷的交通工具，就如现代社会的轿车一样，乘坐什么样的车马，不仅是社会地位与财富的象征，也是时尚与潮流的标志。这就不难理解司马相如在去长安之前，要发出"不乘赤车驷马，不过汝下"的豪言了。如同歌舞豪宴一样，对于车马的偏爱，是汉代人挥之不去的情结。也许可以这样说，"鲜车怒马"就是汉代成都人对时尚的另一种理解和诠释。

传经讲学
文脉流传

"传经讲学"画像砖仅出现于2号墓中，画面上，一位头戴高冠身着宽袍的经师，端坐在长方形榻上，榻上方吊有一块用来挡灰尘的"承尘"。经师的左右两侧，环绕着六名弟子。弟子们端坐在比较低的榻上，手捧由竹简编成的书册，正在恭恭敬敬聆听经师的讲授。在其中一人的腰上，我们还可以清晰看见挂着的一柄书刀。书刀是读书学

羊子山遗址 2 号墓出土的"传经讲学"画像砖，下方右侧
一人腰间所佩带的一把书刀，则让人想起"书刀"的释名：
"书刀，给书简札有所刊削之刀也。"据说文翁办学，除了选
出张叔等十多个聪敏有才华的郡县小官吏送往京城求学，还
购买书刀、蜀布等蜀特产，委托考使送给太学中的博士

习时的必备工具，佩书刀者可能为"都讲"，都讲是学舍之长。画面上，弟子们的身材大小、高矮参差不齐，年龄差距很大，应该是汉代私学的一个教学场面。

汉代的私学教育，分为蒙学、初读经书和专经三个阶段。蒙学阶段类似现在的小学，以识字和应用常识为主，授课的老师称为"书师"，上课的地方一般为书师的家中或公共场所，称为"书馆"，招收附近的儿童入学。也有一些地主豪绅，采取请师上门的授课方式，参加学习的都是他们自家和族内的子弟。初读经书阶段主要学习《尔雅》《论语》《孝经》等，老师称为"塾师"，一般为乡塾出资办学，有点类似于民办学校。最后的专经阶段，开课的地方称为"精舍"或"精庐"，由经师讲学，学习的内容由经师确定，除了钻研四书五经中的一两部之外，有的还要兼及天文、历法、算学、律学中经师所擅长的某些学问。经师多为有名望的学者大儒，有些名气大的经师门下弟子多达万人。这一阶段的学生是没有年龄限制的，在"传经讲学"画像砖上我们就可以看到，不同年龄段的学生在同一场合学习的场景。

而汉代的官学在初始之际，是相对落后于私学的。除了太学之外，朝廷和郡县都没有其他官办的学校，直到公元前141年。

汉景帝末年，庐江舒（今安徽省舒城县）人文翁来到成都担任蜀郡守。在蜀期间，文翁不仅积极发展经济，还大力提倡教育。据《华阳国志·蜀志》载：自西汉时起，文翁就选派了张叔等十八位聪明有才干的郡县小吏，前往京师长安学习，并给予物质上的资助。张叔等人学成归来后，文翁根据他们的学习成绩，依次提拔。有的甚至被委以重任，后来成为郡守刺史一级的高官。除了派人走出去接受高质量的教育外，公元前141年文翁又在成都兴"石室"，办起了中国第一所地方官办学校。

在文翁的提倡和努力下，蜀地的文化教育和学习风气高涨，不仅地

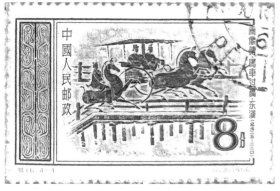

左右组图：《东汉画像砖》特种邮票发行于1956年国庆节，一共有4枚，由孙传哲设计、孔绍惠雕刻。邮票图案均取材出土于成都北郊今成华区境内的画像砖拓片。其中："射猎农作"取材于"弋射收获"画像砖，1956年出土于羊子山2号墓，现藏四川博物院；"马车过桥"取材于"车马过桥"画像砖，1956年出土于羊子山，现藏四川博物院；"住宅建筑"取材于"庭院"画像砖，1956年出土于羊子山2号墓，现藏四川博物院；"井盐生产"取材于"盐井"画像砖，1954年出土于羊子山1号墓，现藏中国国家博物馆

华城记

方官办学校得到了起步和发展，私学也空前兴旺起来，蜀地的文风也由此大盛，甚至比肩当时文化教育最为发达的齐鲁地区，涌现出了司马相如、王褒、扬雄等一大批耳熟能详的文学家、思想家。由于文翁办学成效卓著，汉武帝下令全国各地兴办官学。对于文翁的办学功绩，班固在《汉书》中是这样评论的："至今巴蜀好文雅，文翁之化也。"

　　本文完成之前，我冒着夏日的酷暑前往羊子山遗址凭古。熙熙攘攘的街道上人来人往、车水马龙，街道两旁高楼林立，商铺一排连着一排，令人眼花缭乱、目不暇接。凭借百度地图的指引，我终于来到羊子山故址前。虽然曾经的羊子山早已不复存在，但我似乎依然能够感受到一股若有若无的远古气息在空气中流淌。

五代和陵
遥想后蜀的花间传奇

五代十国
乱世群雄并立

"五代十国（907—979）"是中国历史上的一段大分裂时期，这一称谓分别源自北宋史学家薛居正监修的《五代史》和"唐宋八大家"之一的欧阳修私修正史《新五代史》。五代十国是对五代（907—960）与十国（902—979）的合称。五代是指公元 907 年唐朝灭亡后依次定都于中原地区的五个政权，即后梁、后唐、后晋、后汉和后周。在唐末、五代及宋初，前蜀、后蜀、南吴（杨吴）、南唐、吴越、闽国、南楚（马楚）、南汉、南平（荆南）、北汉等十个割据政权被《新五代史》及后世史学家统称十国。

作为中国封建社会最后一次大分裂的时期，五代十国虽逢乱世，各地豪强竞起，群雄并立，却也留下了丰富的文物遗迹。据调查，仅五代十国的帝王陵遗存，就有南京南唐二陵（李昇钦陵、李璟顺陵）、洛阳五代帝陵（后梁朱温宣陵、后唐李嗣源徽陵、后晋石敬瑭显陵）、禹州后汉皇陵（刘知远睿陵、李氏皇后陵和刘承祐颍陵）、

组图：后蜀孙汉韶墓棺床石雕，选自毛求学等《五代后蜀孙汉韶墓》，《文物》1991 年 5 期

新郑后周皇陵（郭威嵩陵、柴荣庆陵、符氏皇后懿陵和柴宗训顺陵）、杭州吴越国王陵（钱宽墓、水邱墓、钱镠墓、钱元瓘墓、马氏康陵及吴汉月墓）、广州南汉二陵（刘隐德陵、刘岩康陵）、福州王审知墓，而成都的前蜀永陵和后蜀和陵，则是典型代表。

除了以上一些发掘和未发掘的五代十国帝陵，还有一些将军郡王墓，如江苏扬州杨吴公主墓、江苏南京杨吴皇后墓、山西忻州李克用墓、陕西咸阳冯晖墓、陕西宝鸡李茂贞墓、河北保定王处直墓、福建福州刘华墓、辽宁朝阳石重贵墓、内蒙古赤峰后唐德妃墓，而四川成都则发现有前蜀晋晖墓、周皇后墓、王宗侃夫妇墓，后唐高晖墓，后蜀孙汉韶墓、张虔钊墓、李鏻墓、宋琳墓、徐铎夫妇墓、赵廷隐墓等。其中，前蜀晋晖墓，后唐高晖墓，后蜀孙汉韶墓、张虔钊墓发掘地皆位于今成华区境内，这些墓葬遗迹与出土遗物，如孙汉韶墓出土的珍贵陶房、张虔钊墓床上精美的动物画像石刻，都让人可以一瞥那个政权更替的纷繁乱世，唐宋之交前后蜀偏安一隅的灿烂与辉煌。

一座和陵
揭开后蜀往事

"先是，有僧自号醋头，手携一灯檠，所至处卓之，呼曰：'不得灯，灯便倒。'及帝登极数月，即宴驾，人以为验。"（《十国春秋·后蜀》）孟知祥的皇帝梦只做了短短的七个月便突然辞世，其子孟昶即位。三十一年后，公元965年，北宋灭后蜀，孟昶开城投降，被宋军押送至洛阳，不久离世。

昙花一现的后蜀政权，迅速消失在历史长河之中，仿佛连一片浪花也未曾激起。直到一千年之后的1971年，成都成华区境内磨盘山南麓，一座大墓的出土，才重新揭开了这段历史的芳华。

孟知祥墓又称和陵。长期以来，当地百姓一直误传孤零零的和陵是一座古代的砖瓦窑址。1970年冬天，当地村民改土，一锄头下去却挖出了一块青砖，才发现了这座大墓。次年春天，当时的四川省博物馆、成都市文物管理处等单位联合对古墓进行发掘，最先误以为是一座大型明墓。直到与孟知祥合葬的福庆长公主墓志铭以及玉册残简的相继出土，大家才发现，这竟然是鲜为人知的后蜀孟知祥的陵寝和陵。至此，和陵也是成都继刘备惠陵、王建永陵之后发现的第三座帝陵。后来，成都市文物管理处钟大全执笔撰写了《后蜀孟知祥墓与福庆长公主墓志铭》，发表在《文物》杂志1982年第3期。

与其他两座帝陵比起来，和陵的规模稍小。一片菜地中央，一座小小的院子围起来的就是和陵。文物管理员陈文金大爷已经在这里

左：和陵墓室壁画宫女（摹本）

右：和陵墓室壁画宫人（摹本）

选自钟大全：《后蜀孟知祥墓与福庆长公主墓志铭》，《文物》

1982 年 3 期

守了十几年的墓。

　　走下二十二级羡道，有一座牌楼式墓门，仿木屋顶，屋脊两端立有鸱吻。这对鸱吻造型独特，上为猛禽下为神龙，与唐泰陵上为羽翼鸟身下为神龙吞脊的鸱吻具有造型和题材上的延续性，是目前所发现的五代墓葬仿木建筑中的鸱吻的孤例，殊为珍贵。

　　门前石柱雕有青龙、白虎，牌楼两壁隐约可见宫人彩绘，男子戴直脚幞头、身着圆领长袍，眉目清秀；女子头戴花冠，柳眉杏眼，手中持有笏板。

墓室以青砖垒砌，由三座并列的穹庐顶建筑构成。主室高 8.16 米、直径 6.7 米，耳室高 6 米、直径 3.4 米，三室之间有墓门相连。主室正中为须弥座石质棺台，底座绕以莲瓣，前后各有五名抬棺卷发裸体力士，皆怒目张嘴，似不负重压；中层四角各有一位身着甲胄的力士，跪地扶台；上层四面各雕有双龙戏珠图；各层石雕之间又以莲瓣纹、卷草纹装饰。整座石棺雕刻精美，显现出当时四川高超的雕刻艺术水平。

抬头仰望，穹庐正中以蟠龙圆石封顶，其下四角有小铁环各一，推测棺床过去曾悬有华美的锦帐。

除石棺之外，曾经被盗过的左右耳室空空荡荡。当年的考古工作者曾在墓室中发现一些玉册残片，上书"明德元年""大行皇帝""嗣皇帝昶""和陵，礼也"等字迹。《十国春秋》记载，孟知祥死后归葬和陵，传位孟昶。这些玉册与史书所载完全吻合，证实墓主的身份正是后蜀开国皇帝孟知祥。

棺台前方有块墓志，高 1.08 米，宽 1.1 米，志盖上书《大唐福庆长公主墓志铭》，志盖呈顶形，边坡线刻串枝葵花纹。墓志用青砂石雕刻，志文、铭文均楷书竖行，志文三十行，满行四十四字，铭文八行，全文共 1 699 字，是书法史上难得的珍品。

需要指出的是，从和陵发掘的《大唐福庆长公主墓志铭》，撰写镌刻于后唐长兴三年（932），由摄东川节度判官、判军州等事，金紫光禄大夫、检校刑部尚书、兼御史大夫、上柱国崔善撰文，将仕郎、前守秘书省秘书郎令狐峤书丹，节度随军陈德超镌字。

《十国春秋》载，"晋王镇太原，谓知祥为才，以其弟可让女妻之。"《新五代史》亦有类似记述，"及知祥壮，晋王以其弟可让女妻之"。晋王李克用曾将其弟李克让之女下嫁孟知祥，而墓志载，"福庆长公主即后唐太祖武皇帝之长女，光圣神闵孝皇帝庙号庄宗之长姊"，

福庆长公主墓志盖拓片，选自钟大全《后蜀孟知祥墓与福庆长公主墓志铭》,《文物》1982 年 3 期

可见，长公主实为李克用之女，后唐明宗李嗣源之姊，墓志纠正了史家的错误。

和陵三间墓室均为穹庐顶，看起来如同三顶帐篷，而迄今四川发现的唐、五代时期的墓葬，多为长方形券拱单室或多室墓。据专家推测，建立后唐的李氏，本是沙陀部众（沙陀为西突厥别部），史书虽未明确记载孟知祥的血统，却也可能来自北方游牧部族，这或许是和陵采用穹庐顶的原因。

孟知祥墓的现世，为研究成都地区五代时期的精湛建筑技术和民族文化相互融合历史提供了宝贵的实物见证，具有极高的历史、艺术、科考价值。2006 年，孟知祥墓被列入第六批全国重点文物保护单位名录，2020 年，成华区启动修复工程，在完成墓室文物本体保

护、新建大门以及博物馆等设施建设后，将会面向公众开放孟知祥墓，让更多人了解这段后蜀历史以及当时四川发达的艺术科学发展水平。届时，成都三大帝陵——惠陵、永陵、和陵，将全部公之于世。

两任皇帝
留下千秋功过

　　孟知祥，荆州龙冈人，传说其出生时火光满室，更有僧人称其为五台山灵转世。弱冠之年，孟知祥即出任太原卫指挥使，颇得晋王

左右组图：和陵棺台力士，上身赤裸、跪地负棺

绘图：金磊磊

李克用赏识，娶晋王之弟李克让爱女琼华公主为妻。公元 907 年，唐亡，朱温在中原地区建立后梁，定都东京开封府（今河南开封）。公元 923 年，晋王李克用之子李存勖灭后梁，建后唐。公元 926 年，孟知祥任剑南西川节度副大使，出镇西蜀。许是蜀地安逸，物产丰富，孟知祥渐生偏安一隅自立为王之心。他先是拒绝将府库中的两百万缗钱送至京师，后又诛杀朝廷派来的西川监军，更数次大胜前来讨伐的后唐军队，占据蜀地大部。

后唐清泰元年（934），后唐明宗李嗣源病死，孟知祥遂在成都称帝，改元明德，史称后蜀。

位极人臣的孟知祥，一直开疆拓土；当上皇帝的孟知祥，却并

上：和陵棺台须弥座，绕以莲瓣，浮雕游龙，左右各有五位抬棺力士

摄影：甘霖

下：和陵棺台线描图

绘图：金磊磊

左：孟知祥墓穹顶

摄影：甘霖

右：穹顶中间的盘龙

摄影：甘霖

未留下太多记载。仅仅七个月后，孟知祥就在成都黯然辞世。年仅十六岁的孟昶仓促继位，不改元，仍称明德年号，至后蜀明德五年（938）才改年号为广政。

小小年纪就登上皇位，孟昶的日子并不好过。执政初期，他的任务就是解决掉父皇临终前给他留下的六位辅政大臣。

赵季良、李仁罕、赵廷隐、王处回、张公铎、侯宏实等六人都是后蜀武将与权臣，居功自傲，各自为政。孟昶先是在朝堂之上设伏兵，将猛将李仁罕当廷诛杀，族其家，又利用赵廷隐家中伶人孙延应谋反一事，逼迫顾命大臣赵廷隐称疾辞官。

广政四年（941）春，赵廷隐、王处回、张公铎被罢免节度使军职，侯宏实晚年建造禅院，广刻佛经，从此与世无争。六位顾命大臣，或诛或隐或贬，至此，后蜀的权力交接才算告一段落。"自是故将旧臣殆尽，帝始亲政事于朝堂"，称帝十三载的孟昶，最终赢得了这场与权臣、武将的权力战争。

就在这一年，孟昶著四言二十四句《官箴》，颁于郡县，旨在戒饬下属官吏，以为官员为官准则：

> 朕念赤子，旰食宵衣，托之令长，抚养安绥。政在三异，道在七丝，驱鸡为礼，留犊为规。宽猛得所，风俗可移，无令侵削，无使疮痏。下民易虐，上天难欺，赋舆是切，军国是资。朕之爵赏，固不逾时，尔俸尔禄，民膏民脂。为人父母，罔不仁慈，勉尔为戒，体朕深思。

事实上，孟昶一直是想做个好皇帝的。他在明德元年（934）即位不久就发布《劝农桑诏》，要求刺史、县令"出入阡陌，劳来三农"，劝农劝桑，发展农业。

孟昶曾在朝堂之上设瓯（类似于今天的举报箱），臣民若有建言或冤情，均可往瓯中投书。据说孟昶"多采良家子以充后宫"，枢密副使韩保贞即向瓯中投谏，孟昶不仅虚心接受，立即释放宫女，还赐韩保贞重金。

由此可见，孟昶写出《官箴》，绝非偶然。所以南宋人洪迈在《容斋续笔·戒石铭》中说："（孟）昶区区爱民之心，在五季诸僭伪之君，为可称也。"不失为公允之论。

能写出《官箴》的孟昶，自然也是一位颇有艺术细胞的文学青年。他曾敕令史馆收集《古今韵会》五百卷，又应左仆射毋昭裔所奏，营造学宫，刻印九经，蜀中文学由此复兴。

孟昶曾对权臣李昊说，"（前蜀）王衍浮薄，而好轻艳之词，朕不为也"，他本人也好作诗，还有一首《避暑摩诃池上作》入选《全唐诗》：

冰肌玉骨清无汗，水殿风来暗香暖。
帘开明月独窥人，欹枕钗横云鬓乱。
起来琼户寂无声，时见疏星渡河汉。
屈指西风几时来，只恐流年暗中换。

诗中描写了他与宠妃花蕊夫人在当时的皇家园林中避暑的场景，最后一联流露出一丝流光易逝的隐忧，倒也不失为伤怀之佳句。

传说青城（今都江堰）人花蕊夫人，姓徐（一说姓费），貌美如花蕊，故称为"花蕊夫人"。其集美貌与智慧于一身，幼能文，尤其擅长诗词，诗风温婉，多以宫中琐事入诗，有百首词流传于后世，这就是有名的《花蕊夫人宫词》（不过据后人考证，部分诗词属于前蜀主王建淑妃徐氏所作）。孟昶极宠，知其喜欢饮用芙蓉花上沾染花粉的露珠，又喜用芙蓉编织花冠佩戴，便命大臣在成都罗城的城墙四周遍植芙蓉，并派专人打理。每至秋日，芙蓉花开，全城红遍，成都由此便有"蓉城"之美名。花蕊夫人也曾为芙蓉赋诗，写下"花为谢君花增色，月为伴花月更明。君作新词临花诵，花魂月魂也应声"的佳句。

广政二十六年（963），除夕夜。皇宫中张灯结彩，喜迎新春。孟昶命学士辛寅逊等人撰写吉祥句子，打算书写在桃符上张贴起来。看过学士们呈上来的句子，均不如意，兴致一来，他便自己动手写下了"新年纳余庆，佳节号长春"一联，挂在自己的寝宫门上。

古人辞旧迎新的风俗之一，便是用桃木板分别写上"神荼""郁垒"二神的名字，悬挂或嵌缀门首，用以祈福灭祸、压邪驱鬼，史称桃符。而孟昶一时兴起在桃符上题写的这两句吉祥话，却在无意间为中国人的迎春祈福开创了一种新的形式，据称这就是中国历史上的第一幅春联，对仗工整，语义吉祥，也算是孟昶存世千年的佳作了。自此中国人就习惯在春节来临时张贴春联，这一风俗一直流传到现在。

孟昶在中国艺术史上的另一个贡献，是创办了中国首家宫廷画院。

孟昶本身就喜爱绘画，可以说是一位生不逢时的文艺皇帝。当时中原战乱不断，达官贵族与诗人画家纷纷入蜀避乱，后蜀逐渐成为五代绘画艺术的中心。明德二年（935），孟昶创建了西蜀翰林图画院，并设待诏、祗候等职位，网罗吸纳了不少绘画高手。这是中国美术史上第一家宫廷画院，由此开启官府画院体制，并进一步发展了皇家宫廷礼遇厚待优秀画家的传统风气。

此时的成都，在孟昶的治理下，十余年不知兵革，堪称五代乱世难得的乐土。朝廷府库充盈，官府仓廪充足，街巷管弦丝竹不绝于耳，酒楼宾客昼夜不绝。

然而，好景不长。执政后期的孟昶，沉迷于享乐之中，后蜀王

安岳卧佛沟后蜀广政年间
（938—965）经幢。五代时期，
巴蜀开凿石窟数目堪称中国之
最，这与后蜀的安定密不可分
摄影：陈新宇

朝的晚期，更是灾异不断。

清吴任臣《十国春秋》载，广政十五年（952）春夏之交的六月，孟昶大宴群臣，突然天昏地暗，狂风暴雨，大水冲毁延秋门，溺死五千余人，连太庙也被冲毁；广政十九年（957），空中降下血水；广政二十四年（961），汉州什邡县枯井中有火龙腾空而去，烧毁民宅数百家；广政二十五年（962）二月，壁州白石县忽见巨蛇，长百余长，直径八九尺……暴雨、洪水、地震、血水、火龙、巨蛇，天降灾异，似乎暗示着后蜀王朝的命运。

公元960年，后周大将赵匡胤发动陈桥驿兵变，黄袍加身，改国号为宋，定都汴京，史称北宋。此后，北宋开始了统一全国的步伐，先后消灭了南平、后蜀、南汉、南唐等大小割据政权，广政二十七年（宋乾德二年，（964）），忠武节度使王全斌率军六万进攻蜀地，仅仅六十六天，即得四十五州，一百九十八县。

广政二十八年（965）正月，孟昶闻宋军逼近，问百官如何应对，群臣建议坚守，孟昶叹曰："吾父子以温衣美食养士四十年，一旦临敌，不能为吾东向发一矢，虽欲坚壁，谁与吾守者邪！"不久即开城投降，与王室、后宫由峡江而下，前往汴京。昙花一现的后蜀亡国，至此消失在历史的烟云中。

孟昶不战而降，对成都百姓来说，能避免战火杀戮，实属幸事。随其一同归降大宋的黄荃父子，将西蜀的宫廷画风带入北宋的宫廷画院，并引领了北宋早期的宫廷花鸟画风几近一个世纪之久。然而，花蕊夫人对于孟昶的不战而降，还是充满了幽怨，其代表作《述国亡诗》，说出了她作为一个女人的绝望："君王城上竖降旗，妾在深宫那得知？十四万人齐解甲，更无一个是男儿！"再美的《花蕊夫人宫词》与《花间集》，又怎能抵挡摧枯拉朽的战争？

孟昶所写的《官箴》也随之被带到了北宋。宋太宗取其中四句

"尔俸尔禄，民膏民脂。下民易虐，上天难欺"颁示天下，后宋高宗又令各州县在衙署立"戒石铭"，新官上任之时，率领官吏拜碑。"戒石铭"由此代代相传，这或许是短暂的后蜀王朝对中国文化的独特贡献。

后蜀政权，虽然短暂，却经历了两代，后主孟昶为成都留下了一个"蓉城"的美名、世上第一副春联、中国第一座皇家画院，其妃的《花蕊夫人宫词》，以及由后蜀人赵崇祚编辑的文学史上的第一部文人词选集、中国五代十国时期编纂的《花间集》；而前主孟知祥则在今成华区境内留下了一座地下和陵，让人可以遥想后蜀芙蓉花开的花间传奇。

帝陵背后的
五代十国史

　　五代十国（907—979），在短短数十年间，中原政权更迭不休，更有十余个割据政权在各地建国称帝。武将军权在手，便可凭武力打出一片天地，实现称帝美梦。在孟知祥和陵被时间湮没的壁画里，我们依然可以看见，五代十国的群雄逐鹿，烽烟四起。大唐的余音和大宋的前奏，是一本沉甸甸的五代史……

乱世枭雄的末路

　　北宋陶岳《五代史补》记载，后蜀开国皇帝孟知祥任剑南西川节度使时，初入西川，见蜀地虽艰险却坚固，便暗中有了割据的想法。他抵达成都后，夜宿于郊外。有一人推着小车经过，车上的东西都用袋子装着。孟知祥看见后便问："你这车子能装多少袋？"路人答曰："尽力不过两袋。"孟知祥听后，深以为恶。后来，后蜀果然二代便亡国。

　　然而五代十国中，不过两代的又岂止后蜀？三十一载的后蜀固

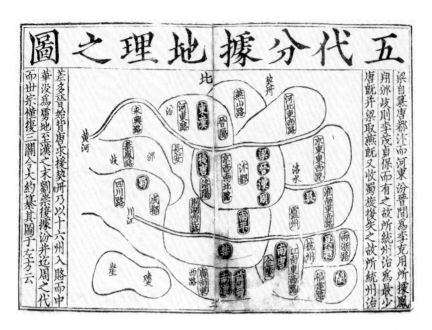

上：（南宋）吕祖谦辑《（京本增修）五代史详节》之插图

"五代分据地理之图"，宋刻本，北京图书馆藏

下：后晋高祖石敬瑭显陵

然昙花一现，中原政权更是风云突变。五代中梁唐晋汉周，最长的后梁有十七年，最短的后汉仅仅四年便亡国。除了后唐、后周外，其余三朝皆二代而亡。

后唐长兴四年（933）年十一月，后唐首都洛阳发生了一件大事。当时，唐明宗李嗣源病重，国无储君，李嗣源之子李从荣企图兵变夺位，失败被杀。唐明宗得知这个消息后，悲骇莫名，匆匆从邺都召回宋王李从厚。然而还没等李从厚到达洛阳，这位被史家称为五代时期仅次于后周世宗的明君便驾崩于大内雍和殿。一代枭雄的一生，就此落幕。

后唐明宗执政时期，革除庄宗时的弊政，朝政逐渐安定，这是五代少见的稳定时期之一。他的逝世，彻底改变了中原局势。次年（934），明宗的养子李从珂以清君侧为由攻入洛阳，李从厚被杀，李从珂称帝，即后唐末帝。在李从珂发动后唐内乱的时候，并吞西川，刚刚被封为蜀王的孟知祥于明德元年（934）正月称帝，建立了后蜀。

明德元年，因不满李从珂反叛，后唐将领张虔钊、孙汉韶合兵讨伐，在兴元（今汉中市）兵败后归附后蜀。六月，张虔钊、孙汉韶抵达成都，孟知祥设宴招待。宴席之间，张孙二人举杯向孟知祥敬酒，却发现孟知祥"手缓不能举箸"，遂知孟知祥病重。一个月后，孟知祥病逝，与福庆长公主合葬于和陵。

和唐明宗李嗣源一样，后蜀皇帝孟知祥的一生也是戎马生涯，枭雄本色。这位开国皇帝，即位仅半年余便病逝，或许留下了无尽的遗憾。然而在五代十国时期，类似的情形竟然多次重演。五代梁唐晋汉周，五位开国皇帝，一位被其子所弑，一位死于乱军之中，剩余三位病逝，竟无一人得以善终。其中，后梁太祖朱温葬于宣陵；后唐庄宗李存勖葬于雍陵；后晋高祖石敬瑭葬于显陵；后汉高祖刘知远葬于睿陵；后周太祖郭威葬于嵩陵。这些帝陵背后，掩埋着的是长达五十四年的五代乱世历史

后蜀与五代十国

五代十国中的帝王陵，在和陵之前，有宣陵、建极陵、雍陵、徽陵，其后有显陵、睿陵、颖陵等。这些墓穴的主人，与孟知祥都有着或多或少的关系，他们之间有互为姻亲，也有兵戎相见。

宣陵位于河南省伊川县常岭村北，在洛阳以南不到三十千米，墓主为后梁太祖朱温。公元907年，唐朝灭亡后，朱温在中原地区建立后梁，定都东京开封府（今河南开封），"五代十国"由此开始。

而距离宣陵六百千米外的山西代县，也有一座帝陵名为建极陵，这座墓的主人可谓是梁太祖朱温"一生之敌"。建极陵是死后被追谥为武皇帝、后唐太祖李克用的陵墓，而李克用即孟知祥之妻、福庆长公主的父亲。

与和陵相似，李克用的建极陵也分为墓室和墓道两个部分，不过建极陵是单墓室，同样为圆形穹窿顶，直径九米有余。整座墓室以石块砌成，内壁砌出仿木柱及斗拱，柱上雕出花纹，无普拍枋，斗拱均为把头绞项作，梁头伸出做成枋头，在两柱之间浮雕有仪门、窗榥、帷幔及侍从，在墓门洞内还雕刻有出行仪仗。

墓室正中置巨大的棺床，亦为石砌，束腰须弥座形式，下部正面排列壶门。由于墓室从顶部挖开，封堵墓门的巨石尚在原位。在墓道两侧，各有一座以砖砌出的龛形建筑，同样是柱头不用普拍枋，斗拱也是把头绞项作，但与主墓室不同的是梁头伸出做批竹形。墓顶封土大部分已掀去，残存部分可见明显的夯土痕迹，虽经一千余年风雨仍然清晰可辨。

后梁立国之初，几乎所有国家与藩镇都表示臣服，只有晋、岐、前蜀与吴敌视后梁，依旧奉唐室年号。其中晋国的李克用更是后梁太祖的死敌，自开国起后梁太祖就北伐晋国，在潞州（山西长治）与李

（五代·后梁）赵嵒：《八达游春图》，
台北故宫博物院藏

克用僵持不下。梁晋对峙，最终李克用的儿子李存勖重用郭崇韬、李
嗣源等将领，逐渐扭转了对后梁的弱势。同光元年（923），李存勖灭
亡后梁，建立了后唐，史称后唐庄宗。

两年后（925），唐庄宗李存勖任命郭崇韬为招讨使，随同魏王李
继岌一同征讨前蜀。不久，前蜀灭亡，后唐庄宗便任命孟知祥为成都
尹、剑南西川节度使。

孟知祥接到任命后，赶往洛阳陛辞。李存勖设盛宴款待，与孟
知祥语及平生，言谈甚欢。临别前，李存勖对孟知祥说："我听说郭

蜀石经从广政初年（938）始刻，至宣和五年（1123）完成，前后经历二百年。"其石千数"，是中国历代石经中字数最多、刊时最长、体例最备、资料价值最高的一种，也是规模最大的一种。刻成后立于成都府学，可谓洋洋大观，与石室、文庙彼此辉映。宋时内府有拓本96册，今中国国家图书馆藏有原刘体干藏蜀刻宋拓本"蜀石经"，是现存最佳的蜀石经拓本。今四川省博物馆藏有"蜀石经"残石六块

摄影：姚晞

144

崇韬有异心，你到成都后，将他给我杀了。"孟知祥却说："郭崇韬是国家有功之臣，不应该杀他。等我到成都后观察一下，如果他没有异心便将其送回。"历史上，李存勖虽然战功赫赫，但他称帝后重用伶人、宦官，疏忌、杀戮功臣，是一个疑心很重的皇帝。不过孟知祥的妻子、福庆长公主是庄宗李存勖的同胞姐姐，这也是孟知祥敢于为郭崇韬求情的原因。

同光四年（926），孟知祥抵达成都，但郭崇韬早已被冤杀。不久，魏博戍卒在贝州哗变，推裨将赵在礼为首领，攻入魏州。邢州、沧州也相继发生兵变，河北大乱。后唐庄宗李存勖本欲亲征，被宰臣劝阻，只得起用李嗣源，让其率侍卫亲军北上平叛。李嗣源于魏州受部众与叛军拥护，反而率军南征庄宗。各地唐军不愿为庄宗作战，汴州与洛阳陆续被陷，庄宗于内乱中流箭而死。

同年四月，李嗣源进入洛阳，在李存勖灵前称帝，即后唐明宗。七月，李嗣源将李存勖葬入雍陵，上庙号庄宗，追谥为光圣神闵孝皇帝。如今雍陵位于河南省新安县境内，但由于修建三峡水库，雍陵处于淹没区，这座皇陵如今只能常埋水下。

后蜀的战争与和平

和五代时期政权更迭不休的中原地区不同，后蜀建立后，孟知祥之子孟昶颇能励精图治，境内很少发生战争，是五代时期经济文化较发达的地区，维持了三十多年的安宁和平。但在后蜀建立之前，两川也有过一段并不和平的时期。

孟知祥抵达成都后，逐渐萌生了据蜀称王的念头。他训练兵甲，扩大兵力，增设义胜、定远、骁锐、义宁、飞棹等军，由李仁罕、赵廷隐、张业等亲信统率。

后唐枢密使安重诲觉察了孟知祥的割据意图，天成四年（929），安重诲以夏鲁奇为武信军节度使、李仁矩为保宁军节度使、武虔裕为绵州刺史。武虔裕是安重诲的表兄，而李仁矩素与东川节度使董璋不睦。这些任命令孟知祥和西川节度使董璋忧惧不已，都认为朝廷将要讨伐两川。董璋忙遣使求婚，希望与孟知祥结成同盟。孟知祥听取赵季良的意见，与董璋联姻缔盟，一同对抗朝廷。二人同时表奏朝廷，要求朝廷撤回夏鲁奇、李仁矩等人。唐明宗虽然下诏抚慰，但并未撤回军队。

长兴元年（930）九月，董璋举兵反唐，攻破阆州（今四川阆中），擒杀李仁矩。孟知祥不久也举兵响应，史书记载："（知祥）东北望再拜，俯伏呜咽，泣下沾襟，士卒皆为之嘘唏，明日遂举兵反。"唐明宗下诏削夺孟知祥的官爵，命天雄军征讨西川，并以夏鲁奇为其副将。孟知祥派李仁罕、张业、赵廷隐等人会合董璋，攻打遂州（今四川遂宁），并让侯弘实驻守东川，而后又命张武出兵三峡，攻打渝州（今重庆）。值得一提的是，当时的天雄军节度使是石敬瑭，也就是后来灭亡后唐的后晋高祖。

虽然后唐军队一度攻破剑门，但由于蜀道艰险，粮食难以运输，军队却在剑州止步不前。孟知祥闻讯大喜："如果唐军急速赶赴东川，一定能解遂州之围，到时两川必然形势危急。如今却不再进军，不足为虑也。"十二月，石敬瑭在剑门与赵廷隐交战，大败而回。不久，张武、袁彦超相继夺取渝州、黔州。

长兴二年（931）正月，李仁罕攻破遂州，夏鲁奇自杀。攻两川无望后，后唐明宗为此责问安重诲。不久，安重诲以离间孟知祥、董璋等人的罪名被杀。后唐明宗派官员招抚孟知祥，称其留在洛阳的家属皆安然无恙，于是后蜀和后唐又重修于好。此后，直到后唐明宗驾崩

（明）唐寅：《王蜀宫妓图》，故宫博物院藏

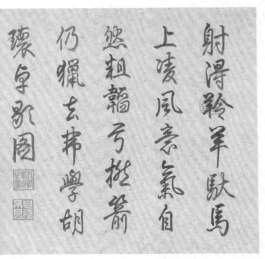

（南宋）佚名：《骑士猎归图页》，故宫博物院藏

后，孟知祥才在成都称帝，从名义上脱离了后唐。

公元 934 年是后唐清泰元年，后蜀明德元年。这年四月，后唐末帝李从珂率军进入洛阳城，将明宗葬入徽陵。如今徽陵位于河南省孟津县送庄乡送庄村东南 1 千米处。墓冢为圆丘形，高 12 米，周长约 180 米。而仅仅两个月后，孟知祥便被葬于和陵。后唐明宗和后蜀高祖，一生似敌似友？或许也只能留给后人评说。

宋墓中的
西蜀梦华录

宋乾德三年（965），北宋忠武节度使王全斌率军进入成都，成都和平易主。从这一年开始，到公元1236年蒙古大军破城，长达二百七十余年的时间里，成都偏安一隅，经济、文化都得到了极大的发展，城内店铺林立，南北交通如织，成为有名的"西南大都会"。

千年以后，当初的绮丽繁华湮灭无存，但在成都成华区出土的多座宋墓，却给了今人一个触摸历史、对话古人的机会。"视死如生，视亡如存"是古人根深蒂固的观念，也是牢不可破的原则，一方小小的空间里，藏着其时的大千世界。

喧然名都

2003年，成华区青龙乡（今青龙街道）磨盘山的自来水管道铺设工地时发现了一座同坟异室的夫妻合葬宋墓。墓中出土了随葬器物三十九件，其中有二十六件都是陶瓷，其上大多施有绿釉、青釉或酱釉。一件施有黑釉的茶盏，内壁有兔毫纹；一枚铜镜光亮如新，花瓣

形的镜沿微微凸出，在一侧有一款铭文"湖州真石家念二叔照子"。

这几件为数不多的陪葬品，是宋朝成都市井生活的吉光片羽，折射出千年前百货川委、弦歌不辍的"喧然名都"盛景。

在宋代，成都的陶瓷业有了长足的发展，琉璃厂窑极盛时据说有九十九个窑炉，并且用煤做燃料，而古代全国用煤做燃料的窑址也只有十八处。最大的邛崃窑，则可以烧制二十多种釉色，陪葬陶器上所施的绿釉、青釉和酱釉，就是其中最常见的颜色，除此之外，晚期还有一种青釉与琉璃混合烧制的釉色，是较早的多色彩釉工艺，色彩更为动人。其时，陶瓷器具被广泛应用于人们生活的方方面面，

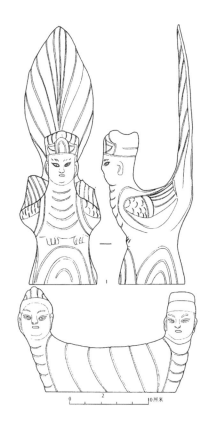

左：2003年成华青龙街道海滨村宋墓出土器物
摄影：李绪成、李升
右：2003年成华青龙街道海滨村出土人首鸟身体俑和人首蛇身俑绘图。选自颜劲松：《成都市青龙乡海滨村墓葬发掘简报》,《成都考古发现》2003年
绘图：党国平

除了杯盘碗碟盏瓶罐，各种玩具、文具、明器也很常见。最负盛名的当属邛窑独创的"省油灯"，这种瓷制的照明灯盏内里中空，可以注入冷水，降低油温，减少油耗。陆游曾在《陆放翁全集·斋居纪事》中赞叹道："书灯勿用铜盏，惟瓷盏最省油。蜀中有夹瓷盏，注水于盏唇窍中，可省油之半。"

这种瓷灯尤其受寒门学子的欢迎。两宋时期，四川重教兴文，科举及第人数达三千九百余人，远超隋唐五代，官学繁盛不绝，书院制度完善，蜀学兴盛，名士风流。范镇、范祖禹、范冲为代表的华阳范氏，三代修史，梳理宋朝史学脉络；眉山苏氏，则是苏洵、苏轼、苏辙的故里，三苏诗词文章擅天下，影响巨大；配享孔庙的魏了翁，在包括四川在内的多地创办鹤山书院，践行理学，改革教育，被誉为"南方共宗鹤山老"。一盏省油灯，照亮了无数学子的青云之路，也照亮了成都的文风蔚然，史学鼎盛。

曾写下千古名句"红杏枝头春意闹"的宋祁，以及"放翁"陆游等都曾在宋时入蜀为官。在他们治下，成都的文脉不仅在学堂中延续，更浸润到民间娱乐中，为本就兴盛的娱乐活动添加了一丝风雅。

据《岁华纪丽谱》记载，成都从正月元日开始，几乎月月有节庆——三月三上巳节，曲水流觞，祭祀宴饮；寒食来临，寻芳郊外，踏春赏花；四月十九，浣花溪游江，官舫民船，水嬉竞渡，乘流上下；五月五日，筒饭角黍；六月伏日，临池张饮；七月七日，锦江乞巧；八月中秋，锦亭玩月；九月重阳，玉局观药市兴盛；到了冬至，还要上香大慈寺，设宴畅饮。太守经常带头遨游，被称作"遨头"，市民带着坐具跟着游乐，叫作"遨床"。丝竹歌舞，斗鸡走马，饮酒赌博，郊外踏春，街市观花，全年游赏几无虚时。

正是这些热爱游乐的成都人，创造了大量的财富，为宋朝源源不断地输送着财力、物力和人力。成都太守田况在诗中写道："蜀虽云乐土，民勤过四方。"勤劳而乐观的成都人，创造了这座城市灿烂的物质和文化。

万商成渊

2017 年，成都成华区二仙桥公园的施工过程中，一座宋代砖室墓被"唤醒"。墓长 3.15 米，宽 2.4 米，高 1.3 米，埋于一米多厚的泥土下，全部由砖块堆砌而成。这是一座合葬墓，两个墓室共用一道石壁，墓室顶端的盗洞造成了墓室一侧垮塌，一些随葬器物也被损毁，墓中的金银器已经被取走了，留下在当时看来"不值钱"的陶器、钱币等。

墓室中的地面上，二十多枚铜钱四处散落着。古人相信陪葬铜钱可以使家族兴旺，后人顺利。经过清洗，铜钱上清晰可见"崇宁通宝"字样，书法清秀骨瘦，铁画银钩，正是宋徽宗赵佶所创的"瘦金体"留存于世间的真实显现。

崇宁通宝铸于崇宁年间（1102—1106），由宋徽宗亲笔所书，所以又称为御书钱，当时官造成色在96%—96.7%，高于一般钱币，是现存价值最高的青铜钱币之一。

在古时，商贸的最佳获利途径是长途贩运。远距离的交换，易于居奇，贱买贵卖，获利特多。为了满足飞速发展的经济，北宋时期铜钱的铸造量比唐代铜钱的铸造量增加了五倍至五十倍之多，造成了可怕的通货膨胀。商人买一匹绢，所需要的崇宁通宝铜钱要用一匹马来驮。数多量重额小的铁钱和铜钱，已经成为商贸发展的阻碍。

宋神宗时期，我国第一张纸币在四川民间应运而生。

一种货币发源于民间，这在世界金融史上也是极为罕见的情形，它需要稳定繁荣的社会环境、深具信誉度的发行方以及难以伪造的先进技术。这样苛刻的条件，恰为宋代的四川所具备。

入宋以来，地区性的经济城市纷纷崛起，成都作为西南地区的中心城市，经济获得了极大发展。宋朝取消了对居住区的封闭式管理和对市场空间、时间的限制，允许临街开店，允许早市和夜市。成都成为全国较早突破坊市制度束缚的城市之一，人们开墙设店，城内外大小市集密布，行商坐贾络绎不绝。唐代设立的东西南北四个固定市场已经不能满足人们的需要，大东市、新南市和新北市随之诞生，不仅为城区居民服务，也大宗商品和长距离批发贸易的中心。著名的"十二月市"也是在这个时期形成。正月灯市、二月花市、三月蚕市、

2003年成华青龙街道海滨村出土宋墓墓志铭拓片。戴堂才、
戴福尧拓，选自颜劲松：《成都市青龙乡海滨村墓葬发掘简
报》，《成都考古发现》2003年

维绍典十六年太岁丙寅坒月丙
申朔十一日丙午故宋人贾氏
地券生居城邑邜安宅地卜筮
叶従相大吉且於此莘蒲县苦
卿福地之原安冀其界东□方
西至章南至凤凰此至□□
腾地九星真君分掌□数封炎界
畔道路将军丞承墓伯武此贪狼
巨门君永護万戴之阴尭怨令此
虔有先君廻避丗山除万里交置
此穴保祜丗代兴隆一如牒令

2013年成华广场出土宋墓买地券拓片。戴福尧、严彬拓，选自周志清等：《成都市成华区成华广场宋墓发掘简报》，《成都考古发现》2015年四月锦市、五月扇市、六月香市、七月宝市、八月桂市、九月药市、十月酒市、十一月梅市、十二月桃符市。许多大商家都在这里进出交易，不仅蜀锦、茶叶、邛窑瓷器、药材等珍稀商品远销海外，关系民生命脉的盐、酒、糖，以及戎州的荔枝、果州的柑橘、遂宁的甘蔗、天蓬的牡丹等特产，都是抢手的货物。随着市场的繁盛，街边还常有茶馆、酒肆、瓦舍等供人们休闲娱乐的场所，丰富着人们的夜生活。

蜀商的飞速发展，则为交子的诞生提供了最为重要的支撑——信誉度。当时，蜀地著名的经济作物如茶叶、丝绸、药材、盐等，均有专门的商贩进行长距离大宗贸易，他们的活动频繁且贸易区域十分广泛，几乎遍及全国和海外。蜀商的贸易活动不仅加强了蜀地与其他地区的交流，使其"贸迁有无"，同时也在各地建立了良好的信誉。十六户大蜀商以自家产业和多年声望作保，联合发行的交子赢得了市场的信任和支持。

作为一种认票不认人的币种，交子既不书写持有人的姓名、籍贯等，兑换现金时也不需要保人担保。任何人持有交子都可按票额兑换现款。这就要求印制交子的纸张，必须是耐磨损、能折叠、两面都能印刷各种复杂图案和暗记的纸张，要求能够套印各种图案、记号的印刷技术，否则就无法印制出这种认票不认人的纸币来。

四川造纸业源远流长，唐代麻纸闻名于世，成为官府公文图籍的专用纸张，"薛涛笺""澄心纸"等风靡全国。广都所生产的楮皮纸，用白色淀粉糊刷纸面，洁白平滑，纸面紧密，吸墨性好，透亮度弱，厚重坚韧，耐折叠，不易磨损，正是制造纸币的绝好材料。宋代成都，更是全国的印刷中心。雕版印刷广布全省，"宋时蜀刻甲天下"，官刻私刻都极为发达，从而为交子诞生提供了技术基础。

交子的出现意味着四川经济以及货币制度的先进。北宋时期的成都人吕陶曾在《净德集》里说："夫蜀之四隅，绵亘数千里，土衍

1999 年，成华二仙桥南宋墓发掘现场

摄影：李绪成、李升

物阜，赀货以蓄，财利贡赋，率四海三之一，县官指为外府。"四川的财政收入占全国三分之一，这当然有些夸大，但四川无疑是全国财政的重要来源地之一，这种盛况持续了相当长的时间。

两宋移民

北宋末年的一个清晨，一群远道而来的人们终于翻越了崎岖的秦岭，一进入四川，冰凉的雾气就缠了上来，盆地特有的湿润提醒着远道而来的人们——成都府不远了。

"九州之险，聚于庸蜀，为天下甲也。"一名文士装扮的人感叹道。走在他身边的任公眺望着逐渐平缓的山地间隐约的城池，清晨的雾气中它们显得格外安宁，这让他紧绷了一路的心终于开始松弛。

他来自山西绛县。绛县，相传是尧的故乡，更因《左传》中关于长寿"绛县老人"的记载、先秦历史典籍中首次出现"县"这一名称，而被称为"天下第一县"。然而，这片古老的土地现在大概已经残破不堪。1126 年，金国大举南侵，连续攻破山西、攻陷东京（开封），繁华绮丽的北宋转眼烟消云散。时人庄绰曾对当时境况有所描述，"建炎元年秋，余自穰下（今河南南阳）由许昌以趋宋城（河南商丘），几千里无复鸡犬"。金兵的铁骑如狂风席卷，赵构仓皇逃到南京继续称帝，岳武穆恨恨于"靖康耻，犹未雪"，普通百姓只能在战争的恐惧中携家带口迁离故土，去寻求一处安稳的所在。

任公选择了四川。他变卖产业，携带家眷，朝着这块陌生的盆地进发。与他做出同样选择的大有人在。此时的成都，无论民生还是军事都具备可观的实力，被难于上青天的蜀道所包围的天府之国，成了这些流民心向往之的"桃花源"。

其实，从五代开始，成都就逐渐成为移民的重要目的地。据李吉甫《元和郡县志》记载，唐中期四川地区约有二十三万人，到北宋初年，已是唐代的三倍。两宋鼎革之际，中原地区局势动荡，战乱纷起，当时的成都是南宋王朝的稳定大后方和后勤保障供应基地，《十驾斋养新录》卷八有云："蜀土富实，无兵革之忧，居官者以为乐土。"北宋邵雍曾说："世行乱，蜀安，可避居。"宣和末年，其子邵伯温举家入蜀，自此成为蜀人。南宋初年富平之战失利后，宋朝失去陕西五路，关中溃兵和难民更是大量涌入四川。

时任川陕宣抚处置使的是抗金派领袖张浚，他任用四川"吴家

组图：成华二仙桥南宋墓出土器物

三雄"吴玠、吴璘、吴挺为将，依仗着天险，与南下的金军周旋，保住了四川地区的安全与繁荣。凭着这份安稳，四川接纳了无数从北方惶惶然奔逃而来的同胞，这些流民又不断补充着亟须的兵源，共同抵御着外敌的入侵。

外来移民为成都注入了新的血液，在政治制度、文化教育、生活习惯、农耕方式等各个方面都带来了深远的影响。大量的文人士族促进了成都文教之风的盛行，人口的激增则促使一年二熟的稻麦连作制和套种制得到广泛推广，不同的风俗与信仰更是促使了修祠建庙的大量产生，为成都多元包容的城市性格埋下了种子。

绍兴二十二年（1152）十二月，任公与其妻卫氏合葬于成都府华阳县积善乡永宁里（今成都二仙桥一带）。1999年，修建成都到南充的高速公路时，这座墓葬重见天日。

此墓用石灰浆和黄泥砌缝，在墓券顶上还铺洒一层白石灰，符合南方地区防潮的特点。墓分两室，二次葬入时便可不对原墓室造成

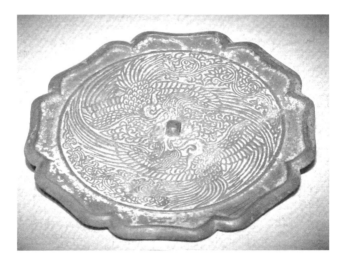

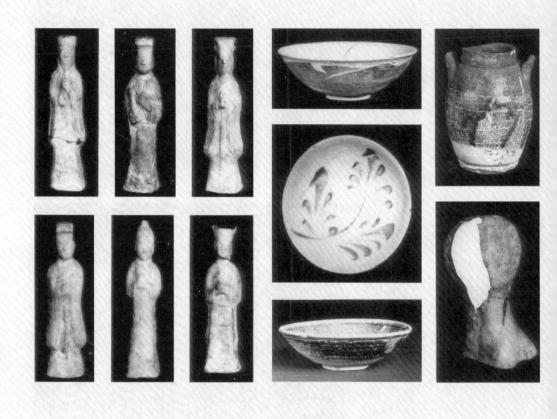

组图：1999 年，成华二仙桥南宋墓出土器物

摄影：李绪成、李升

破坏，又避免后人看见祖先尸骨而伤感。两室间以穿道相通，夫妻之间灵魂的来往与沟通也极为便利。墓室里，严格依序摆放着极为丰富的随葬器物，有陶器、瓷器、铜镜、石墓券等共六十九件。从买地券的信息上，我们可以推断千年前的这段移民往事。在他们下葬后的第八十四年，蒙古大军方才攻破四川。从靖康之耻到崖山之殇，偏安一隅的四川这几十年的安稳虽然只如昙花一现，却足够这对山西夫妻以及许许多多的百姓度过平稳富裕、白头到老的一生。

道教之盛

在任公夫妇的墓中，随葬了四十七件陶俑，其中一件人首蛇身俑特别引人注目。蛇身交缠贴伏在地面上，两端各有一人头，披发，头发紧贴头部向后梳理，脸朝前方，双眼正视。这种俑是《山海经》中经常出现的山神，也或许是道教中的雷神。总之，它作为一种"镇墓兽"，驱邪避害，生死轮回，在墓主人逝去升仙的过程中守护其安宁，不被外界打扰。

在这座墓葬中，整体规格布置严谨，武士俑置于墓门，为当圹当野，乃是镇墓神；人首蛇身俑应为墓龙，置于棺台之前。陶狗为玉犬，放于墓室南侧，陶鼓置于墓室东侧和陶狗相对，它们可以起到避凶除害之用。而男女墓主人像放置在后龛上，蹲坐于圆形空心底座上，神态安详，享受着下人的膜拜，具有供奉和祭奠的性质，并代表其"真身"永远"千秋万载"；其他文武官俑和男女侍俑等分列棺台两旁，为墓主的依仗和仆从，各司其职。

墓中共有十六方墓券，分别为买地券、敕告文、华盖宫文、镇墓真文，两个墓室各八方，分别自成一套。五块镇墓石即是五方五精石，为道教灵宝派的"炼度真文"石刻，具有镇墓、驱邪、厌胜之用。

在四川的两宋墓中，敕告文、华盖宫文、镇墓真文都是比较特殊的刻石，均与道教的信仰有关。敕告文一般为六角形或四方形，所谓"敕告"，即古时拜官时的辞令书，道家借引当时官府公务文书用语而来，主要是以天帝替亡者向幽冥诸神开的介绍凭证，是亡者通往冥途的通行证。镇墓真文的文字一般采用道家的"云篆"，是一种极难识读的篆体，通常为八排八行共六十四字，因"云篆之形"能够"会物之精气以却邪伪，辅助正真，召会群灵，制御生死，保持劫运，安镇五方"。因此，镇墓真文主要在墓中起到镇墓安魂、驱鬼辟邪的作用。华盖宫文在宋墓中出现得更为稀少，"华盖宫"指道教之洞天府地，一是用于辟邪安魂，一是祷祝死者举形升仙，名列仙籍。华盖宫文和敕告文都是道教上清派的材料，在墓中起到对墓主人"炼尸成仙"的作用，可使其子孙荣贵，逢凶化吉，世代与天地共存。

东汉末年，道教创始人张陵在青城山设坛传道，青城山遂成为中国道教的发源地之一，至今道脉不断。自汉以来，四川一直是道教的大本营，两宋时期更是道家的黄金时代，宋朝开国初期，统治者对道教采取的是崇奉和扶持的态度，且与道士关系密切，流风所被，学道求仙，已成为当时的一种社会思潮。

隋唐时，青城山宫观遍布，高道辈出。天宝之乱后唐玄宗、唐僖宗先后入蜀避难，道门著名人物如彭晓、陈抟、杜光庭等也都出入青城。成都地区香火鼎盛，玉局观、青羊宫都是著名道观。

宋代也是道教神灵体系最后形成时期，形成了以"三清""四御"为最高神的格局，成为后世通行的道教神系之基础。在唐代盛行的修长生、服金丹的风气之后，宋朝的道士则转而入世，提出不少安邦定国、求为治之道的思想，关心俗世间苦难，推行符箓祈禳之术，为民众治病消灾、求福免祸。在成都二仙桥流传的关于吕洞宾、韩湘子在

组图：2002 年成华保和三座宋墓出土陶俑。选自陈平等：
《成都市保和乡东桂村宋墓发掘简报》，《成都考古发现》
2002 年

华
城
记

左：玉皇大帝。宋代崇道尤甚，是中国道教石窟的高峰

右：三皇

绘图：金磊磊

此弈棋修桥的传说，就是这种思想的产物。

在这种思想下，道观也脱去了不少清修气息，多了一些人间烟火气，成为与民同乐的场所。相传，玉局观是太上老君向张陵传道的地方，为道教二十四化之一，历史上多次颓毁，又多次重建。北宋时，玉局观得以增修扩大，"东西广七十七步，南北长七十五步。中建三清殿七间，东厢三官堂、钟楼暨玉局洞屋，西厢九曜堂、太宗皇帝御书楼，并斋厅、厨库、门屋、周回廊宇，共一百三十五间。"玉局观对于成都百姓而言，也是游玩的场所。成都二月花市就在青羊宫至玉局观一带举行，而玉局观药市则一年举办数次，其中九月九日的药市最为盛大。"设肆以货百药，犀麝之类皆堆积。"这一天，官府在玉局观前搭设棚幕，宴请宾客，沿途则开设店铺，贩卖各种货物，犀

北宋（传）李公麟《蜀川图卷》，［美］弗利尔美术馆藏，成都部分可见今成华区境内的"昭觉寺""升仙桥"

麝这类珍贵药材，也都堆积如山，成都人会邀约游药市吸仙气，一直要热闹五天方才罢休。

在宋代，道家青烟，飘往寻常百姓之家。

1236年，蒙古铁骑进攻四川，遭遇了空前的抵抗。从1236年攻入四川，到1279年确立统治，四十三年的时间里，四川遭到前所未有的灾难与破坏，人口减少了一千余万，导致城镇凋敝，几成废墟。在长达数十年的宋元战争中，地势平坦、无险可据的成都府城曾数次被蒙军攻陷，惨遭屠城之祸。然而，这座城市与它的人民始终保持着顽强的生命力，只要一息尚存，就能重建家园。1271年，元朝建立。以四川为主体建立独立的行省，以成都为省会，以镇戍西南边疆。成都再次成为马可·波罗笔下所赞叹的"壮丽的大城"。

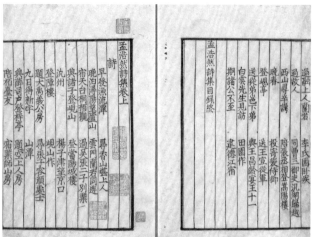
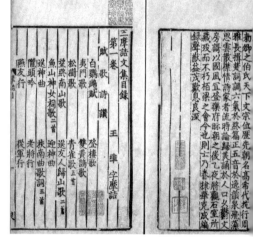

两宋时期，刻板印刷业迎来了黄金时代，而四川始终居于全国的中心地位。五千多卷的《大藏经》，各一千卷的《太平御览》《册府元龟》和《文苑英华》，五百卷小说总集《太平广记》，是宋朝规模最宏大、影响极深远的巨著，四川就刻印了其中的三部——《大藏经》《太平御览》《册府元龟》，对宋朝的文化盛世贡献巨大。左图为《孟浩然诗集》（南宋中叶蜀刻唐六十家集本，中国国家图书馆藏）；右图为《王摩诘文集》（宋刻十一行蜀本，中国国家图书馆藏），为各类王维文集版本中最古佳者

《成都县志》《华阳县志》中的
线装成华

在许多"老成都"眼里，传统五大区（锦江区、青羊区、武侯区、金牛区、成华区）才有资格算主城区，才可以代表成都这座文化名城的人文底蕴和历史地位。

五城区的名字各有来历，都与成都悠久的历史息息相关。有的以自然河流为名，比如锦江区；有的以道家宫观命名，比如青羊区；有的以历史名人命名，比如武侯区；有的以秦蜀古道命名，比如金牛区。唯有成华之名，可能会让人一脸茫然。许多人只知道成华区，但不一定都明白"成华"二字的含义。那成华是怎样的"成华"呢？

成都到华阳——县过县

20 世纪 90 年代初，随着社会经济高速发展，经国务院批准，成都中心城区由三个区（东城区、西城区、金牛区）调整为五个区，成华区应运而生。当时有人提出过诸如"沙河区""建设区""昭觉区"等名字作为备选，但都被一一否决。考虑到新设区继承了历史上成都县和华阳县两地的部分区域，最后采用传统命名的方式，各取首字，称"成华"。

在清代，成都府下领三州十三县，首县为成都县和华阳县。首县之为首，可以理解为首领之首，首富之首。一是离政治中心近，二是其处于经济中心，重要且富裕。首县又被称为附郭县，一般是指古代州治、府治所在地的县，即府衙与县衙同城。

在成都正府街，曾集中了诸多衙署机构。作为首县的成都县和华阳县，两者衙门相去不远，当时的百姓口中传唱着"正府街，成都府，成都华阳两衙署，喊冤告状一通鼓"的民谣。成都、华阳两县以今包家巷、君平街、西丁字街、青石桥街、暑袜街、冻青树街、喇嘛寺街一线为界线，西北归属成都县管辖，东南归华阳县管辖。直到今天，很多地方还流传有"成都到华阳——县（现）过县（现）"这一歇后语。

成都建县之源自秦开始，秦国派司马错攻打蜀国，将蜀国版图纳入秦国管辖范围，设立蜀郡并修筑城池，并于秦惠文王二十七年（前311）置成都县，为蜀郡郡治。历史的车轮驶入唐代，成都县依然是政治中心——成都府（蜀郡）治。唐贞观十年（636，亦有贞观十七年分置之说），朝廷分成都县之东南，新置蜀县，从此旧县（成都县）与新县（蜀县）同城。唐乾元元年（758），唐玄宗驻跸成都，改"蜀县"为"华阳县"。从此，就形成了成都、华阳两县共治省城的历史格局，

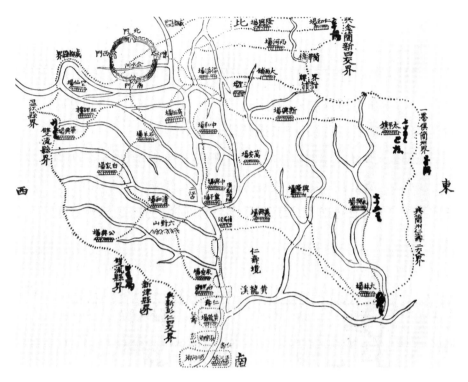

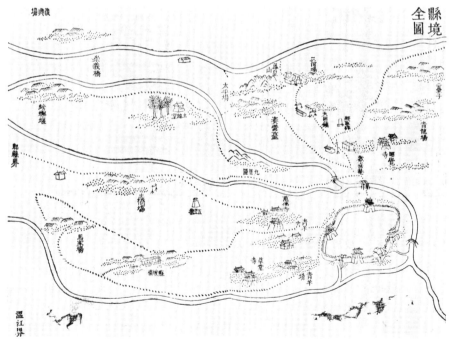

并延续了千余年。直到 1965 年，华阳县才被正式撤销，并划入双流县，完成其历史使命。

翻开成都市地图，成华区像一片美丽的叶子铺展于主城东北。今天，成华区有些新地名带着浓浓的时代特征，但还是有部分地方依然保留了一些传统，足以用来打捞那渐行渐远的岁月。

成华区主要继承了华阳县的地盘，所以来自华阳县的地名和遗迹要多一些。历史上，山岳主要包括了磨盘山、塔子山、斧头山等浅丘；自然河流主要包括了"两江"之府河和旧称升仙水之沙河；保

左：（清）王泰云：《成都县志》书封，清嘉庆二十一年
（1816）刊本，芙蓉书院藏板
右：（清）潘时彤：《华阳县志》书封，清嘉庆二十一年
（1816）刻本，成都东门文昌宫藏板

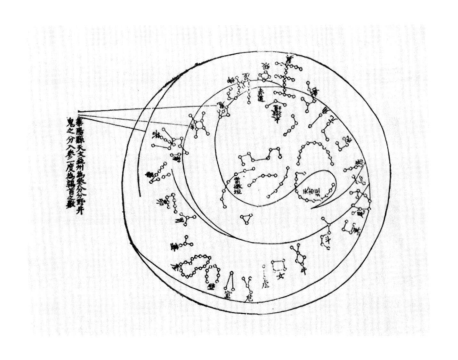

（清）潘時彤：《华阳县志》载"华阳县天文图"，清嘉庆
二十一年（1816）刻本，成都东门文昌宫藏板

留至今的古迹，有香火不断的昭觉寺、龙潭寺等庙宇；在北边的山头，还有五代十国时期的后蜀和陵；在不大的土地上，有许多反映着"湖广填四川"之客家文化的宗祠……

　　天府得水成，成华自滋润。成华区地势较为平坦，唯有东北边有些起伏，龙泉山之余脉延伸至此，形成了磨盘山和虎头山等浅丘。其中，为人们所熟知的磨盘山是成都市五城区的最高点。区内主要分布着府河和沙河两条河流，从古至今，府河弯弯由西及南，沙河蜿蜒纵贯全域，带起了街头巷尾的人间烟火，促进了成华的社会发展。

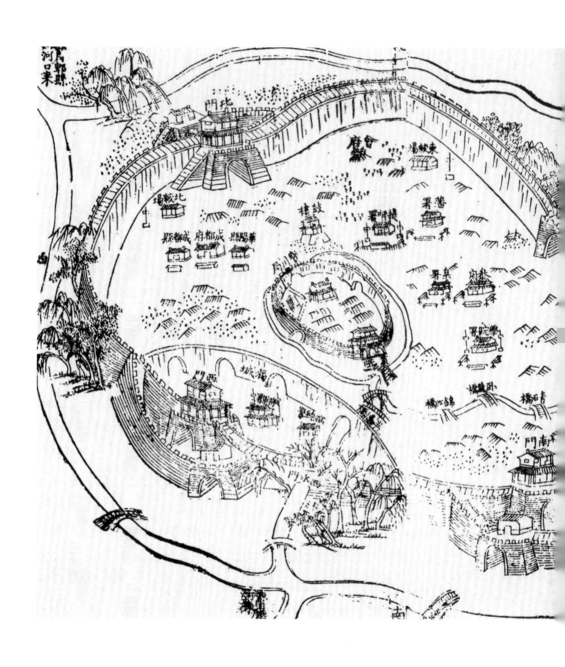

（清）潘時彤：《华阳县志》载 "城池图"，清嘉庆二十一年
（1816）刻本，成都东门文昌宫藏板

散落于"成华"的众神

祠庙是众神的居所，是民间信仰的土壤。在成都县和华阳县城外的场镇乡村，散落着诸多种类不同的祠庙，比如火神庙、川主庙、三官庙、关帝庙、武显庙、城隍庙、桓侯庙等，构成了普通百姓的精神寄托。

火神作为民间俗神信仰中的神祇之一，火神信仰的目的是希望火德真君赐予光明和免除火灾。在清代，四川绝大部分州县均有火神庙，华阳县共有五座火神庙，其中一座就在龙潭寺附近。据嘉庆《华阳县志》记载：火神庙，治东北城外二十里隆兴场，乾隆五年建。县志中的隆兴场就在龙潭寺周边，隆兴场作为客家"东山五场"之首，是移民聚集的地方。这里建筑较多，人口密集，建一座火神庙防灾辟邪是自然而然的。

川主是重要民间信仰，主要崇拜和祭祀李冰，以保佑百姓免于水旱灾害。在西南地区，修建了许多川主庙。据嘉庆《成都县志》记载：川主庙，在府城西南，祭祀秦蜀守李冰。国朝雍正八年（1730），勒敕封祭详见祀典。一在青龙场，一在驷马桥。当时的成都县城外，北边和东北边修建了两座川主庙，一座在青龙场，另一座在驷马桥。

三官（天官、地官、水官）大帝是历史悠

久的民间宗教信仰，为道教较早供祀的神灵。每逢三元节，人们都要到庙宇祭拜三官，忏悔罪过，祈福免灾。据民国《华阳县志》记载：三官庙，在五桂桥侧，咸丰戊午年建。一在保和场侧，道光中创建。可以了解到，成华之地曾有两处三官庙，一处在沙河边的五桂桥旁，另一处位于保和场口。

灵官是道教最崇奉的护法尊神，最有名的是"王灵官"，可以驱妖厌魔，助人升官。许多地方建有灵官庙，华阳县也如此。据民国《华阳县志》记载：灵官庙，在杉板桥侧，道光三年建。在跳蹬河附近，保佑人仕途通达的灵官庙，修建于公元1823年，以供百姓祭拜求福。

《三字经》视伏羲、神农、黄帝为圣贤先哲和汉民族等民族的始祖神，尊称"三皇"。在四川地区，祭祀"三皇""五皇""轩辕"的庙宇偏多，而单独祭祀伏羲的庙宇较少。据民国《华阳县志》记载，伏羲庙，在万年场外，民国庚申建。因此，这座建于民国九年（1920）的万年场伏羲庙显得弥足珍贵。

地母被称为后土或后土娘娘，主要主宰山川大地和阴阳生育。在华阳县保和场，民国成立十多年后，建立了一座地母庙。据民国《华阳县志》记载："地母庙，民国戊辰（1928）建；城隍庙，民国己巳（1929）建；俱在保和场。"建立了地母庙之后一年，又建了一座城隍庙。城隍庙是冥界的衙门，城隍作为城市的守护神。清朝被推翻以后，连衙门都没有了，按理说城隍信仰会日渐式微，而保和场百姓逆流而建，真让人觉得不可思议。

这些居住在祠庙的众神，接受过百姓的膜拜，如今早已灰飞烟灭，只有故纸堆里藏着他们曾经被供奉的影子，藏着他们曾经存在的证据。伴随着历史变迁和城市发展，与其他地方的祠庙命运一样，众神们离开了高大威严的殿堂，灰头土脸地走向漫漶，渐渐被人们所遗忘。

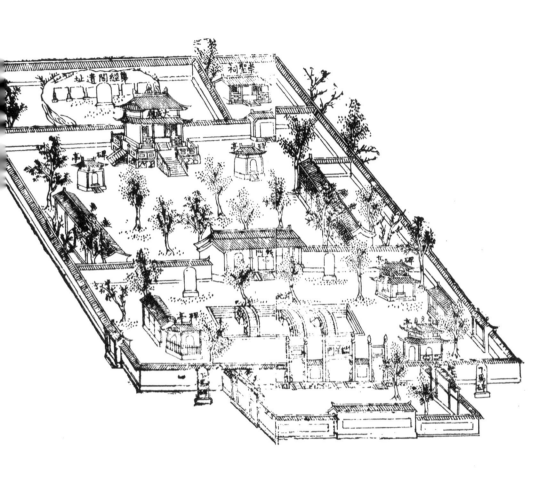

（清）潘時彤：《华阳县志》载"府圣庙图"，清嘉庆二十一
年（1816）刻本，成都东门文昌宫藏板

（明）冯任修、张世雍等纂《新修成都府志》载"府治三衢
九陌宫室图"，是现存最早的成都地图，可见北门"大安"
和北郊"昭觉寺"。明天启元年（1621）刊本，美国国会图
书馆藏

成华者
成都之花也

　　成华区的老地名，浓缩了两县的历史，折射出岁月的光芒。在沙河附近，还有以五桂桥命名的五桂桥街；在今之龙潭街道，还保留了与火神庙有关的名字；消失的千年名胜白莲池，也成为了街道办事处的名字……清代客家移民聚集区的保和场、青龙场、龙潭寺等，还在赶场时撒播着客家人的独特乡音。还有诸如跳蹬河、塔子山、圣灯寺、三洞桥等旧迹，或成为小区名，或成为街道名，被人们以这种常见的方式纪念。

　　一座座浅浅山丘，一条条清清碧流，一串串古老地名，一处处历史遗迹，还有许多埋于城市之地下，我们无法触摸到的岁月肌理，共同勾勒出成华大地的人文脉络。

　　在古代，"华"又同"花"，意为花朵。成华雄列大城之东北，向阳之地。可以这样解释它："成华者，成都之花也。"以大熊猫为代表的自然之美独具特色，以考古、移民、工业遗存为特质的人文之美熠熠生辉。生长在这片土地上，继承自成都和华阳的人文是成华之根。

诗画

每座城市都有其独特的桥，扬州的二十四桥，西安的灞桥……成都诸多桥梁中，驷马桥或许是最有诗意的一座，它见证了汉代司马相如的高车驷马，它包含的科举、爱情、送别等内涵，赢得了历朝诗人的偏爱，留下万千诗篇，堪称成都诗歌第一桥、成都的诗歌地标。

历史上的后蜀是个短暂的王朝，它的影响力却跨越了时间与空间。产生于成都的《花间集》，开宋词之风；宫廷画师黄荃被誉为「中国工笔画派鼻祖」，对宋朝工笔画影响深远。诗词与画笔，不仅见证了蜀地文化的昌盛，也是成都之于中国文化的独特贡献。

科举 戏剧与送别
驷马桥 成都诗歌第一桥

　　几乎每座城市，都会有桥梁。或因人或因事或因诗，成为各自城市的文化标记而被世人所熟知。如长安的灞桥，西湖的断桥，北京的卢沟桥，成都的驷马桥，扬州的二十四桥……

　　建桥的砖石是物质的，而构成桥梁的文化是精神的。成都众多的津梁之中，驷马桥因其历史年代之悠久，文化形态之多样，思想影响之深远，无不让历朝历代的文人为之歌咏，其诗歌数量之多，堪称成都诗歌第一桥。其所包含的励志、爱情、送别、科举等内涵，成为了后世诗歌戏剧创作的宝库。

励志之桥

　　最早记录司马相如在成都驷马桥题桥明誓的，是东晋史学家常璩，而此时离事件的发生已经过去五百年了。常璩在《华阳国志·蜀志》里说："郡城北十里有升仙桥，有送客观，司马相如初入长安，题市门曰：不乘赤车驷马，不过汝下也。"又二百多年后的郦道元在

成都北郊羊子山出土的"车马过桥"画像砖，让人猜想当时成都平原上司马相如所过的"驷马桥"之木桥形状。图为成都羊子山出土"车马过桥"画像砖拓片，原砖藏四川博物院

《水经注·江水一》中又有了类似的记载："城北十里曰升仙桥，有送客观，司马相如初入长安，题其门曰：不乘高车驷马，不过汝下也。后入邛蜀，果如志焉。"

乘高车驷马从桥上过，就是发下天大的誓愿？要搞清楚这个事情，就要了解汉代的乘舆制度。《后汉书·舆服志》中详细记载了汉代车马的等级制度。简单地说，就是一句话："天子驾六马，诸侯驾四，大夫三，士二，庶人一。"

车马作为战备物资，在汉朝初年十分稀缺，"自天子不能具钧驷，而将相或乘牛车"（《史记·平准书》）。天子的马车竟都是几匹花里胡

哨的驽马拉着，而有的将相也只能坐牛车将就了。随着"文景之治"的休养生息，汉朝的国力逐渐强盛，车马就成为汉代人身份、地位和权力的象征，有着"车马出行，富贵康宁"的说法。所以只有官员才能乘坐马车，商人即使富可敌国，也不得乘马车，因高祖曾下令"贾人不得衣丝乘车"。

从上面的分析，我们可以看出，初往京城的布衣司马相如，其雄心似乎是直指"诸侯乘四"的地位。其志可嘉，可其路何难啊。这次，司马相如的满腹经纶没有得到施展，因为他遇到的是"不好辞赋"的汉景帝，仅仅得到了一个武骑常侍的官职，类似于皇帝出行、狩猎时的随从护卫。

这完全不是司马相如的爱好和长项，他只好托病辞官，和几位文友客游于梁。在景帝死后，他也就灰溜溜地回到了成都老家。当然，这期间他写下的一篇《子虚赋》，为他实现诺言埋下了伏笔。

司马相如回到成都，应好友之邀来到临邛，并在此上演了"凤

汉代画像中的车马过桥，引自《沂南古画像石墓发掘报告》，
文化部文物管理局，1956 年

求凰"的美妙爱情故事。对于卓文君的私奔，其父卓王孙大怒，说："女至无材，我不忍杀，不分一钱也。"最后在"相如涤器，文君当垆"的羞辱下，家财巨万的卓王孙老脸终于挂不住了，只好分些家财，让相如、文君在成都过上了安适的生活。

已经绝了朝堂听封念想的司马相如，正快意享受和文君一起过富人的生活，不想朝廷的第二次召唤来到了，再次搅乱了他的心绪。事情的缘由是这样的：汉武帝读罢《子虚赋》，连声叫好，却又十分遗憾，说："我与此人怎么不生在同一个时代啊！"伺候在旁的狗监杨得意是蜀郡人，他适时地回禀了事情的真相，武帝大惊。于是，才有了武帝召见司马相如的这一幕。

司马相如作为皇家文学秘书之类的郎官，平凡地过了数年。直到有一天，唐蒙在蜀郡事情办砸了，司马相如的官运才终于来了转机。要说唐蒙也算是个人物，他知道汉武帝志向高远，勇于开疆拓土，而此时，秦帝国留下的疆域中，只有一个地方没有归化于大汉王

汉代画像中车马过桥线描，引自《沂南古画像石墓发掘报告》，文化部文物管理局，1956 年

朝，那就是岭南的南越国。因此他想从巴蜀经夜郎包抄南越。

　　这一方案的关键是修筑进军道路。在西南大山中修筑道路，即使是今天也是困难重重，何况是两千多年前呢？为了赶工期，唐蒙操之过急，横征暴敛，引起巴蜀民众惊恐，险些激成民变，酿成边患。武帝大怒，便命熟悉西南各地民情的司马相如回到成都问责唐蒙，安抚蜀中百姓。司马相如妙笔生花，拟就一篇《谕巴蜀檄》，一方面说明唐蒙的不法并非朝廷之意，另一方面又要求巴蜀官民理解和支持"通西南夷"的行动。司马相如积蓄已久的政治才智借着这篇政论性的文章喷薄而出，檄文一出，人心迅速安定。武帝大喜，认为相如不仅是文章高手，更是治世能臣，对巴蜀事务也熟悉，当即下令拜相如为中郎将，为正使，持节处理西南诸事。

司马相如再次回蜀，情形大不一样了。此次出使，扮演的是大汉帝国特命全权代表，怀揣着汉朝常设武职中的最高官衔"中郎将"的印信。角色不一样，威仪自然不相同。使团仪仗前呼后拥，旌旗猎猎，声威赫赫，一路逶迤南来。

相如现在封了中郎将，品秩为"比二千石"，这是和平时期一般武将能晋升到的最高职衔。当然，战时还可凭战功晋升将军，如车骑将军卫青、骠骑将军霍去病。但中郎将仍旧是九卿之类的光禄勋的属官，按乘舆制度也只能是"大夫三"。为了与此次国务活动相匹配，朝廷拨给"驿车"供使团使用，这自然是汉代的"高车驷马"了。因而，今天驷马桥边上的一条路，就命名为高车路。

相如衣锦还乡的消息传来，蜀地官员特意把升仙桥加宽为五丈五孔的大桥。太守以下官员，于城郊迎至升仙桥。成都县令等官员身背弓矢，手拿小锣，于车前为其鸣锣开道。相如的泰山卓王孙，也邀约临邛的一帮富翁争相向相如敬献美酒。相如端坐驷马高轩，推说皇命在身，不便相见。卓王孙求助于随行官员，相如这才勉为其难，吩咐全数收下。卓王孙自觉脸上荣光，不禁叹道："真没想到，司马长卿果然有今天啊！"而后，还将家财重重地分给文君，份额与儿子相同。

至此，司马相如完成了当年"高车驷马"人生价值的自我实现，他的远大志向和奋斗经历也被川人引为骄傲。司马相如风光通过的那座小桥，据考，后来就叫"升迁桥"，又逐渐叫成"升仙桥"，至于叫"驷马桥"，那还是南宋以后的事情了。

科举之桥

驷马桥成为中国励志第一桥，这是在隋唐以后，与科举制度的兴起有莫大的关系。在此之前，中国的人才发现、官员选拔，采取的是举荐制。而司马相如的上位，也是得益于汉武帝对辞赋的喜好，和同乡杨得意的适时举荐，这才最终成就了司马相如的人生誓言。

司马相如开辟的以华彩辞章动天子而获得君臣契合的道路，终究是一条不同时代常人走不通的不寻常路。魏晋时期的九品中正制，出身背景是最重要的考量指标。如果投错了胎，纵使学富五车才高八斗，也与高官厚禄无缘。这才有"上品无寒门，下品无士族"的说法。

我们看看魏晋时期的左思的一首《咏史》，就较为深刻地表明了这种社会现实，诗中说：

郁郁涧底松，离离山上苗。以彼径寸茎，荫此百尺条。
世胄蹑高位，英俊沉下僚。地势使之然，由来非一朝。
金张藉旧业，七叶珥汉貂。冯公岂不伟，白首不见招。

茂盛的松树生长在山涧底，风中低垂摇摆着的小苗生长在山头上。由于生长的地势高低不同，凭它径寸之苗，却能遮盖百尺之松。贵族世家的子弟能登上高位获得权势，有才能的人却埋没在低级职位中。这是所处地位的不同使他们这样的，这种情况由来已久，并非一朝一夕造成的。

历史的车轮滚滚而来，到了隋唐时期，以血统论为代表的举荐制已经不符合时代的进步，"唯才是举"成为社会的主流。社会的公平体现在机会的均等上。"朝为田舍郎，暮登天子堂"成为了一种可能。司马相如那一句"驷马高车"的誓言，就成为古代社会的普遍心理和共同话题，引起一代代读书人的共鸣。几乎所有贫困出身的读书人，都可以"十年寒窗"后，通过参加科举考试，步入仕途，实现"兼济天下"和光宗耀祖之宏愿。

　　唐，是一个雍容大度的朝代，是一个出英雄传奇的时代。汉代壮志凌云、才华横溢、爱情佳话的司马相如，都被后世诗人文士或引为异代知音，或视为人生偶像，在司马相如那里，他们获得了安慰，看到了希望，汲取了力量。

　　唐代最出色的两位诗人都曾以相如自比。"诗仙"李白《赠从弟南平太守之遥二首》中，回忆唐玄宗派人迎接自己待诏翰林："汉家天子驰驷马，赤军蜀道迎相如"，《赠张相镐》则称自己"十五观奇书，作赋凌相如"；而"诗圣"杜甫在《酬高使君相赠》一诗里也说："草玄吾岂敢，赋或似相如。"

　　唐代最重要的科目是进士试，而赋是进士试必须要考的一种文体。"博学宏词科""文学优赡科"等科目也经常考诗、赋。因此，赋在唐人心目中的地位并不比诗低。而司马相如作为"辞赋之宗"，自然成为文人们心目中的楷模。罗隐《投知书》："而执事者提健笔为国家朱绿，朝夕论思外，得相如者几人？得王褒者几人？得之而用之者又几人？"黄滔《祭林先辈》："君负相如之词赋，慕郤氏之科目。"将相如与科举联系在一起。因为进士试要试赋，所以士人们普遍推崇相如。

　　隋唐以前，司马相如题桥的故事，在诗歌中还不曾体现。而自唐以降，历朝历代的读书人到此，无不就此话题感慨万千，留下吟咏的诗歌，而且演绎成了一个经典的典故。

唐代诗人常用典故"题桥、题桥柱、题桥志"来自勉与共勉，这就成为了一个表达立志求取功名的专用词汇。如杜甫《投赠哥舒开府翰二十韵》："壮节初题柱，生涯独转蓬。几年春草歇，今日暮途穷。"杜甫自叙当年亦有相如题柱之志，希望成就功名，作出一番事业，可惜多年辗转，壮志未酬，故有投赠之意。晚唐诗人许浑《将赴京师，留题孙处士山居二首》其一云："草堂近西郭，遥对敬亭开。枕腻海云起，簟凉山雨来。高歌怀地肺，远赋忆天台。应学相如志，终须驷马回。"此诗乃许浑赴京前之作："应学相如志，终须驷马回。"彰显了诗人胸怀大志，愿像相如一样功成名就，衣锦还乡。又其《秋日行次关西》云："金风荡天地，关西群木凋。早霜鸡喔喔，残月马

左：羊子山出土俳优俑

中：东汉陶俳优俑，成都博物馆藏

摄影：甘霖

右：东汉陶舞俑，成都博物馆藏

摄影：甘霖

萧萧。紫陌秦山近，青枫楚树遥。还同长卿志，题字满河桥。"抒发了同样的情怀。杜荀鹤《遣怀》云："驱驰岐路共营营，只为人间利与名。红杏园中终拟醉，白云山下懒归耕。题桥每念相如志，佩印当期季子荣。谩道强亲堪倚赖，到头须是有前程。"此诗前段虽略显低沉，但"每念相如志，当期季子荣"又使诗人充满信心，豪情满怀。

如果说其他诗词是隐晦的表达，那么明朝文徵明《送钱元抑会试》中的"公车拟奏长杨赋，祖道先题驷马桥"、明朝韩雍的《送南城贡士左赞再赴春闱》"笔阵词锋六馆推，南宫两战未登魁。何蕃再省名逾重，维翰重升志不灰。飞鹢秋分滕阁雨，化龙春听禹门雷。太平桥上乡人众，望尔高车驷马回"，就已是从诗题到诗句都明确无误地点名驷马桥典故与科举考试的关系。

唐宋以后，中国大地上兴建起了许多为科举服务的建筑，比如文庙、贡院、书院、字库、文昌宫、魁星楼等，但与这些因科举而产生的建筑不同，驷马桥本身不是科举的产物，而是由于它的故事象征着积极进取精神，而被读书人反复吟诵。

戏剧之桥

明清时期的戏曲舞台上，才子佳人和英雄美女的戏剧很多，如范蠡与西施、霸王与虞姬、许仙与白娘子、张生与崔莺莺、梁山伯与祝英台……中国人对人生理想的追求，用四个字概括，叫"成家立业"，古代说"洞房花烛夜，金榜题名时"。

相如与文君的故事，完全契合广大人民群众的社会心理。在戏剧大发展的明清时期，这出戏的情挑部分，既能满足观众的猎奇心理，而这部戏的题桥部分，又能激发底层子弟改变命运的斗志。因而，明

（明）孙柚：《新刻出像音注司马相如琴心记》书影。明金
陵唐氏富春堂刻本，日本内阁文库藏

清时期的司马相如剧在以文人为主角的戏剧作品中，数量稳居前列。

　　这不仅是由于司马相如的自身魅力，还与明清时期对封建婚姻
观的反叛的社会思潮和因科举失意文人的自我安慰有密切关系。历代
穷苦的文人都能从他身上看到功成名就的希望，因此在作品中不厌其
烦地进行着咏唱，同时在作品中实现心中的婚宦理想，发泄郁结在心
中的缺憾与不平。孙柚《琴心记》第四十四出（前腔）"英雄困久，
云翻雨覆君知否。荣华富贵天成就。官爵高，才名茂，鸾凤偶，人生

美愿酬八九。"道出了作者对相如美满人生的艳羡。

发生在驷马桥的这则故事，经过时代的烘焙、文学的加工，浓缩为"司马题桥、题桥、题桥柱"几字，成为中国古代文人励志上进的典故，大量存在于各种诗文中。据不完全统计，历代关于司马题桥的诗歌，不下千首。而历代司马相如剧，包括宋话本、明清杂剧和传奇，超过二十四种，将近半数散佚。而描写司马相如驷马桥上"题桥"这一情节的元明清戏剧，就达十多部。因此，驷马桥在中国文化史上的地位不可小觑。

宋话本《风月瑞仙亭》中，就已经有驷马桥送别，文君叮嘱相如道："此时已遂题桥志，莫负当垆涤器人！"

到了明代，现存的相如文君戏有九种，如无名氏《汉相如献赋题桥》、朱权《卓文君私奔相如》、许潮《汉相如画锦归西蜀》、孙柚《琴心记》、叶宪祖《琴心雅调》、陆济之《题桥记》、韩上桂《凌云记》、陈玉蟾《凤求凰》、袁于令《鹔鹴裘》。

无名氏的《汉相如献赋题桥》和许潮的《汉相如画锦归西蜀》不演相如其他的事迹，只述相如"题桥"发誓及其仕途成功的经历，足可见作者对相如成功的向往。

我们看看《汉相如献赋题桥》，此剧乃是现存的相如文君剧中最古老的，作者阙名，简名《献赋题桥》。王国维据赵清常抄本校字，于正名题目下批注"题桥记"三字，此与《宝文堂书目》《也是园书目》所录无名氏《汉相如题桥记》相合。戏中讲：相如无所事事，卓翁为激他奋志进取功名，将妆奁收回去，相如未察其用意，赌气开酒肆沽酒。结果因庸手酒保以致酒客闹事。卓翁无奈将妆奁全部送还，与女婿和解。接着王吉来劝相如上京取仕，还送盘资，相如感激不尽，乃当日就起身。文君则送他到升仙桥，在桥柱上相如赋志题诗。临离别，文君一再叮咛相如勿要负心，并送他一支金钗……

送别之桥

送别，是中国诗歌创作中很重要的母题，产生作品之多，堪称一绝。唐代诗人王维的《渭城曲》中，"劝君更尽一杯酒，西出阳关无故人"，直接把"阳关"定格成了唐代第一送别之地。当然，王昌龄的"洛阳亲友如相问，一片冰心在玉壶"，把润州（今镇江）的芙蓉楼写成了送别第一楼。

当代散文作家初国卿有一篇《寂寞灞桥》，文中说：最早在灞桥边上折柳的，应是唐朝人……唐时在灞桥设立了驿站，从此，灞桥上就有了年年柳丝不堪折的伤感和壮怀。当年李白首创《忆秦娥》词牌，开篇写的就是灞桥送别："箫声咽，秦娥梦断秦楼月。秦楼月，年年柳色，灞陵伤别……"唐代李益写有《途中寄李二》绝句："杨柳含烟灞岸春，年年攀折为行人。好风若借低枝便，莫遣青丝扫路尘。"也成为灞桥折柳送别的名作。

灞桥是唐代送别的第一桥。而在成都，知名的送别之桥有两座，一座是万里桥，一座就是驷马桥。

万里桥，在今成都市南锦江上。万里桥送别的典故，出自三国蜀汉时期，诸葛亮于此设宴送别费祎使吴，故称"万里之行始于此"。万里桥是当时的水路送别之处，但后来随着成都水路交通的废弛，另一处陆路送别之地驷马桥的地位就更加凸显了。

常璩在《华阳国志·蜀志》里说："郡城北十里有升仙桥，有送客观。"送君千里，终须一别。驷马桥离城十里，不远不近，在此设宴饯行刚刚好。可见，在常璩所处的东晋，驷马桥上的送别之俗已蔚然成风。

元朝诗人虞集的《代祀西岳至成都作》诗中，有"我到成都才十日，驷马桥下春水生。渡江相送荷主意，过家不留非我情"句。虞集是仁寿人，他到成都仅停留了短短十天，因为人在宦途，身不由己，他又要离开了。亲友渡江送别虞集的地方，就在今成都城北的驷马桥。

清人彭端淑有《驷马桥送开制军之伊犁》诗："河梁送别欲魂消，翘首伊犁万里遥。正是秋风杨叶下，一行班马响萧萧。"乾隆二十八年（1763）秋，因处置川西大小金川事务不力，四川总督开泰被朝廷革职，远谪伊犁。此时，一般人恐避之不及，作为六十多岁的致仕官员、锦江书院的主讲，彭端淑却无所畏惧，来到驷马桥亲自为开泰送行，并作这首《驷马桥送开制军之伊犁》诗道别，足见诗人的情感之真、胆量之大、胸怀之广。诗歌既直抒其情，又借景寓情，显得深沉有味。

成都驷马桥，与长安灞桥一样，具有送别的文化意蕴。彭端淑站在驷马桥头，为即将远行万里的开泰送别，心里黯然神伤。将别情融于秋风瑟瑟、车马萧萧的场面描写之中，意境自然浑融。其弟彭肇洙评论说："只写马声，而无限离情在言下，似龙标诸公。"龙标，指唐代王昌龄。杨世明的《巴蜀文学史》评此诗："情景相融，颇近唐调"，将惆怅离别之情，化作秋风瑟瑟、车马萧萧的景语，意境自然古朴。

驷马桥，是成都的诗歌之桥、戏剧之桥、励志之桥。对于驷马桥巨大的文化意义，著名文史专家谢桃坊曾说：古代至民国时期，从成都由陆路至关中和中原要经北门，驷马桥为必经之地，为成都之最重要门户，亦是确定成都地理位置的一个坐标。

西蜀黄荃与
工笔画派

　　成都北门磨盘山南麓，有一处鲜为人知的"和陵"，后蜀开国皇帝孟知祥便葬于此。墓穴如今空无一物，但打磨精细的青石，四周石刻的力士和龙凤浮雕，依稀能想象墓主人生前的华贵。陵墓内侧两壁，还残存着一些男女宫人彩绘像，虽然面目已经模糊，但仍可让人感受到那个时期勃发的艺术生命力，令人遥想前后蜀宫廷画师黄荃开创的"西蜀画院"之斑斓画笔。

　　五代十国虽处世纷乱，但积极继承唐朝文化的流风，书画艺术活动仍在继续。偏安一隅的蜀地，因为战乱较少，绘事更盛。加之前蜀和后蜀统治者皆雅好文学，推重书画，中原画家纷纷南就。后蜀主孟昶更是设立了翰林图画院，史称"西蜀画院"，亦是中国历史上第一家宫廷画院，而西蜀画院第一人，则非黄荃莫属。

　　黄荃，字要叔，今四川成都人。在五代时期的大动乱中，四川难得维持了和平富庶的生活，中原地区的绘画高手纷纷入蜀游历或避乱，十三岁就开始学画的黄荃也因此得到许多名师指点。"刁处士入蜀，授而教之竹石花雀。又学孙位画龙水、松石、墨竹，敩李升画山水、竹树，皆曲尽其妙。"传说他还曾向滕昌祐学蝉蝶，向薛稷习画

上：（北宋）黄筌（传）：《苹婆山鸟图》，台北故宫博物院藏

下：（南宋）林椿：《果熟来禽图》（故宫博物院藏），似临摹上图

鹤，其本身天资过人，又博采众长，很快成为绘画艺术上难得的天才和全才。黄筌十七岁时就随老师刁光胤同仕前蜀王衍，十九岁即被赐朱衣银鱼，兼都麹院（掌造曲，以供内酒库酿酒贸易）。

历仕前蜀、后蜀的黄筌，任宫廷画师四十余年，官至检校户部尚书兼御史大夫；入宋，任太子左赞善大夫，但旋即去世。黄筌被誉为"中国工笔画派鼻祖"，既擅长画卷轴画，也精于壁画；花鸟画出类拔萃，山水、人物画也超越同辈；既能工笔重彩，也长于水墨写意。这样几乎样样精通的画家，纵观整个历史也数不出几位。

黄筌画鹤
薛稷减价

中国历史上有名的画家，总有一些传奇逸事。譬如顾恺之"画龙点睛"，吴道子一日画下三百里山水，听上去固然有些夸张，但也说明画家技艺之高超，已到了出神入化的地步。

黄筌也留下不少轶闻。据说，他曾经画过几幅夹竹桃屏风，经年累月，有些地方残缺了，但黄筌已不在世，主人就用真的桃花花瓣贴到残缺处，竟和画上的花几乎分辨不出真假。

黄筌在后蜀宫廷任职时，淮南有人给蜀后主送来几只白鹤，后主命黄筌在宫殿墙壁上绘下它们的神貌，因为太过逼真，竟引来真的仙鹤在壁画前飞舞盘旋，鸣叫不已，"警露者、啄苔者、理毛者、整羽者、唳天者、翘足者，精彩态体，更愈于生，往往致生鹤立于画侧。蜀主叹赏，遂目为六鹤殿焉"。

广政十六年（953），孟昶新建了一座八卦殿，命黄筌"于四壁画四时花竹、兔雉鸟雀"，于是，"筌与其子居农于八卦殿，画四时山水及诸禽鸟花卉等，至为精备"。但神奇的是，一次，五坊节级罗师进呈白鹰，白鹰看到八卦殿壁上所画的雏鸡，以为是真的，连连飞扑在墙壁上啄来啄去——"其鹰见壁上所画野雉，连连掣臂，不住再三，误认为生类焉"。后主孟昶见此情景，惊叹良久，对身边的下属说："以前只是听说黄荃画技惊人，今天算是见识了。"他招来翰林学士欧阳炯，令其撰文记下黄荃的神妙画艺，这就是后来的《壁画奇异记》。

同朝为官的成都老乡欧阳炯在《壁画奇异记》里称赞黄荃的画作道："今古皆言于六法。六法之内，惟形似、气韵二者为先。有气韵而无形似，则质胜于文，有形似而无气韵，则华而不实。荃之所作，可谓兼之。"这段话也说明黄荃的写实花鸟画并非仅仅是做到与实物酷似，而是在形似的基础上追求神似，这才是此流派的最高要求。

那黄荃是如何做到形神兼备的？据宋代范镇在《东斋记事》中说，黄荃在家中养了许多鹰和雀鸟，每日仔细观察、琢磨，他不仅能抓住物态的形，更能把握其内在神韵。

沈括《梦溪笔谈》谈及黄荃一派说："诸黄画花，妙在赋色，用笔极精细，几不见墨迹，但以五彩布成，谓之写生。"黄荃开创的"写生"花鸟，对后世花鸟画影响极大。沧海桑田，黄荃的画大都没有流传下来，如今能够确认为其真迹的，仅有一幅故宫博物院藏的《写生珍禽图》。

事实上，这幅《写生珍禽图》算不上是一幅完整的画，它只是黄荃为了正式创作收集的写生素材。如果仔细看，会发现画幅左下角有一列小字，写着"付子居宝习"，居宝是他的第二个儿子。《写生珍禽图》是父亲画给儿子临摹练习用的一张课徒范画。

虽然只是画稿，但亦可看出画家高妙的写生能力。画里有十只鸟雀、十二只昆虫、两只乌龟，造型严谨，形态生动。

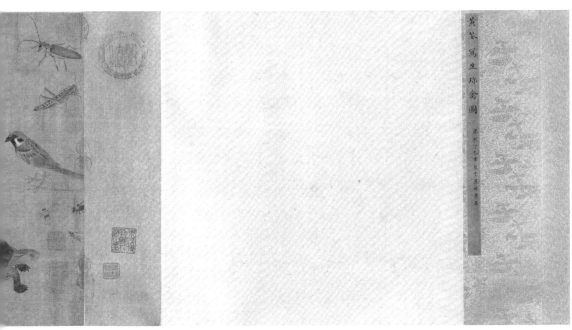

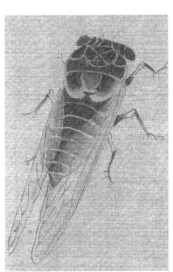

组图：黄荃的《写生珍禽图》，其实是作者为其子黄居宝临摹练习而创作的一幅稿本。仅从这幅稿本上即可了解黄荃的作品之精

鸟的羽毛层层叠叠，仿佛能摸到不同的触感。大乌龟和小乌龟用浓淡不同的墨色，一个看上去笨重迟缓，另一个则很灵活。

右下方的三只蜜蜂，虽然只有豆粒般大小，但连翅膀上纤细的纹路都画得清清楚楚，下面那只，还能看到它脚上密密的触须。左上角的鸣蝉，薄薄透明的蝉翼好像伸手碰一下就会颤动一样。

除了外形惟妙惟肖，画家对鸟虫神态的刻画也生动盎然。右侧一大一小两只麻雀，小麻雀张着嘴，好像在等着喂食，老麻雀看着它，眼神充满怜爱又无可奈何。画家在描绘时，当是唤醒了对自己孩子的舐犊之情。

由于黄筌技艺高超，尤其是他画的鹤受显贵追捧，以至于唐代著名画家薛稷的画都减了价，这就是谚语"黄筌画鹤，薛稷减价"的由来。

黄家富贵
徐熙野逸

不幸的是，黄居宝英年早逝，无法将父亲的画艺发扬光大，完成这一传承的，是黄筌的小儿子黄居寀。

黄居寀画艺精湛不输父亲，尤其画怪石山水，颇有青出于蓝而胜于蓝之势。他跟随父亲在后蜀画院供职，父子常合作殿廷上的壁画和宫闱里的屏风。也正是黄居寀，在入仕北宋画院之后，身体力行推广父亲的画风，使"黄家富贵"在很长一段时间里成为花鸟画的标准。

什么是"黄家富贵"？黄筌的作画方法，叫作"双钩填彩"，先用细柔的线条勾勒出轮廓，再填上颜色。由于用线极为细淡，线条与赋色相融，几乎看不出勾勒的痕迹。这种"淡墨细勾，重彩渲染"的画法，传递出一种富丽气息，尤其适于装饰宫殿厅堂，因此，当时的人们将这一类风格称为"黄家富贵"。

而就在同时期的江南金陵（今南京），一位叫徐熙的画家声名鹊起。他的画法，恰恰是"黄家富贵"的反面，甚少勾勒，以墨色为主，风格粗淡飘逸，人们称之为"徐熙野逸"。"黄家富贵，徐熙野逸"，这八个字，代表了中国花鸟画"重色"与"重墨"的两种创作倾向。

把黄居寀和徐熙的画放在一起，就能看出这两派明显的区别。黄居寀的画勾勒精细，色彩富丽，山鹧和鸟雀的羽毛画得很细致，可见学到了父亲高超的写实技艺。岸边的石头，都能看到细致的轮廓线。

传为徐熙创作的《雪竹图》，却主要用墨皴染，很少勾勒。竹叶和石头上的雪，用留白和烘染的方法表现，看似无形，却清寒彻骨。与黄家父子逼真富贵的画风相比，显得率意而出格，别有生动之意。

也许有人会问，这两种风格有没有高下之分？

重色彩的黄派花鸟强调客观真实和装饰趣味，后世的院体及工笔重色花鸟画，始终没有偏离黄筌这一细致写生传统的基本精神。

重墨轻色的徐派，在主观表现上有更多的自由，技法上也更为单纯随意，再加上野逸不拘的审美趣味，成为后世水墨写意花鸟画的基础和源泉。

后世文人评判书画，总爱把品格志向与作品相联系，尤其自苏东坡始，喜平淡简素，恶富丽精巧。徐熙的逸情野趣更符合文人的审美情怀，受到后世追捧。

然而富贵也好，野逸也罢，未必是画家天性所致，倒是和他们所处的环境息息相关。

黄筌、黄居寀父子长期处于宫廷，眼中看到的是皇家园林的珍禽瑞鸟、奇花怪石，譬如桃花鹰鹘、纯白雉兔，在民间是看不着的。

烁勁拒霜盛
義冠錦羽雞
已知全五德
安逸勝鳧鷖

宣和殿御製并書一▢

华
城
记

左：（北宋）赵佶：《芙蓉锦鸡图》，故宫博物院藏

中：（北宋）赵佶：《桃鸠图》，日本东京国立博物馆藏

右：（北宋）黄居寀：《杏花鹦鹉图》，美国波士顿美术馆藏

因此，笔下的花鸟大都富贵精巧，工整艳丽。

徐熙生活在江南，常漫步游览于田野，所见无非寻常景物，汀花、野竹、水鸟、渊鱼，笔下画出的自然不同。

虽然徐熙的画风受后世文人推崇，黄筌却认为徐熙的画风"粗恶不入格"。在黄筌主持画院及之后的一百多年，"黄家富贵"被确立为宫廷花鸟画的正统，可谓独步一时。甚至连徐熙的孙子徐崇嗣，也只能放弃自家技法，改学黄家画风。这种黄家程式，直到北宋中期大画家崔白的出现，才被打破。

"富贵"传习
璀璨星辰

公元965年，后蜀灭亡。黄筌父子随归降的孟昶前往汴京，入北宋画院，被封为"太子左赞善大夫"，备受宋太祖礼遇。然黄筌年事已高，大约思念故土，痛心于西蜀的灭亡，不久之后便病故。

但"黄家富贵"的画风，却影响了之后数百年的花鸟画创作。尤其是花鸟画登峰造极的宋代，不管风格如何多变，骨子里始终流淌着黄氏一派的风格。

黄筌曾有壁画招来仙鹤的神奇故事，宋代的文艺皇帝徽宗赵佶，也有一段关于鹤的佳话。

那是北宋政和二年（1112）正月十六，宋徽宗在延福宫设宴款待群臣，忽然间，汴京城（今河南开封）上空云气漂浮，一群仙鹤从西北而来，在殿上久久盘旋，经时不散，有两只仙鹤竟停在宫殿左右两个高大的鸱吻之上，引得皇城宫人仰头惊诧，路上的百姓也纷纷驻足观看。

徽宗目睹此状，兴奋不已，他认为，仙禽踏祥云而来，定是国运兴盛之瑞兆。于是欣然提笔，将看到的情形画了下来，这就是大名鼎鼎的《瑞鹤图》。画上二十只鹤，每一只的姿态都不同，足以看出徽宗观察之细致。据历史记载，徽宗曾亲自挑选宫廷画师，出的题目就是画鹤。考生们画的鹤姿态万千，但竟然没有人知道仙鹤踏石的时候究竟是先抬左脚还是右脚，直到徽宗指点才恍然大悟。画花卉也是一样，一朵月季，四时朝暮，花、蕊、叶皆有不同风貌，必须要毫发不差地表现出来。这种对自然物象的细微观察和准确摹写，对动植物瞬间情态的写实追求，都与黄筌的写实主义花鸟传统一脉相承。

　　徽宗赵佶治下的画院，造就了艺术创作的鼎盛时代。徽宗画院的李迪、李安忠等人继承了富贵画风，甚至赵佶本人的工笔设色作品，亦体现出浓重的黄家富贵风格。收藏于故宫博物院的《芙蓉锦鸡图》，先以工细的墨线双勾，再赋以重彩渲染，工致细丽。画中芙蓉盛开，随风轻轻颤动，蝴蝶互相追逐，引得枝上的锦鸡回首凝视。芙蓉、蝴蝶、锦鸡都具有富贵含义，而鸡在中国向有"德禽"之称。右上角徽宗的瘦金体题诗正是赞颂其高贵品格："秋劲拒霜盛，峨冠锦羽鸡。已知全五德，安逸胜凫鹥。"此画不仅蕴含富贵吉祥之意，更承载着"成教化，助人伦"的绘画功能。

　　徽宗时代之后，许多北宋画院画家入南宋画院供职，花鸟画也大多继承了黄氏体制，讲究形神兼备。画家林椿擅画花鸟，笔法精美，写生的作品犹如真的一般。《果熟来禽图》中，木叶枯黄残损的边缘、锈斑、果实被虫叮咬的痕迹，都被一一描绘出来，小鸟站在枝头，我们仿佛能感觉到树枝承受的重量，可见画家观察和表现之细腻。在黄筌一派的写实主义花鸟画传统下，画家与自然达到了无比亲密的关系。

　　由黄筌父子带入北宋画院并延续到南宋画院的花鸟画传统，影

苏轼行书《一夜帖》（又名《致季常尺牍》，台北故宫博物院藏）讲述了一件关于黄居寀作品借与还的故事，苏轼托友人陈季常向王君转达：王君所索取的黄居寀画龙已暂借给曹九章，一旦曹九章还画以后，他便马上还给王君，还特意寄了一饼团茶带去。其文说："一夜寻黄居寀龙不获。方悟半月前是曹光州借去摹搨。更须一两月方取得。恐王君疑是翻悔。且告子细说与。纔取得即纳去也。却寄团茶一饼与之。旌其好事也。轼白。季常。廿三日。"

响了近三百年的花鸟画，这也是中国漫长历史中少数能真正称得上"反映现实世界"的艺术时期。

"生成造化夺工夫，尽入黄家几画图。可惜春来误游子，攀花不落有还无。"直到今天，凡提及中国古代花鸟画，黄筌仍是无法绕开的一座丰碑。黄筌父子为西蜀宫廷、寺庙绘制的画作、壁画，早已堙灭于历史长河，著录于《宣和画谱》的《桃花雏雀图》《海棠鹁鸽图》等349幅画作也杳无踪迹。但所幸，我们还能从继承者的丹青笔墨中，以及苏轼《书黄筌画雀》、宋高宗《题黄筌芙蓉图》、苏籀《黄筌画金盆鹁鸽孟蜀屏风者也一首》、袁说友《题信相寺黄筌画花竹》等诗文里，瞻望与想象西蜀宫廷中那个绘事如生、唤鹤引鹰的天才画师，他曾经是芙蓉盛开的天府大地上一颗闪耀的星星。

千年前的游乐之风

以前，成都出北门，有古蜀人的羊子山祭台，有司马相如"驷马高车"衣锦还乡的驷马桥，有迎来送往的望乡台，有连接成都与京城的金牛道，有"十方丛林"昭觉寺，有升仙之山凤凰山，有荷叶田田的白莲池，这是北郊的一条游玩线路。而成都人过东郊，则有大慈寺、移忠寺（旧名牌楼院）、海云山及山上海云寺、鸿庆寺，春来踏青、扫墓、放风筝，秋来赏山茶花，也构成了东郊郊游的一条经典线路。

郊游，踏青，祭祀，宴饮，登山，望远，在城东，在城北，有着蕴含千年的游乐之风，诗意风流，从远至今，在述说着诗意成华独特的芳华与韵致。

无不乐其游

宋大中祥符三年（1010）三月的一天，"比部郎中蔡汶使西川还，言川峡每春州县聚游人货药，谓之药市，望令禁止之"。这位职掌稽核官府账簿文书的古板官员，对于四川稀奇古怪的娱乐、生意和热闹，估计是看不下去了，但他的上奏其实也算克制的，因为，彼时西川又何止只有"药市"？

比如在成都，每月就都有固定的集市。如正月灯市、二月花市、三月蚕市……这种"会展经济"，进一步促进了成都的时尚、消费、餐饮、旅游和服务业，促进了成都的繁华。

喜娱乐游赏，是唐宋以来川人的风俗，这或许与天府之国的"百姓浩丽，见谓天府"（宋·范百禄《〈成都古今集记〉序》）有关。因为历代古蜀人治水和都江堰灌区，成都平原才有了安逸富足和独特的川西林盘。正是在这样的地方，一部婉约的《花间集》伴随着宋人的宴席与游玩，伴随着浣花溪的莲和城墙上的芙蓉，再现在笙歌燕舞中沉醉的宋人。

在这样的物质基础下，不难想象，"成都游赏之盛，甲于西蜀，盖地大物繁而俗好娱乐。"（元·费著《岁华纪丽谱》）田况知成都府时，有《成都遨乐诗二十一首》，其序云："四方咸传蜀人好游娱无时"，其在《上元灯夕》一诗中说："予赏观四方，无不乐嬉游。惟兹全蜀区，民物繁它州。"休闲与消费，娱游之风，极大地促进了成都的内需和外贸，奠定了其在中国版图上的"扬一益二"的大都市地位。

当地官员更是积极参与活动，成为宣传大使，据《岁华纪丽谱》记载："凡太守岁时宴集，骑从杂沓，车服鲜华，倡优鼓吹，出入拥导，四方奇技，幻怪百变，序进于前，以从民乐。岁率有期，谓之故事。及期，则士女栉比，轻裘袨服，扶老携幼，阗道嬉游。或以坐具列于广庭，以待观者，谓之遨床，而谓太守为遨头。"可见，在田况、薛奎、宋祁等地方大员的推动下，游玩宴集逐渐形成了一种风气，并且定期举办，成为了官民互动的例行之事和"节日"。

对于这种现象，文人们往往从文化层面去解读这种成都自古以来的游乐之风，却常常忘了其对地方经济的拉动作用。没有此风之盛

行，古时身处盆地、交通四塞的成都，又怎能跻身"扬一益二"之列？对于比部郎中蔡汶的疑虑，宋真宗赵恒倒很开明地说："远方各从其俗，不可禁也。"显然赵恒也没有从经济的角度去看待成都人的游乐与休闲。

东北郊的游玩与宴席

1838 年的正月初七，道光戊戌人日，四川按察使多时帆、四川盐茶道周蔼余、成都府知府张晓瞻、四川成绵龙茂道道员王春绶一干蜀中要员，相约到成都城郊昭觉寺雅集，并作诗数首，担任过荣县知县的王培荀在《听雨楼随笔》里记下了这次游玩：

（北宋）佚名：《游骑图卷》，故宫博物院藏

　　昔日白乐天、苏东坡喜与客游宴，而政益修举。蜀地江山奇丽，环成都尤多名迹。士大夫以时雅集，非徒见熙朝文物之盛。而时当清宴，为政多暇，亦韵事也。昭觉寺，古宣华旧苑，明时僧徒尤众，今虽荒落，而殿宇宏敞，可驻游踪，道光戊戌人日，诸大宪往游……

　　明人曹学佺《蜀中广记》记载，成都"南门之胜，如石室、石犀、严真观、江渎池、七星桥、昭烈武侯祠其最著者"，"西门之胜，张仪楼、石笋街、笮桥、琴台、浣花溪、青羊宫、净众寺、少陵草堂其最著者"，"东门之胜，禹庙、大慈寺、散花楼、合江亭、薛涛井、海云寺其最著者"，"北门之胜，武担山、子云宅、金马祠、太玄城、玉局观、升仙桥、万岁池、学射山其最著者"。直至民国，这些地标依然是成都人的赏玩郊游之地。民国胡天所编的《成都导游》第七编

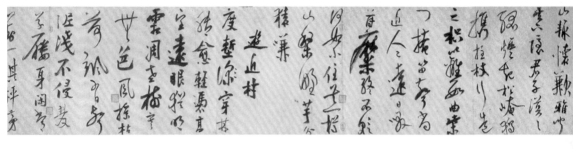

"名胜古迹"，就载有"东门外——由城内至望江楼沿途所经""西门外——由城内至草堂寺沿途所经""南门外——由城内至武侯祠沿途所经""北门外——由城内至昭觉寺沿途所经"诸条线路。

唐宋以来，蜀人自成都府出城郊游，多自北门或东门出，主要是北门有学射山（今凤凰山），东门有海云山（今狮子山）。

《岁华纪丽谱》记载："正月二日，出东郊，早宴移忠寺，晚宴大慈寺。"范成大有诗《初三日出东郊碑楼院》："远柳新晴暝紫烟，小江吹冻舞清涟。红尘一哄人归后，跕跕饥鸢蹙纸钱。"

清明节前寒食节、上巳节，成都人也多去东郊。田况《成都遨

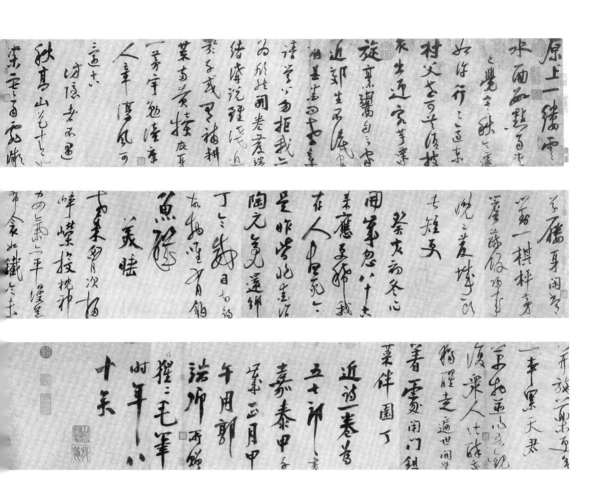

陆游：《自书诗卷》，陆游80岁时所书近作诗8首，诗作的
内容是回忆其50岁左右在四川成都当参议官时的生活情景，
从中反映出浓厚的田园气息。辽宁省博物馆藏

出城郊游、喝茶小聚、耍与美食，千百年来，已经深
深地浸入了成都人的骨子里。图为成华区龙潭水乡

绘图：崔兵

乐诗二十一首·寒食出城》就说："郊外融和景，浓于城市中。歌声
留客醉，花意尽春红。游人一何乐，归驭莫匆匆。"

　　元人费著记载，三月"二十一日，出大东门，宴海云山鸿庆寺，
登众春阁观摸石。盖开元二十三年灵智禅师以是日归寂，邦人敬之，
入山游礼，因而成俗。山有小池，士女探石其中，以占求子之祥"。大
约北宋年间，去东郊"摸石求子"已成时尚，而明冯应京《月令广义》
更进一步说："成都三月有海云山摸石之游，占生子之兆。得石者男，

得瓦者女。"

海云山下的海云寺，是当时成都的赏花胜地，每到冬季，山上的山茶花烂漫，以至游人如织、摩肩接踵。宋陆游就在《人日偶游民家小园有山茶方开》一诗自注："成都海云寺山茶，一树千苞，特为繁丽。"多年后，他在故乡还念念不忘海云寺的山茶花，写下《山茶》一诗："雪里开花到春晚，世间耐久孰如君？凭栏叹息无人会，三十年前宴海云。"

可见，有宋一代，大慈寺—移忠寺—海云山（海云寺、鸿庆寺）已经是东郊郊游的一条成熟线路。今天，在成都国营红光电子管厂（773 厂、106 号信箱）旧址上，重新诞生的"东郊记忆"，已经成为当代艺术、音乐与工业文明重合的公园，依然在延续着东郊的郊游习俗。

相较于东郊，北郊由于一直是在金牛道上，所以此条线路经久不衰，踏青、游宴、登山、泛舟，也自是一个约定俗成的选择，而成华境内的驷马桥、昭觉寺、万岁池（今白莲池）及附近的学射山（凤凰山）、天回镇，都是人们常去游玩的地方。

大约从成都筑城后，成都北门外的学射山一带就被辟为学射场，如《华阳国志》载秦灭巴蜀，"仪与若城成都……而置观楼射圃"。20 世纪 70 年代，成都百花潭出土的一件战国铜壶，铜壶上就刻有弋射场景。

到了宋代，城外学射山连同附近的昭觉寺、万岁池以及因司马相如而蜚声的驷马桥，随着出川与入川、送别与望乡的社会经济活动，这一带就成了一

噫吁戲危乎高哉蜀道之難難於上青天蠶叢及魚鳧開國何茫然爾來四萬八千歲不與秦塞通人煙西當太白有鳥道可以橫絕峨眉巔地崩山摧壯士死然後天梯石棧相鉤連上有六龍回日之高標下有衝波

逆折之迴川……險也如此嗟爾遠道之人胡為乎來哉劍閣崢嶸而崔嵬一夫當關萬夫莫開所守或匪親化為狼與豺朝避猛虎夕避長蛇磨牙吮血殺人如麻錦城雖云樂不如早還家蜀道之難難於上青天側身西望長咨嗟

嘉靖庚戌十月既望書于玉磬山房昔年八又一　徵明

个颇为典型的郊游宴集场所。学射山，又名斛石山、升仙山、星宿山、韫玉山等，今名凤凰山。《岁华纪丽谱》称："三月三日，出北门，宴学射山。既罢后射弓，盖张伯子以是日即此地上升。巫觋卖符于道，游者佩之，以宜蚕避灾。轻裾小盖，照烂山阜。晚宴于万岁池亭，泛舟池中。"

　　而从陆游、范成大、田况、范镇、何耕、范纯仁等宋人的诗中，更屡见学射山以诗之意象进入他们的视野。其中，田况的《成都遨乐诗二十一首·三月三日登学射山》和范镇的《仲远龙图见邀学射之游先寄五十六言》，都可以让人想象宋时"学射山"三月三春时踏青郊游的热闹：

（明）仇英：《蜀川佳丽图》（文徵明题跋）全卷，美国弗利尔美术馆藏

丽日照芳春，良会重元巳。阳滨修祓除，华林程射技。所尚或不同，兹俗亦足喜。门外盛车徒，山半列廛市。彩埘飞镝远，醉席歌声起。回头望城郭，烟霭相表里。秀色满郊原，遥景落川涘。目倦意犹远，思馀情未已。登高贵能赋，感物畅幽旨。宜哉贤大夫，由斯见材美。（田况《成都遨乐诗二十一首·三月三日登学射山》）

几年魂梦寄西州，春晚归逢学射游。十里香风尘不动，半山晴日雨初收。指拈武弁呈飞骑，次第红妆数胜筹。夹道绮罗瞻望处，管弦旌斾拥遨头。（范镇《仲远龙图见邀学射之游先寄五十六言》）

事实上，在初唐，学射山就因为至真观而成为北门外的一大胜景，卢照邻就描述过法会时的热闹场景，"每至三辰法会，八景真游，霓裳

华
城
记

（明）仇英：《蜀川佳丽图》局部

荡耀魄之华，羽盖转风云之路"。"女校书"薛涛也曾经陪同当地官员游览山中，写下"今日忽登虚境望，步摇冠翠一千峰"。不过，到了明代，凤凰山成为蜀王府藩王墓地——韫玉山，此山遂成为老百姓的禁地。清同治《成都县志》就记载，"已为蜀府坟墓，此游遂绝"，自此，习射游乐之风在凤凰山逐渐消失了。今天，在成华区双水碾街道旁边，凤凰山被辟为公园，又逐渐成为游玩的好去处。随着城市化进程，凤凰山周边的一些农人后来也成了双水碾街道园艺社区的居民。

北门这一条线之所以成为郊游胜地，还因为今成华境内的"十方丛林"昭觉寺——"升仙桥北，长林苍翠，曲洞潺湲，大非人世间境，乃昭觉禅寺"，"仙宫、佛院，成都颇盛……观如元天、云台，寺如昭觉……俱不减两都规模，足供游眺"。

历代骚人墨客，在蜀人的游玩浪潮中，也纷纷为北门"昭觉寺"留下了许多游玩宴饮之作，比如黄庭坚十七代世孙、咸丰癸丑进士黄云鹄，就写有《出游昭觉寺后园，望龙岭威凤诸山，循白莲池而旋》和《游昭觉寺》诗二首。南宋的陆游更是多次去北门外的昭觉寺，晚饭后方归。益州郫（今四川郫都区）人张俞，在一篇《昭觉寺宴席送圣从察院还朝序》里记载，位于北门外的昭觉寺，一次送别的宴席："圣从为监察御史，九月上言母老在蜀诏归宁，既至，即授谏官。夏五月十五日，去蜀还朝。有群丞天水赵希仁、清河张子立，大集宾客，出饯于昭觉寺。日夕饮酺。"五月十五日的盛夏，知了声里，一群官吏和士子文人，为了送别朋友监察御史何郯〔字圣从，陵州（今四川眉山市寿县）人，徙成都〕回京，在昭觉寺日夕酺饮，这段记录生动地再现了北门外独特的游乐之风。

北门一线的热闹，由于人流量大，聚集了许多商铺和小摊小贩，就连驷马桥也形成了市场。而在节气时节，还催生了沿途的小吃美食，比如清明"欢喜团"。清嘉庆八年（1803）成都人杨燮撰百首

《锦城竹枝词》，其中有一首关于川陕路上欢喜庵（原址位于今成华双水碾境内，原为昭觉寺下院）的竹枝词："欢喜庵前欢喜团，春郊买食百忧宽。村醪戏比金生丽，偏有多人醉脚盘。"清明成都人出北门祭祖或郊游踏青，北门至欢喜庵一路上，都有欢喜团卖，家家户户都会买几串欢喜团给小孩子，一为忘忧，也祈无病。

1949 年后，在昭觉寺后山逐渐形成了北郊公园和后来的成都动物园，以及之后建成的成都大熊猫繁育研究基地。动物园、大熊猫，这些都是一代代成都人最美的儿时记忆，也使得今天的诗意成华依然承载着延续千年的游乐之风。

游人如织，山花烂漫，你会恍然产生一种穿越的幻觉，仿佛又回到了千年前的大宋，游乐的队伍正在一条条往东往北的路线上，络绎不绝。在今天，这种游乐叫"休闲"，在沃野千里的成都平原，加上"盖碗茶"和色香味俱全的豆瓣，更以亲民的农家乐一以贯之，这也是"天府文化"的典型特征之一吧。

华
城
记

（南宋）马远：《西园雅集图》（春游赋诗）全局及局部，
［美］纳尔逊-阿特金斯艺术博物馆藏

梵音

前蜀年间，画家张询应昭觉寺方丈休梦所请，在大慈堂绘『三时山』：一堵早景，一堵午景，一堵晚景。明代，崇尚文教的第七和第九任蜀藩王都曾为昭觉钟声沉醉，这禅门钟声至今飘荡在成华记忆里。

梵音入画又入心，世事多艰，佛也有情。多宝寺今夕何夕，古寺凋敝，物是人非。但道因与玄奘师兄弟在成都因缘际会、彼此呵护成就，从多宝寺、空慧寺到大慈恩寺，两位高僧亦师亦友，讲经诵经，为大唐王朝留下了空灵的梵音。

昭觉寺
壁画留唐风　晓钟传明音

　　"仙宫佛院，成都颇盛……殿宇廊庑，华丽高敞。观如元天、云台，寺如昭觉、净居，俱不减两都规模，足供游眺。惟昭觉，尤甲诸寺观。"这个位于成都北郊、建于隋唐的寺庙，在北宋曾经一度成为国家级"十方丛林"。

　　从休梦了觉，到清定方兴，一位位高僧见证了成华昭觉寺的兴盛与凋零。流水禅灯，历代对于昭觉寺高僧大德的梳理已经很多。对圆悟克勤与日本茶道中的"禅茶"，也有学者加以论述。然而，对昭觉寺的壁画，以及有明一代"锦城十景"之一的"昭觉晓钟"，却少有人提及。在昭觉寺的一杯禅茶里，一片树叶，一莲梵音，在时光之水中氤氲开来的，是昭觉寺不为人知的色彩，以及鸣响千古、透彻心扉的钟声。

千年壁画

　　前蜀初期，昭觉寺惹上了一个麻烦，张询所画的"三时山"壁画

川西"第一禅林"昭觉寺

摄影：甘霖

被前蜀皇太子简王看上了，想掠为己有，搬到他的东宫去。北宋黄休复《益州名画录》记述了这件事情。张询的这三堵壁画，是受昭觉寺方丈休梦所请而画，在大慈堂后，画了一堵早景，一堵午景，一堵晚景，称为"三时山"。张询因黄巢之乱随唐僖宗逃亡蜀中，与休梦长老故交，受邀作画，画完时，正好唐僖宗驾临昭觉寺，"尽日叹赏"。时在中和年间（881—885）。

（北宋）李畋《重修昭觉寺记》云："昭觉寺，成都福地，在震之隅。"昭觉寓意分别取自《孟子·尽心下》"贤者以其昭昭使人昭昭，今以其昏昏使人昭昭"、《孟子·万章上》"天之生此民也，使先知觉后知，使先觉觉后觉也"。另参照洛阳昭觉寺的来历，其"昭觉"本义，出自范晔《后汉书·郊祀志》："佛者，汉言觉也。将以觉悟群生也。""昭"，则为光大

摄影：常德

二十余年后，前蜀太子看上了"三时山"。不知当时的昭觉寺僧是怎样应对这件事情的，史料无更多记载。简王王宗懿（元膺），王建次子，武成元年（908）六月被立为皇太子，永平三年（913）七月因发动兵变被杀。昭觉寺"三时山"所经历的这次有惊无险的事情，当发生在武成元年至永平三年的五年间。能够被权贵觊觎，也可见昭觉寺壁画的名声在外。黄休复记载说，因为这三堵壁画是"壁泥通枋，移损不全"，简王才收回了命令，所以直到他那时，"三时山"都还存在。

华城记

在开山祖师休梦的努力下，昭觉寺获得了有唐一代孙位（后改名遇）、张南本、张询等流蜀艺人们为昭觉寺创作的多幅壁画。北宋李畋在《重修昭觉寺记》里，就记载了当时他看到的昭觉寺"胜迹"，有唐僖宗在中和期间的《随驾进士三榜题名记》，陈太师捐钱塑的六祖像，萧遘撰文、刘崇龟书写的《建寺碑》，孙位画的行道天王、浮丘先生和松竹，张南本画的水月观音，还有当时僖宗赐名、从长安送来的由翰林待诏书写的昭觉寺门额。

公元 881 年，跟随僖宗逃难大军而来的，还有一批画师，如李畋所记的孙位、张南本。事实上，随着玄宗、僖宗的两次入蜀，大量的画师相继入川，并在寺庙留下众多的艺术作品，以至于四川成都一度成为全国佛教和佛像壁画创作的中心，宋李之纯《大圣慈寺

（宋）邓椿：《画继》载《昭觉寺画事》书影，辽宁省图书馆藏，南宋临安陈氏刊本

经楼积翠

宝翰绘

左、右："昭觉八景"之"经楼积翠"插画，见光绪《重修
昭觉寺志》，光绪二十二年（1896）刊刻本

画记》就说："举天下言唐画，莫如成都之多。"这点，在昭觉寺也有具体的体现。

黄休复《益州名画录》记载了孙位在昭觉寺的创作："昭觉寺休梦长老请画浮沤（浮丘）先生、松石墨竹一堵，仿润州高座寺张僧繇战胜一堵。"苏辙《汝州龙兴寺修吴画殿记》也记载眉山福海寺有孙位行道天王图，其记说："集润州高座寺张僧繇。"可见，孙位在昭觉寺除了画了浮丘先生、松石墨竹各一堵墙，另外还在一堵墙上画了一幅仿照南朝张僧繇在润州高座寺画的《行道天王渡海图》，这幅壁画他在眉山的福海寺也画过。苏辙说他在福海寺每次看到孙位的《行道天王渡海图》，都不由赞叹："古之画者必至于此，然后为极欤！"孙位的这幅壁画，从唐时敦煌绢画《行道天王渡海图》上或可以想象。

在昭觉寺画了水月观音的张南本，北宋《宣和画谱》载："张南本，不知何许人。画佛像、鬼神甚工，尤喜画火。火无常体，世俗罕有能工之者，独南本得之。尝于成都金华寺大殿画八明王，时有一僧游礼至寺，整衣升殿，壁间见所画火，势焰逼人，惊怛几仆。"他是和孙位同时代并齐名的画家，二人曾经同学画水。但张南本以为同能不如独胜，遂改为画火。时有"孙位之水，张南本之火"之誉，"世之论画水火之妙者，独推二子"。

不过，较为奇怪的是，昭觉寺的"胜迹"中，还有一位大画家的作品，但淳化（990—994）年间的进士李畋在《重修昭觉寺记》里并没有提及。这

华
城
记

青绿開山迴
峥崿道路長
宾人方结束行
李自周祥叙
蔦名和利郍
强劳興怅年
东二年□□□

随着玄宗、僖宗的两次入蜀，大量的艺术家相继入川，并在寺庙留下众多的艺术作品，以至四川成都一度成为全国佛教中心和佛像壁画创作的中心，宋李之纯《大圣慈寺画记》就说："举天下言唐画者，莫如成都之多。"这点，在昭觉寺也有具体的体现。图为（唐）李昭道：《明皇幸蜀图》（传），宋摹本，台北故宫博物院藏就是张询的"三时山"，与李畋同时、活动于北宋咸平（998—1003）之前的黄休复说张询所画的"三时山"壁画"今见存"，而约北宋庆历年间生、元符年间卒的郭若虚则记载张询"尝于昭觉寺大悲堂后画三时山"，可知李畋、黄休复不久后，一百年的时光，"三时山"或已不存。

北宋黄休复《益州名画录》还载有"有画无名"者："昭觉寺大悲堂内四天王两堵，堂外观音一堵、寺门后两畔东西天王两堵，并中和年画，不知画人名姓，评能格中品。"

除了唐代的画作，昭觉寺还收有一些宋代艺术名家的作品，如生活于北宋末年至南宋时期的邓椿就在其《画继》中记载："李时泽，遂宁人。初为僧，受业于成都金地院，因李骘显夫丧其子京师，显夫亲往迎丧，拉与同行，自是熟游中原。多观古壁，见武洞清所画罗汉，豁然晓解，得其笔法。兵乱归蜀，即以画名。圆悟住昭觉日，大殿既成，命画十六罗汉及文殊、普贤、药师菩萨等像，见存。""杨祁，彭州崇宁人。善花竹翎毛，有《百禽帐》。又画《笼鸡》如生，昭觉寺超然台旧有《倦翼知还》等壁，今不复存。"宋人杨祁为昭觉寺所作壁画，就已经有毁，联想到张询"三时山"的变故，或二人的作品是同时被毁，如遭遇了一场火灾。

需要补充一下的是，被乾隆誉为"四美"之一的相传为北宋李公麟作的《蜀川图卷》（又名《蜀川胜概览图》）中，第六十四个巴蜀地标，正是"昭觉寺"。高士奇在《跋》里说："丛祠野亭并萧寺，点缀——穷毫芒，万里桥西工部宅，浣花溪水澄沧浪。"这里的"萧寺"即指昭觉寺。不过可惜的是，明末清初的昭觉寺和成都一起变成了一片废墟。那些灿烂的壁画也只能存在人们的想象里，而阅读文献里的文字，成为今天的人们唯一能够抵达的方式。

238

华
城
记

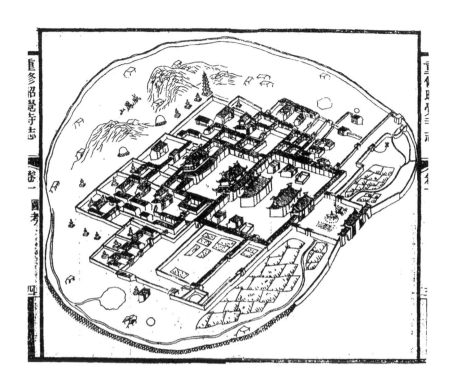

（清）释中恂、罗用霖编《重修昭觉寺志》载"殿宇全图"，
光绪二十二年（1896）刊刻本

昭觉晓钟

成化二年（1466）春，三月初一，大明第一代蜀藩王朱椿（献王）
之曾孙、蜀怀王朱申鈘，为其曾祖的《献园睿制集》作序。他写道：
"曾祖献王分封于蜀，建国之初，日接鸿儒硕士，吟哦六经，讨论群
史，深明心法之要，益隆治道之本。抚士民、宣德化，而弦歌之声、
礼仪之风，溢于邦域，而被乎边夷也。"朱申鈘对曾祖朱椿的家传，
以及他开辟的蜀藩时代，可谓倍感骄傲。

朱椿，"性孝友慈祥，博综典籍，容止都雅"，被父亲明太祖朱元璋呼为"蜀秀才"，是其第十一子。朱椿在成都历经八年修建的蜀王府，后来在成都老百姓心目中，一度被称为"成都皇城"。

八岁被封、二十岁才到封地的朱椿，一到成都就"首访儒雅，旁求博采，举而用之。以故前后左右皆文行礼法之士，朝夕相与讲明，至理惟身体而力行之。未几而民俗以淳，化行以溥，而蜀郡之民，悉陶于政教之内矣"。除了六经、群史，朱椿也对宗教表现出浓厚的兴趣和独到的见解。

洪武二十三年（1390）九月十一日，蜀王府长史陈南宾奉朱椿令旨，说："凡境内各寺，皆禁樵采、侵占、仆碑、寄宿，严加禁约……并禁军民毋得欺侵……"朱椿不但颁布命令，要求各地保护佛寺、道观、文庙、学宫、神祠、古刹，他还新修和重建了多所寺观，如上皇观、青羊宫、万福寺、中峰寺、云台观、圣寿寺等。

具体到北郊昭觉寺，朱椿做了什么呢？清初四川按察使李翀霄在《重修昭觉寺记》中记载："明蜀献王又拓之，周围墙垣缭绕七百余丈，绀殿绮云，金身撑汉，以致藏阁僧廊，诸天佛祖，莫不宏丽俱备。"咸丰四年（1854），方丈心道为《成都昭觉寺全图》石刻所写的铭文也说："明蜀藩仍复昭觉缘旧例，免沃田三百廛，供僧如数。"

这个爱好诗歌、文学的"蜀秀才"家族，到了第七任蜀王、惠王朱申鑿（1458—1493，任蜀王时间1472—1493）和第九任蜀王、成王朱让栩（1500—1547，任蜀王时间1510—1547），爷孙俩都出奇地热爱文学，相继写了"锦城十景"组诗，为成都人留下了当时的"十景"。

"浣水风烟接草堂，龟城官柳丽春阳。杨雄池上鱼吞墨，诸葛祠前柏傲霜。舟渡霁川依岸近，钟鸣昭觉出声长。杯浮菊井秋香细，遥见岷山雪吐光。"这是《惠园睿制集》收录的朱申鑿写的《锦城十景》。

昭觉秋雾

摄影：王进

《长春竞辰集》收录的朱让栩写的《锦城十景》则是："古柏森森碧叶齐，春城日暮草堂西。岷山雪霁排银壁，浣水烟笼锁翠堤。桔井相浮金盏注，墨池色润采毫题。济川舟送钟鸣远，官柳桥边匹马嘶。"

爷孙俩除了一首涵盖十景的《锦城十景》，还分别写了《龟城春色》《菊井秋香》《閟宫古柏》《市桥官柳》《草堂晚眺》《雾川野渡》《岷山晴雪》《昭觉晓钟》《浣花烟雨》《墨池怀古》各一首。"昭觉晓钟"在有明一代，有幸跻身"锦城十景"，可见其在明历代蜀藩王和老百姓心目中的地位。

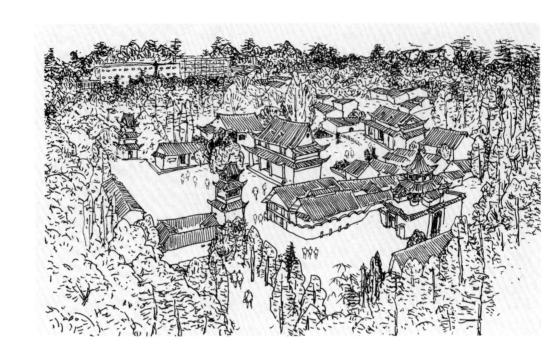

"入门不见寺，十里听松风。香气飘金界，清荫带碧空。霜
皮僧腊老，天籁梵音通。咫尺蓬莱树，春光共郁葱。"康熙
赐予昭觉寺的题诗，让人想起昭觉寺曾经的辉煌

绘图：崔兵

　　朱申凿写的《昭觉晓钟》："蒲牢纔（才）击韵铿铿，声彻禅林
报晓晴。月夜扣时心地警，霜天撞处梦魂惊。上方嘹亮多遗响，还道
春容正大鸣。何事僧家能解悟，海门风顺吼长鲸。"

　　朱让栩写的《昭觉晓钟》："霁晓禅宫宿雾开，蒲牢声吼出经台。
残星寥落晨鸦起，斜汉逶迤候雁回。江绕鱼凫仙棹发，桥临驷马使车
催。登临有客还怀古，废苑宣华锁碧苔。"

　　爷爷写的是早春月夜后的"昭觉晓钟"，孙儿写的是隆冬星夜后
的"昭觉晓钟"，不过，二人写的都是从晴天出发，到一夜后所闻的

青龙场的昭觉晓钟。在昭觉的晨钟里，在北郊青龙场人的起早里，一个城市在芙蓉花开的睡梦里，醺然醒来。

不过，很奇怪的是，几乎与朱申凿同时代的明代官修地理总志《大明一统志》［天顺五年（1461）内府刊本］卷六十七"四川布政司·成都府""寺观"里，并没有收入昭觉寺词条，城北也只收录了玉局观和通真观。青龙场人习以为常的"昭觉晓钟"，似乎只停留在两个爷孙蜀王的私人世界里。

光绪十二年（1886），昭觉寺方丈中恂在《重修昭觉寺志》中首次梳理了"昭觉八景"。这八景分别是"威凤凌霄""经楼积翠""万岭青松""赛虹古柏""芳池洗月""窣堵藏云""佛井莲花""石桥木鱼"——不过，同样奇怪的是，中恂并没有收入有明一代，被两代蜀王列入"锦城十景"的"昭觉晓钟"，可见在光绪年间，明人心目中的"昭觉晓钟"早已成为历史。

现在，一百余年的时光，连"昭觉八景"也已不存，更何谈"昭觉晓钟"，但其诗意之风景以及那些不灭的禅灯与精美的壁画，依然让人心生向往。

如果要听昭觉晨钟，要赶早。如果要喝昭觉禅茶，要赶早。如果要买昭觉锅巴，要赶早。昭觉寺，对于当地人抑或成都人来说，仿佛就是一个生活的现场。在这清汪汪如昭觉莲花、龙王井水的现场里，我们，或许唯有一次次被映照与洗濯。

多宝寺
玄奘与道因的诵经声

　　沙河北向东流过成都全境，或许是因为这条婀娜美好的河，改变了一个人从金牛道走到了成都北门以后的走向。他在驷马桥边停了下来，决定不入城，而是沿着升仙水一路往下游而去。最终，在一座叫"度佛"的桥边，他停了下来，伫立四望，他对这个"林树蓊翠，清渠环之"的地方产生了欢喜。这个地方就是多宝寺。

　　这个人，是《西游记》里家喻户晓的"唐僧"原型玄奘，或者是传说活了千岁的宝掌禅师。

玄奘入川
求学多宝寺

　　公元 618 年秋天，在连接长安和汉中的子午道上，在一路向西蜀逃难的人群中，有两个年轻的僧人夹杂其中，但与旁人不同，他们似乎淡定得多。这是两个俗家身份为亲兄弟的和尚，长者长捷，俗名陈素，二十多岁，少者玄奘，俗名陈祎，十五六岁的年纪。这位少年玄

玄奘三藏像，日本东京国
立博物馆藏

奘，五岁丧母，十岁丧父，后随次兄长捷到洛阳净土寺，十三岁时以"远绍如来，近光遗法"之志而感动主试官大理卿郑善果，从而为其破格剃度。

隋炀帝大业十四年，唐高祖武德元年，隋唐政权更替，中原陷于一片战乱，但彼时"天府之国"四川则相对安定，于是各色人等为避难而汇集成都。"末年国乱，供料停绝，多游绵、蜀，知法之众又盛于彼。法师乃启兄曰：'此无法事，不可虚度，愿游蜀受业焉。'兄从之。又与经子午谷入汉川，遂逢空、景二法师，皆道场之大德，相见悲喜。停月余日，从之受学，仍相与进向成都。"在路上，玄奘兄弟意外地与东都洛阳的慧空、慧景二法师重逢。慧景法师是玄奘在洛阳净土寺出家时，授其《涅槃经》的师父。师徒异地相见，悲喜交集，在汉中圣水寺休整月余，然后四人作伴，再次从汉中出发，走向成都。

《大唐大慈恩寺三藏法师传》里，并没有记载玄奘一行是怎么从汉中走到成都的。当时，入川有多条道路，但最成熟、最好走、历史也最悠久的却只有金牛道。依历史学家严耕望《金牛成都驿道》记载，这条道的路线为由金牛西南经三泉（陕西宁强）、利州（四川广元）、剑州（四川剑阁）、绵州（四川绵阳）、汉州（四川广汉）到成都。学者黄运喜在《玄奘的四川之行》一文中就认为，金牛道是隋唐时期最大众化的道路，无论是文人商旅、皇帝避难幸蜀，或重要军事行动，大都选择这条道路，其他如陇上道、米仓道、阴平道、天宝荔枝道等无论距离、路途状况等条件均不及金牛道，玄奘似乎不会舍弃金牛道而改走其他路线。

这一年的冬天，兄弟二人沿着金牛道走了一个多月后，过驷马桥终于看到了成都城。此后，他们的步伐在今成华境内，沿着古升仙水，首先到了城东的"伽蓝胜地"多宝寺。

246

华城记

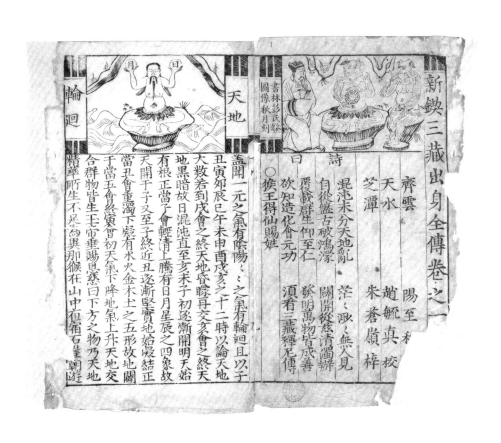

（明）阳至和编《新锲三藏出身全传》书页，（明）万历时期
建阳书林朱苍岭刊本

　　《大唐大慈恩寺三藏法师传》里，说兄长捷住成都空慧寺，但只
说玄奘在成都，"诸德既萃，大建法筵，于是更听基（道基）、暹（宝
暹）《摄论》、《毗昙》及震法师《迦延》，敬惜寸阴，励精无怠，二三
年间，究通诸部"，"时天下饥乱，唯蜀中丰静，故四方僧投之者众，
讲座之下常数百人。法师理智宏才皆出其右，吴、蜀、荆、楚无不知
闻，其想望风徽，亦犹古人之钦李、郭矣"。隋唐之时，讲经盛行，
按照玄奘求学若渴的精神，作为一个学僧的他，一定留在一个氛围浓

重的讲经之院。

幸好有《大唐故翻经大德益州多宝寺道因法师碑文》可以让人想象，玄奘或在入蜀众僧云集的城东升仙水边多宝寺。这所讲经寺院仿佛也因玄奘的到来达到了它最为灿烂的时光："而灵关之右，是曰隩区，远接荆舒，近通邛僰。邑居隐轸，人物嚣凑，宏才巨彦，硕德高僧，咸挹芳猷，归心接足。"何况玄奘后来取经回长安，还点名要道因去帮着翻译，当也是有多宝寺这段亦师亦友的经历之故。

玄奘在成都学经八年。在这八年里，他似乎常驻多宝寺。武德五年（622），年满二十的玄奘，在成都受具，"坐夏学律，五篇七聚之宗，一遍斯得。"依照佛制，玄奘很有可能在成都城南的空慧寺受具足戒。有学者认为是在大慈寺，考虑到那时候离唐玄宗"敕建大圣慈寺"还有一百余年，而又无史料支撑，或许难以成立。而从仪式感的需求，在其求学又处城外的多宝寺似乎也不大可能，最有可能的就是其兄长捷住锡的空慧寺。空慧寺原名"龙渊寺"，后名"圣寿寺"，又俗称"石犀寺"，在唐初已是成都城内重要的寺院，否则长捷不会选择空慧寺。

左：唐僧取经的故事，影响了整个东南亚地区。摘自［日］
水岛尔保布画《绘本西游记》（1950年版）

右：（明）李贽评《李卓吾先生批评西游记》插图，日本内
阁文库藏

玄奘最为喜欢的是《般若波罗蜜多心经》，以至于在西行取经路上，路过"上无飞鸟，下无走兽，复无水草"的沙河（莫贺延碛），唯一念诵此经，就来源蜀中的一段经历，"法师在蜀见一病人，身疮臭秽，衣服破污，愍将向寺施与衣服、饮食之直，病者惭愧，乃授法师此经。嘱曰：'凡遇难缘，当诵之。'师因常诵习。"玄奘求学多宝寺旁的升仙水，后来即名"沙河"，不知是否冥冥之中的天意暗合。

从城外多宝寺到城内空慧寺，玄奘完成了其学业毕业仪式——受具足戒。武德六年（623），在一些商人的帮助下，玄奘偷偷走水路，沿江而下，从此离开了成都。而一条遥远的取经、译经之路，正在他的人生画卷里徐徐打开。多宝寺，随着玄奘的离开，似乎也很快完成了其历史使命，至唐玄宗到成都"敕建大圣慈寺"时，已经辉煌不再。

多宝寺沙门道因

唐贞观十九年（645），受玄奘法师推荐，五十八岁的多宝寺和尚道因奉诏来到长安，作为第一批被受召的十二位高僧大德之一，在大慈恩寺参与了玄奘主持的经书翻译活动。

道因，姓侯，河南濮阳人，宋赞宁《宋高僧传》（成书于公元988年）卷二有《唐益州多宝寺道因传》，明曹学佺撰《蜀中广记》也载有《道因法师传》，但都源于龙朔三年（663）十月十日立李俨撰、

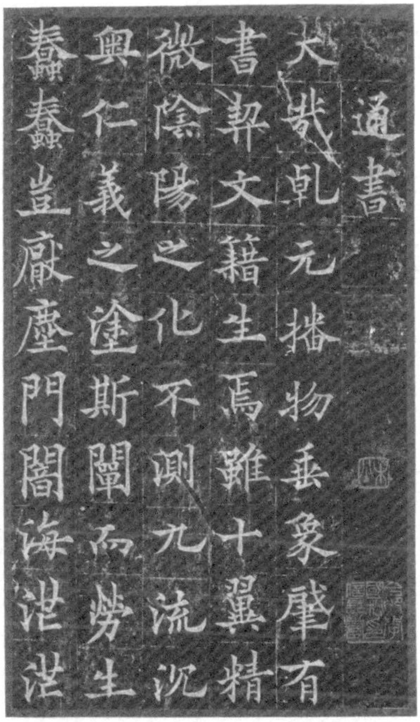

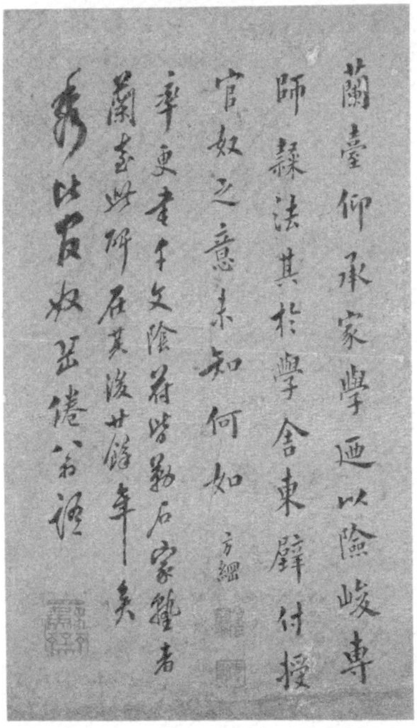

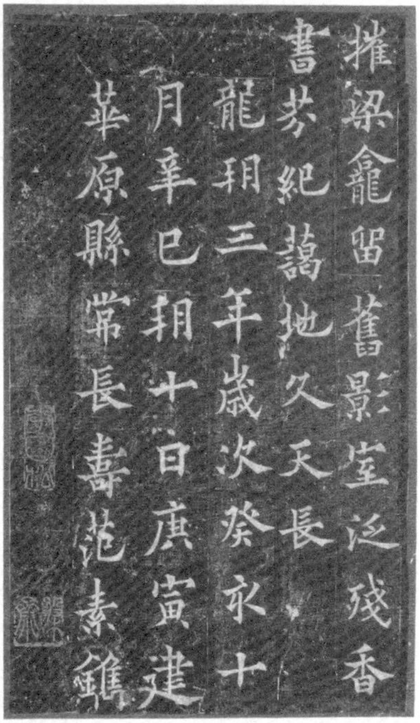

大唐故翻經大德益州多
寶寺道因法師碑文并
序　中臺司藩大夫隴
西李儼字仲思製文
奉義郎行蘭臺郎渤海
縣開國男臣歐陽

通書
大哉乾元播物垂象肇有
書契文籍生焉雖十翼精
微陰陽之化不測九流況
與仁義之塗斯闡而勞生
蠢蠢岂厭塵門闇海泄泄

推梁龍留舊影堂泛殘香
書芬紀蔼地久天長
龍朔三年歲次癸卯十
月辛巳朔十日庚寅建
華原縣常長壽范素鐫

蘭臺仰承家學迤以險峻專
師祿法其於學舍東壁付授
官奴之意未知何如
牽更奉于文陰乃唘勒石家鐫書
蘭臺此碑在其後廿餘年矣
秀比古奴孟德宗源

欧阳通书《大唐故翻经大德益州多宝寺道因法师碑》，碑中详细记载了道因法师的生平。

和玄奘一样，道因也是儿时丧母，因为七岁失去母亲这段经历，使他有所觉悟发下宏愿而到名声显赫的灵岩道场出家。玄奘是洛州缑氏（今河南洛阳偃师市）人，与道因是河南老乡。或许上述两个原因，使二人在多宝寺有了更为亲近的关系，尽管道因大玄奘十五岁。

因隋唐战乱，道因似乎先于玄奘兄弟到了成都多宝寺。"既而黄雾兴祆，丹凤起孽。中原荡覆，具祸以荩（烬）。法师乘杯西迈，避地三蜀，居于成都多宝之寺……法师以精博之敏，为道俗所遵。每设讲筵，毕先招迓，常讲《维摩》《摄论》，听者千人。"就连骄傲的东海宝暹法师，来到多宝寺聆听道因讲经之后，也不得不为之深深折服。一时，道因连同多宝寺声名在外。而后，有了玄奘的到来，成都多宝寺"诸

左、右：今天的多宝寺公园里，唯有多宝亭与多宝寺碑仿佛还在传说曾经玄奘与道因的诵经声

摄影：甘霖

德既萃，大建法筵"，恬静秀丽的沙河水，也一同见证了多宝寺里亦师亦友的道因与玄奘恍如天籁的诵经声。

贞观十九年（645），道因受召，"追赴京邑，止大慈恩寺，与玄奘法师证译梵本"。对于这段共同翻译的时光，《宋高僧传》更载："奘师偏奖赏之。每有难文，同加参酌，新翻弗坠，因有力焉。"他们仿佛又回到了多宝寺、度佛桥边、升仙水旁的那段亦师亦友、讲经诵经的时光。

后来，道因"于彭门山寺，习道安居"，并"于寺北岩上，刻石书经"。显庆四年（659）二月八日，弟子玄凝等将道因的遗体（或灵骨）从长安接回，葬于彭门山光化寺。

城东一缕余晖

民国二十三年（1934）《华阳县志》卷三十"古迹四·多宝寺"记载着多宝寺在明代的正统、崇祯以及清朝的康熙、雍正年间，经历了多次废弃与重兴，也特别指出多宝寺有双石幢，幢上分别记载着明代释口量和清代释百城重建多宝寺的事迹。其中一石幢上有明成化十七年（1481）释口量撰的《多宝寺石幢记》，全文载于民国《华阳县志·艺文》。

1461年，大慈寺的方丈释口量回到蜀中，见大慈寺解院多宝寺"殿堂倾圮，舍己资重建，周植松柏竹树万计，建塔一以藏幻相，又将大安门（成都北门）外常住碾磨与蜀府典宝所易白土沟官山田一百二十坵，占连本寺古田一十七坵，共计百三十七坵。东至官草山，南至本寺左沙河，西至白土沟，北至象鼻嘴叶氏居址，俱在界内"。后来，天顺癸未（1463）年，蜀定王朱友垓"赐水田六十坵，在寺栽种，供给僧徒"。

坵即丘，水田分隔成大小不同的块，一块叫一丘。《周礼·地官·小司徒》云："九夫为井，四井为邑，四邑为丘。"有明一代，庙产近二百丘的多宝寺，规模可见一斑。

另一石幢长期失踪，却于 2004 年元月在成都大慈寺工地意外被发掘出来，石幢三面刻有雍正十一年（1733）立《重修多宝寺碑记》及《多宝寺水旱田地四至边界》。碑文载，康熙年间，因为僧人释百城的数十年经营，多宝寺得以重兴，但直到雍正年间，其庙产规模也不复明时的辉煌：

多宝寺水旱田地四至边界：东至口聂二家山顶为界，南至柳宅山顶为界，西至黄宅山顶为界，北至本寺沟边为界。

水田地界：东至本寺河边为界，南至蔡霞大路为界，西至胡全义田为界，北至陈先皆田为界，权惟汉施舍山田一亩以作香灯之供。

当时，华阳县管理佛教事务机构的都纲司，一个名旭的人，有感于"使今之视昔，由后之视今也"，"故述其所有，以继将来"。彼时，是八月二十四日。当时多宝寺的方丈是临济宗三十三代的灵安禅师，其门人有明初、明吉，徒孙悟乘、悟超，徒末真宣、真慧，曾孙永源等，参与刻制的石匠当是本地匠人，名王先升、邓文亮、蔡文宣三人。

"城东迤北寺门高，郁郁松杉隔市嚣。春水平田经十里，往来车马未多劳……暮霭朝烟锁石桥，经声佛号过山椒。游人自立澄潭上，望见奚童牛背招。"乾隆年间，从京城罢官回家的华阳人顾汝修，游遍城东山水，在多宝寺兴奋地写下组诗《多宝寺十咏》。

嘉庆《华阳县志》的编修潘时彤，同样在乾隆年间，在清明时节去给先人扫墓而路过荒郊中的多宝寺时,感慨地为之写诗二首。面对已经残破的寺庙,部分已经变成了村塾的校舍,潘时彤忆起儿时曾经随着父亲一起游览当时的多宝寺,而今天,一切都物是人非,只剩寺存荒郊而让人潸然泪下。值得注意的是,当时潘时彤当亲眼见过多宝寺的双石幢。虽然后来经过了雍正年间的重修,但多宝寺似乎已经挡不住江河日下的颓势。到了民国二十三年(1934),林思进、刘佶、刘咸荥等新修《华阳县志》时,他们只能记载:"顾寺虽古,以僻在郊外,游赏所不至,渐即颓废。然林树蓊翠,清渠环之,亦伽蓝胜地也。入民国后,以事没官,斩伐一空,寺址遂尽,仅余一殿,路人犹知为多宝寺云。"

仅余一殿的多宝寺,依然在抗日战争时期发挥了自己的余热。1939—1946年,为避免日机轰炸,省城成都的学校疏散到郊外,城东多宝寺就迎来了由学道街迁来的四川省立成都高级工业职业学校(今成都工业学院)。围绕着残殿,学校还增建了一些草棚、茅屋、瓦房分别作为住宿和教室、食堂。1946年3月因大雨导致教室倒塌,学校遂迁往西郊茶店子南街(现成都二十中校址)。1949年后,多宝寺又先后成为多宝寺小学和宝胜乡联合小学。

1958年,成洛公路就近通过,开始改变多宝寺周边的环境。2004年春,沙河整治,多宝寺残余的后殿被拆除,只剩下一条多宝寺路。后来,当地建起了一个多宝寺公园。前几年,有一段时间因为工作的缘故,我曾经长期去多宝寺办事。但彼时,多宝寺对于开车的师傅和我来说,都只是一个遥远而不可触及的地名,仅此而已。

"多宝寺的凋敝,有传说怪诞、来历不清的原因,有僻在乡野、交通不便的原因,有人才不济、时断时续的原因。"一次,成华区的一位朋友在谈及多宝寺时,他一针见血地指出,在有清一代,多宝寺没有得到朝廷和官府的颁赐和奖掖,用现在的话说,尽管它也是临济宗正脉，但它没能进入主流价值的系统。而相邻的昭觉寺获康熙题诗、大慈寺获御笔题额，官方的倡导大大影响着民间的信仰，多宝寺自然不能与这二者分庭抗礼，最终导致香火不旺、收入微薄，士庶寻游鲜至，后逐步湮没。

夕阳西下，青围塔院，蝉鸣与挖掘机的轰鸣，眼望多宝寺公园的上空，在一缕余晖里，是谁还能听见道因、玄奘裹挟着大唐兴盛的诵经声。或许，只有度佛桥边的涓涓沙河水，依然悄然流向远方。正是：

> 乔木修篁匝四围，
> 禅房荫满日光稀。
> 钟声欲向黄昏起，
> 逋客贪凉犹未归。

移民

明末清初，饱受战争荼毒的四川荒凉残破，外地移民纷纷入川，一朵朵浪花，汇聚成了移民的大潮，是为「湖广填四川」。客家男子沿着涓涓沙河，在东山挖塘蓄水，耕作庄稼，女子则在家中纺织土布，圈养家禽。他们被称为「成华客家」。

在这片陌生的土地上，客家人以地域为单位，兴修会馆，供奉神灵；以家族为单位，重修家谱，建立宗祠，追祀祖先；青龙场、万年场等场镇相继出现，至今堪称「湖广填四川」的活化石；迁徙途中，客家人带来新的种子、食物乃至饮食习俗，对川菜影响深远。天府之国历来以开放、包容的姿态，接纳着远道而来的移民，也在此过程中完成了天府文化的涅槃与重塑。

湖广填四川
成华客家

"成都空，残民无主。强者为盗，聚众掠男女，屠为脯。继以大疫，人又死。是后，虎出为害，渡水登楼。州、县皆虎。"这是明末清初经历了"张献忠剿四川"及清军反复蹂躏之后成都的悲惨写照。这段令人心惊的描述和明末清初众多的史料与笔记一起，似乎在向我们昭告一个事实："合全蜀数千里内之人民，不及他省一县之众"，全省90%的人口在这场战乱中丧亡。从秦郡守李冰修建都江堰，四川遂有"天府之国"的称号，到清初2000余年，没有任何一段时期，四川如同明末清初时这般荒凉残破、千疮百孔。

在这样的背景下，想要恢复四川曾经的繁华，移民入川已迫在眉睫。事实上，清代官员中也不乏有人颇具先见之明。康熙七年（1668），四川巡抚张德地曾上疏朝廷："四川自张献忠乱后，地旷人稀，请招民承垦。文武吏招民百户、垦田十顷以上，予迁转。"

康熙二十二年（1683），清廷官方颁布"开荒即有其田"等土地政策，听民自由开垦荒地，永占为业，五年中不纳田赋。在四川开荒者，官府设法支援耕牛和种子。本省逃亡在外者，准予回籍。外省移民四川者，准予入籍。州县官凡是安插三百户者，现任官提升一级，

组图：客家碉楼，主要功能是防御外敌入侵，还具有"装面"（客家话，意思是可以让碉楼的拥有者很有面子）的象征。"湖广填四川"来到成都现成华区境内的客家人，落户在青龙场、圣灯寺、龙潭寺、保和场、双水碾等地后，都先后盖起了碉楼，今大多已经消失。图为圣灯街道东华社区一座幸存的客家碉楼

绘图：崔兵　摄影：甘霖

候补官授以实职。自此大规模移民四川的浪潮终于展开，并持续了上百年时间。源源不断涌入四川的移民，仿若一股迁徙而来的生命之水，为这片饱受战争荼毒的土地再次注入了生机。而这些被老百姓统称为"湖广填四川"的人中，就有在沙河边、东山下今成华境内停留下来的客家人，他们以勤劳的双手，奏响了大东郊开发的前奏。

入川起点
客从何处来？

"大姨嫁陕二姨苏，大嫂江西二嫂湖。戚友初逢问原籍，现无十世老成都。"在四川省会成都，流传着这样一首《竹枝词》，说的就是湖广填四川后成都人的籍贯。"湖广"旧指今天湖南和湖北一带，在清康熙、雍正、乾隆年间，四川移民的确以湖广两地来源最多。但仅从字面上看，"湖广填四川"是不够全面的。明末清初，移民四川的除了湖广人，至少还包括了客家人和来自北方的陕西人、来自西南的云贵人等。当时的客家移民是仅次于湖广人的第二大移民团体。据史料、家族谱牒统计，湖广移民和客家移民分别占当时四川总人口的40%和33%。

客家在中国历史上有过五次大迁徙（另有六次迁徙之说），甚至客家人这个名称，也是因为迁徙而来的。客家本是中原汉族，历史上的每次迁徙皆因王朝更替与战火延绵。南宋末期是客家人的第三次迁徙，当时蒙古军队南下，兵锋直指江南，避难于此的汉族人无奈只有向岭南一带继续迁徙。因当时的户籍有"主""客"之分，移民入籍者皆编入客籍，当地世居人民便称呼迁徙而来的汉族人为"客家人"。而明末清初客家人迁往四川，被认作是客家人的第四次大迁徙。客家民系是中国唯一一个不以地域命名的民系，如今的客家人在世界分布范围广泛，因此我们很难仅凭"客家"二字去追寻他们的祖籍。那么，明末清初移民入川的客家人，他们究竟是来自何处呢？

答案是闽粤，其中又以粤东北地区为主。20世纪50年代以前，城里的成都人若来到东北郊的青龙场、龙潭乡、圣灯寺一带，就会发现许多当地人操着一种城里人听不懂的方言，这种方言被成都人称为"土广东话"；与此对应，能够用这种方言交流的人往往自称"土广东"。据家谱和方言考证，成都沙河及东山龙潭寺一带的客家人大都是清代从粤东北的五华（旧名长乐县）、兴宁、河源以及惠州、连平移民入川的，迁徙时间约为康熙年间到嘉庆年间。

清初，广东的客家人大多生活在丘陵山区地带，耕地产粮很少，即使丰收之年也只能满足半年食用。同时清廷为了切断郑成功抗清据点与内地的联系，实行迁海、禁海政策，使广东的客家人生活更加艰难。清朝两广总督马尔泰的《敬陈粤民入川缘由》就曾描述道："长乐、兴宁等县，依山滨海，地少民稠……其地所产不足以敷民食，想来出外营生，仍渡台开垦，则入川佣耕……而渡台又经禁止，一时无贫民谋生之计，止有入川一路。盖以川省地方有余，易资播种。"由此可见，客家人入川最主要的原因还是生计所迫。

康熙年间的一天，客家人卢氏粤十二世祖——仁彦公，在自家土地上干活时有些心事重重。年景不算太好，自家又有四个孩子，算算今年的收成肯定又不够全家的口粮。周遭的族人大多是艰难度日，听说西蜀尚有无人开垦的荒地，只需要跟官府打个招呼，就能够把上百亩的土地划入自家名下。一些果敢的乡邻族人已经迁走了，仁彦公也有迁徙的想法，但四川毕竟遥隔千里，具体情况也未曾亲眼见识。于是，他决定派自己的大儿子愧去四川打探情况。大儿子愧已经到了自力更生的年龄，他听从父亲的安排，辞掉本来打算为别人佣田的活

左：客家人的猫公牌，仿佛蕴含着客家人独特的族群密码。
几位保和场的客家人，正在为我们讲解猫公牌的游戏规则
摄影：冯荣光
中：成都东山客家人，叭叶子烟而温故乡滋味
摄影：余茂智
右：成都东山的客家婚俗，在传承中原六礼婚俗礼仪基础
上，融入了一系列地方礼仪和大量民间歌谣，彰显出古朴、
热闹、礼数周全的独特魅力
摄影：余茂智

计，独自前往四川。三年以后，愧带来了振奋人心的消息，他告诉父
亲自己在四川的所见："田肥美，地宽平，禾麻黍麦种无不宜，真沃
壤也。"仁彦公听后，终于下定了举家迁往四川的决心。

迁徙之前，仁彦公变卖家里的财产，筹备盘缠，收拾行李，最
后择选吉日，于康熙二十三年（1684）正月，携第二、三、四子往四
川出发。经过三个月的翻山越岭，仁彦公和他的三个儿子终于到达了
成都平原周边的隆兴场（今成华区龙潭寺一带），依着族人卢朝华定
居下来。

　　雍正年间，粤东地区连续多年旱灾饥荒。原籍广东长乐（今五华县）的教书先生范端雅，面对当时家乡"凋敝未复"的窘困局面，奋然而起说："丈夫志四方，奚必株守桑梓。吾闻西蜀天府之国也，沃野千里，人民殷富，天将启吾以行乎？"于是，范端雅最终带着五个儿子告别家乡，移民四川。

　　卢氏和范氏的经历，是成千上万客家人举家前往四川的一个缩影。在四川，客家人开垦了一片片土地，修筑了一条条道路，盖起了一个个院落。他们不仅谱写了一页页家族的历史，也在"湖广填四川"的移民大合唱里，成为改写清初四川焦土、残破历史的一员。

上川之路
蜀道何其难？

　　"蜀道难，难于上青天"，蜀中的崇山峻岭、险滩急流、蚕丛鸟

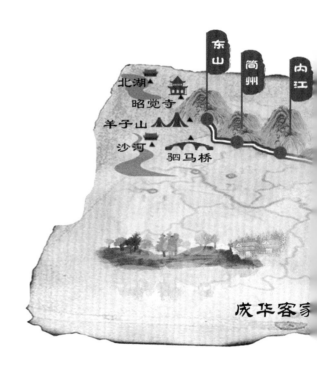

成华客家移民入川路线图

绘图：李菲

道，不知曾令多少人望而生畏。然而，这一切皆挡不住移民入川的脚步，他们将自己的迁徙之路称为"上川之路"。四川位于长江上游，一个"上"字，极富地理节奏感地将目标描述得一清二楚。上川之路有若干路线：陕西人、甘肃人、山东人、河南人自北向南进入四川；湖北人、湖南人、江西人、广东人、福建人、江苏人、浙江人自东向西入蜀；云南人、广西人、贵州人则由南而北入川。闽粤距蜀有数千里之遥，广东、福建一带客家人的"上川之路"最漫长、最坎坷。

上川之路方向众多，有诸多路线，移民从不同省份进入四川，每一个移民走过的道路，都是一条上川之路。数百年前，犹如阡陌纵横的上川之路汇成了汹涌的移民浪潮。不过，同一省份的移民入川，通常会有一条大多数人认同的路线。有学者曾根据一本《曾氏族谱》考证过一条由广东起步的上川之路，行程 5 300 里，沿途经过二十九

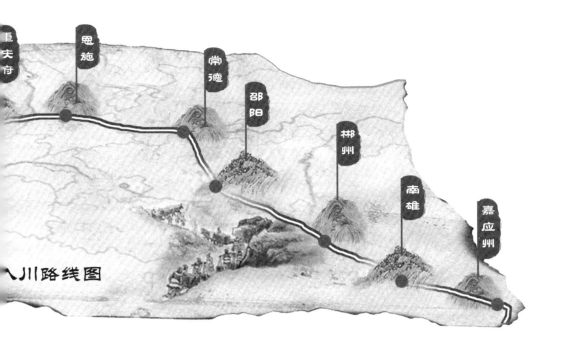

个中转站。根据清朝的行政区划，这条路线可分为广东段、福建段、江西段、湖广段、川东段，可见比起湖广人、江西人，客家人的上川之路更加漫长，可能要花费四个月至半年甚至更久的时间。

广东长乐县是这条上川之路的起点，清代长乐县隶属潮州府嘉应州，潮州府"南枕大海，东间闽疆，人烟稠集，山多田少"，境内田地稀少，是清朝缺粮严重的省份之一。嘉应州下辖兴宁、长乐、平远、镇平四县，土地贫瘠，境内又有睦贤山等山脉，饥荒之年，客家百姓只能以番薯充饥。尽管上川之路艰难漫长，但闻听千里之外的四川众多荒地无人开垦，乡人入川后，手从这座山指到那条河，只需向官府报备一声，这片土地就能归为己有。既然四川有这等好处，还有谁不愿意入川呢？但在清朝，外省移民想要入川，须到官府请领"路票"，提供已入川亲戚的姓名、年龄、田产等信息，由四川官府核实

上、下：沙河、东山的每一个客家家族，都是"湖广填四
川"的一个移民迁徙、定居、创业、生活的标本。客家巫氏
族人及记录着血脉传承的家谱

摄影：迟阿娟

上：2012 年，范家祠的一户范姓人家

摄影：甘霖

下：中元节，沙河、东山一带客家人还保留着传统的祭祖

活动

摄影：余茂智

后，当地官府才发给"路票"。一来一往，等到四川那边传回话来，移民早已望穿秋水了。清乾隆四十一年（1776），移民银宿山在当地官府申请路票，盼星星，盼月亮，三年之后，路票才发到手里。因此，为不误时辰，在四川无亲无故的移民往往不待到官府拿"路票"，就径自上路了。鉴于此，清朝一位官员在一份奏折中叹息道：申请路票者，不过"百之一二"而已。

清雍正四年（1726），广东兴宁县人廖奕珍一家变卖田业家产，凑得二百余两银子，踏上了赴川之路，上路前尚有八十余两银子没有收齐，廖奕珍将银子委托给族人彭某，指望他收齐银子后尽快来四川。行至荣昌县西街，二百两银子已经用完，没想到彭某却独吞了剩下的八十两银子，"不敢来矣"，一家人在荣昌举目无亲，借贷无门，举步维艰，唯有强忍饥饿、疲劳，继续赶路。

有时，入川移民迫于生计，也不得不在中转站驻留许久。广东长乐县的钟宏予，于康熙五十九年（1720）带着三个儿子一起启程入川，当走到湖南浏阳时，钟宏予已经是身无分文，只得带着三个儿子留居在湖南浏阳，靠砍柴卖柴为生，经过"奋力斩棘披荆，樵采三年，珠积寸累"，才终于攒了一百多两银子。雍正元年（1723），钟宏予带着三个儿子再次上路，最终历时四十多天，步行到了四川简阳县踏水桥，并在当地安家落户。

《颍川堂钟氏族谱》记载钟氏先祖于雍正四年（1726）由广东迁徙到四川的经历。这位钟氏先祖每到一地赋诗一首，这些诗歌恰好记录了当时入川的路径，摘录几首说明——离乡之前，谒家龛："我祖重伦常，恒游亦有方。此番迁西蜀，何忍别高堂。"清早从长乐出发："天人交迫莫如何，万里移川费切磋。难舍先人庐墓在，一番回首一滂沱。"夜晚至广东南雄："今宵望月月初圆，银汉沉沉碧玉天。三度团聚三望后，劳君送我到四川。"乃至靖州："花明柳暗春三月，水远山长路万程。闻到西川天府地，安排末耜好躬耕。"过云龙山："负孩臂篋迟迟进，奉母肩舆得得行。最好祥云齐拥护，恍乘龙背度均平。"又到重庆："登城东望白云封，万里平安福荫浓。祖母分甘孙绕膝，今朝重庆庆重重。"在四川资阳竞渡："端阳竞渡到资阳，吊屈龙舟势若狂。大水溪旁聊小住，萍踪万缕击垂杨。"上川之路上，客家人的心情无疑是复杂的，既有对家乡、宗祠的不舍，也有赶路的艰辛和盘缠耗尽的痛楚，但他们却始终怀揣着在四川迁居定业的向往，那是一轮最美的月亮。

落籍西川
东山与沙河的客家人

迁徙之初，清廷在政策上鼓励开垦，并不干涉移民插占土地。在迁徙的队伍中，成都始终是移民心中的最佳目的地。邻近四川的湖广移民近水楼台先得月，他们最早来到成都，插占成都平原那些地势平坦、土地肥沃、水源充足的坝上膏腴之地。留给随后从闽粤迁徙而来的客家人的只剩下诸如沙河下游东山一带的丘陵地带了。

东山为何处呢？清人傅崇矩在《成都通览》一书中写道："成都系平阳大坝，并无大山，东路之山起于五十里简州之龙泉驿……近城一带之凤凰山、东乡之东山，皆黄土小坡。实非山也。"所谓东山，是成都以东的一片丘陵地带。成都平原沃野千里，素有"水旱从人，不知饥馑"的美誉，平原内的丘陵便成为荒无人烟的角落。平原有肥田沃土，丘陵却有着不适合耕种的黄泥；平原河流纵横，丘陵却是缺水少井。东山便是如此，清代以前，东山丘陵荒凉、贫瘠，是被流放人、土匪的故乡。

仅以结果而论，千里迢迢来到四川成都的客家人并没有得到梦寐以求的土地。所幸客家人并不气恼，东山丘陵与故土地形相似，反而能驾轻就熟。再者，历史上的客家人是一个不断迁徙的民族，曾经多次因争夺土地、河流而与当地世居人民发生冲突。后来，痛定思痛的客家人逐渐厌倦了动荡的时局与争斗，反而乐于居住于相对贫瘠却不引人注意的地区，耕读传家，在一方世外桃源，坚守自己的传统与文化。

沿着涓涓沙河，一路来到东山的客家男子在东山挖塘蓄水，耕作庄稼，女子则在家中用古老的织机纺织土布，圈养家禽，虽然艰辛，倒也自得其乐。为了在当地站住脚，客家人往往聚族而居。东山区域开始出现了客家四合院，一般正房三间，左右各有厢房一间，下堂屋还有房屋三间，又称"硬八间"。随着人丁不断兴旺，还可以在左右再增加房间，既彼此照应，又各自独立。这种族居文化后来甚至影响了东山的地名，诸如李家坝、林家湾、钟家营、廖家祠等，铭刻了族居的印记。随着客家人的开垦，东山地区逐渐成为客家居住区，这一代客家人也被称为"东山客家"。

雍正年间，随着四川人口恢复，清廷开始丈量土地，以征缴钱粮。一些抢占太多土地却又种植不过来的湖广人，便将土地便宜卖给客家人，客家人可以用很少的钱，或者一只公鸡、一升米换到一块土地。于是，部分客家人由东山迁徙到沙河定居。沙河内侧为平原地区，外侧为平原向龙泉山脉过渡的浅丘地貌，相对于东山，耕地条件更好。附近的青龙场、赖家店、牛市口、万年场等场镇，与成都主城区相互连接，构成了平原与东山的过渡带。长此以往，生活在沙河流域的客家人逐渐形成了独有的生存之道，他们则被命名为"沙河客家"，其居住区就主要在今成华境内。

客家人入川，对于四川尤其是省会成都的改变无疑是巨大的。

大批客家人的到来使农业和人口迅速恢复，诸如红薯、玉米和甘蔗等重要物种，也由客家人带入四川。东山的西河场、廖家场，皆因客家人而兴；黄龙溪等古镇也是由于客家人的到来，成为繁华的水陆码头。回首历史，是川西平原滋养了远道而来的客家人，而无论是沙河客家还是东山客家，他们早已和这片土地血脉交融，不可分离。

名门之后
家谱背后的移民史

今天我们想要了解客家人入川的路线，得到的答案或许是众说纷纭的。但无论是从哪个起点入川的客家人，踏上入川之路前所做的第一件事情都是相同的，那就是去祠堂或者先辈的墓前祭谒。入川时，移民最无法割舍的，可能是他的家族。在古代，家族意味着一个人的出身，甚至决定了他的社会地位和生活方式。四川的客家移民以闽粤两地迁徙而来的为主，而闽粤地区是我国传统家族制度最为兴盛的地区，从这里走出的移民，无时无刻不受家族观念的羁绊。

也正因为如此，重建家族成为了入川的客家人最大的心愿。根据一些学者的研究，移民重建家族的时间一般需要一百五十年左右。家族的重建，以祠堂、祖屋的建立，家谱的修成为标志。其中，客家家谱的内容极其丰富，不仅有系统详细的世系图表，还有珍贵的客家祖图、人物传记、契约文书等各种家族档案资料。透过家谱，我们往往可以看见一个家族的奋斗史，看见他们曾经告别故土的痛楚，迁徙路上的艰难，开创基业的辛苦。

家谱见证移民历史

　　客家人举家迁徙四川绝非易事，在出行之前，一般要经过周密的家庭商议和一系列祈求神明的仪式，然后择吉日，祭谒先祖后出发。据《张氏族谱》记载，入川的先祖张氏有兄弟五人，居住于粤东地区，家里仅有六亩田土，要养活一家九口非常困难。全家一起商议后，决定留下两个兄弟在家种田，并伺候老小，其余三个兄弟"迁川图新，谋求发展"。如果在川一切顺利，"进入佳境，再接父母入川"。决定迁徙四川的三兄弟，择定在康熙四十八年（1709）二月启程。入川后，三兄弟在成都龙潭寺（今成华区龙潭街道）定居落业。由此可见，客家人在长途迁徙这件事情上是非常慎重的。

　　另一户客家人刘氏也是如此。《刘氏族谱》记载，原籍在广东梅县的先祖刘贵金，于乾隆二十年（1755）与妻李氏，携五子二媳共九口，离开原乡迁川，最终在成都城郊青龙场（今成华区青龙街道）定居创业。刘贵金在迁川前做了充足的准备，堪称面面俱到。最初，刘贵金想要迁川，但仍旧心有顾虑。有一天，他听说有人从西蜀回到梅县，便特地前去拜访。在访问中得知，"川地田土充裕，民风朴实，遂毅然决定迁往"。对于迁川有数后，刘贵金先是与儿子们进行了商议，继而又与族人商议，听取宗族长辈的意见。其中有个叫刘生祝的叔父对他说："你若迁蜀，得将你名下的田地售出，其银钱用作路上的盘缠。"刘贵金说："属吾的田土不多，就放在弟兄们名下，佃租所得就作为祭祀所用。"刘生祝便说："贤侄重孝，入川后会得到祖宗护佑而发达矣！"和家人与宗族统一意见后，刘贵金最后去庙里抽签，询问神明，得到一上签，终于踏上了迁往四川的路程。

　　入川之路绝非一帆风顺，要忍受亲人分离甚至阴阳两隔的痛苦。据家谱记载，康熙三十五年（1696），叶道兴举家由广东揭阳迁川。

在迁川之前，他委派长子叶自宏跟随其他移民先到西蜀考察，不想长子一去两年不回，且音讯全无。康熙三十七（1698）年九月，急着迁川又担心长子安危的叶道兴与老伴、次子、三子和女儿等九人启程前往四川，叶道兴在途中不断打听长子叶自宏的消息，不想历经艰困走到四川荣昌境内的广顺场，他就病倒了，全家只能暂驻此地。恰在这时，叶自宏已从四川回到了广东揭阳老家，当他发现家门紧锁，便向同族的叶家人打听，才得知家人已往川数月。他在老家住了一晚，次日又踏上了入川之路。叶自宏再次入川后，就一路打听家人的消息，好在经过三个月的辗转折腾后，他终于在成都近郊与家人团聚。

居住在青龙场的另一刘姓人家，其家谱有这样一段记载：邦贵祖公在由闽西上杭迁往四川的路上病故，无奈埋于路旁。长子勋茂、次子勋生到达西蜀后，一人定居于龙泉驿乡下，一人定居于西河乡下。五年后，勋茂、勋生兄弟二人一道去埋葬邦贵祖公处"收敛金骨"，返回时经过一段水路，船漏进水，兄弟二人就用随身携带的

左：每一年，祭祀祖先的时候，也是范氏后人相聚在"范家祠"的日子。图为2012年11月的范氏祭祀大会

摄影：甘霖

右：范氏祠堂位于成华区龙潭街道，建于清乾隆三十四年（1769），后因祠堂破旧于清嘉庆二十五年（1820）改建，据《范氏族谱》记载为宋代范仲淹的后人范壁所建

摄影：甘霖

棉絮堵住漏水处。一番周折后，终于将邦贵祖公的骸骨安葬于勋茂家附近。

来到四川后，移民的生计往往也被记入家谱。廖氏是东山客家中有名的大姓之一，据民国《廖氏族谱》记载：廖氏的入川始祖体用公，讳明达，原居于广东兴宁县，"时粤荒旱，公家徒壁立"。后接到先期入川的长子凤徇寄书，言及"蜀中土旷人稀，地多腴壤，货物滋殖，衣食易谋"，"遂抵川。过绵竹至什邡之新市镇，日就晡露宿郑姓墙下。且遇郑翁出……谈甚洽，因留公，辟后园荒地，舍公于碾舍，借一破釜为炊具，公遂安焉。适年屡丰，麻、麦有秋，公及诸子垦荒播种，力作唯勤，五年之间遂得百余金"。廖氏后人以此起家，富及川西。

黎氏是东山客家人之一，其入川始祖在家谱《自序》中描绘其入川前后情景说："乾隆二十年，适逢尔外祖自粤移川，予与尔母随焉。予身无寸积，在途为之担囊，至蜀为之营工。至二十三年于戚家坝开米店。至三十七年将外祖债账还清。又数年，乃有资本于高家坝佃田耕种。后又佃毛家口田……"其入川途中之悲惨状况，入川后为生计操劳之情形，跃然纸上。

家谱记录家训家风

盛世修史、族盛修谱，是中国古代历来的传统。移民入川的客家人，在东山等地经过了一代代艰苦的奋斗后，再一次将家族的名号扎根在这一片土地。东山客家有一句俗话，"宁丢祖宗田，不丢祖宗言"，在客家人看来，家风和家训是比金银土地更重要的遗产。客家人通过宗祠、家庙、家谱等作为家风传承的途径，其中，家谱就占据了非常重要的地位，尤其是家谱中的祖训、家规、家法成为约束族人行为的道德力量。

客家本是汉族分支，东山客家人祖训多以传统儒家思想为内容，教育子孙后代守根本、重礼义、爱国爱家、敬祖睦族等。木兰乡李氏的《祖训十二款》，内容涉及治家、祭祀、嫁娶、教子、睦族和谱牒等。十陵镇张氏家族，在"先祖遗训"中，要求子孙"世守勿忘"的是耕读为本和礼义为重，其训曰："耕可致富，读可致贵。孝悌为先，礼义为重。"洛带镇李氏先祖在遗嘱中总结一生颠沛流离之经历，谆谆告诫后辈的是：勤俭持家，艰苦创业，奋发图强。不仅如此，在其族谱还有一首被冠名为"指路碑"的祖训则更为奇特，该祖训采用对比方式，从正反两个方面，把漫漫的人生之路分为上、下、左、右四条，内中上路、左路和右路是正道，下路则系歧路和末路。全文为：

上走孝、悌、忠、信、礼、义、廉、耻，是条大路；下走酒、色、财、气、奸、贪、诈、谋，是条绝路，直到倾家破产，亡身丧

成都东山的白居易后裔
摄影：余茂智

2007 年 4 月，东山客家钟家大瓦房琴墨堂上的祭祖大典
摄影：余茂智

命而止。左走改恶向善、革面洗心，是条捷路，直到逢凶化吉，转
祸为福而止。右走勤俭、诚朴安分守己，是条平路，直到兴家立业，
丰衣足食而止。

在"指路碑"三字的下方，还特意横书一行"好生记着莫走错
了"的警示语。

东山客家家规的主要内容是忠帝君、重人伦、和乡党、睦宗族、
序尊卑、孝祖宗、敬长上、厚祠祭、谨婚姻、重丧葬、教子孙、务节
俭、谨诵读、勤农耕、守忠厚、慎言行、戒争斗、息诉讼、禁偷盗、
戒淫行、戒赌博、戒"洋烟（鸦片）"、禁转房、恤孤贫、建宗祠、续

谱牒等。在当前时代背景下，剔除家规中的封建糟粕外，其他诸如团结四邻、尊老爱幼、忠厚待人、奋发图强、勤俭持家、戒偷戒赌、戒淫戒毒等，至今仍具有一定的现实意义。

家法是治家治族过程中，对于违反祖训族规的人的一种惩罚条例，是在国家大法的前提下制定的家族规条，其最终目的是维护家族优良家风的有序传承。东山客家制定的家法根据轻重有庭训、杖责、除族三大类别。庭训，对犯事较轻者在宗祠当众进行训斥。杖责，用一片特制的斑竹片作为刑具，对不遵约束者即用杖责。族内除名，所做之事有损于宗族的声誉与形象，即被除名。

移民竟是名门之后？

在成华区龙潭街道，有一座范氏祠堂。这座范氏祠堂建于清乾隆三十四年（1769），后因祠堂破旧，于清嘉庆二十五年（1820）改建。据《范式族谱》记载：该祠堂为宋代范仲淹的后人范壁所建。范壁，字对扬，是这支范氏家族入川始祖范钦若的第四个儿子。

重建家族后的东山客家移民在族谱中追溯祖先，在祠堂供奉祖先的神像，这些祖先，往往是历史上赫赫有名的英雄、贵族。例如范氏的祖先是范仲淹；明末清初，柏姓入川，他们的祖先是春秋时期柏国（今河南西平县）国君；而朱氏祠堂供奉的，是宋代理学家朱熹。与此相似的还有很多，赵姓以西周时的驾车能手造父为祖；水姓称自己是大禹的子孙……

《钟氏族谱》记载，他们的祖先则是春秋时期楚国的钟子期。2003 年，俞伯牙的后裔慕名来到钟家大瓦房，拜会祖先的知音，并收了两个钟家幼童为徒，学习古琴。"高山流水"的传说，两千年后

家谱，一个家族的记忆和荣光

摄影：余茂智

又在钟家大瓦房上演。但春秋与楚国毕竟已经是遥不可及的历史，钟家的子孙常常提起的是一个叫作钟荣昌的人。族谱记载，清乾隆二十五年（1760），钟荣昌从广东梅县迁徙至四川仁寿县观音寺，后因种粮致富，才在成都东山的柏合镇（今柏合街道）购置田产，修建了这处祖屋。钟荣昌生有六子，代代流传，以祠堂为中心陆续建房造屋，这才形成了眼前这座由七个建筑单元、七道大门、一百余扇小门、二十二个天井、数百间房屋构成的家族聚落。

唐人刘知几在《史通·邑里》篇中指出："且自世重高门，人轻寒族。竞以姓望所出，邑里相矜。"事实上，封建时期的历朝历代，都非常看重一个人的出身。而清代移民入川后，无依无靠，常常饱受当地世居人民欺凌，若有知名的先祖无疑能提高身份，令世居人民不敢小觑；另外，祖先的名号也成了一块金字招牌，在漫长的迁徙之路上，使一个家族更有机会寻找到同宗。

由此看来，客家人称自己为名门之后，一些或许货真价实，一些却是生活与发展需要。但纵然如此，现代人是没有权利评判其正确与否的。强调家族的血统和名门情节是一个传统，这个传统即使是皇家也未能免俗。历史上，三国时期蜀汉刘备一直强调自己是汉室宗亲，李唐王朝则追认老子李耳为李氏祖先，民间也流传着明代开国皇帝朱元璋曾准备追认朱熹为祖先的传说。

中国的修家谱之风，据说是北宋文学家欧阳修、苏洵倡导的，他们不仅亲自编写族谱，还提出了编写族谱的体例与方法。苏洵倡导百姓人家的族谱只记载五世，即所谓"小宗之法"，皇室贵族则可记录百世。而宋代末期是客家人的第三次迁徙，或许可以猜想，客家修家谱的传统也正是从宋代开始的，并通过第四次迁徙进入四川。当然，客家的家谱显然并不满足于五世的"小宗之法"。不过我想，对于客家子孙来说，或许祖先在入川之路上的故事，比那些遥远的传说更能够打动人心吧？

场镇
"湖广填四川"的活化石

　　成都不少地名都带有一个"场"字，诸如青龙场、万年场、文家场，这里的"场"，指的是场镇。清代初年，四川人口稀少，自然也无太多场镇；移民入川不仅增加了四川的人口，四川境内的场镇也如雨后春笋一般兴起，最盛时达到了三千余个。旧时四川人极好赶场，每逢赶场，农民肩挑背负，小贩、商人也蜂拥相聚，一次赶场，动辄有上千人参加，一般每旬赶场三次，多的每隔一日便赶一场，如同仪式一般，成为了川人生活中不可或缺的部分。

　　场镇究竟是什么？在不同的学者看来，也有着不同的答案。历史学家说，场镇是移民在四川的据点；地理学家说，场镇是镶嵌在四川盆地的一颗颗明珠；经济学家说，场镇是乡村经济的典范。在不同的学科，场镇被赋予了独特的内涵与气质。曾经，我来到万年场、青龙场、八里庄、龙潭寺，寻找这些场镇上原始住户的后裔。在我的走访中，我发现，在这些后裔的回忆里，场镇蕴藏着极为丰富的移民史料，可以说，成华场镇是"湖广填四川"的活化石。

万年场
仿佛传说的白家大院

经客家研究中心介绍，我在建设南路见到了白昆声。白昆声跟两个女儿住在一起，我的来访使得这个客家家庭一下子热闹起来。白昆声翻箱倒柜，将各种版本的《白氏族谱》找出来，这里面有祖先流传下来的清代族谱，也有他近两年整理的族谱。

民国年间，万年场有座白家大院，正对着今天的国美电器，后来由于修二环路被拆除。白昆声已经多年没有来到这里了，此刻，沉睡经年的祖辈记忆与家族故事似乎又开始涌动，他说，"万年场的历史，就是白家的历史，白家在万年场曾有一个大院，围着大院转一圈，要一炷香的时辰。"我并不能体会白昆声对大院的感情，想来大多成都人也与我一样，对于万年场的认识仅限于"东郊"而已，城市的发展已经悄然掩盖了白家的家族历史。

大约一百年前，当白昭懿看上万年场时，这里尚叫五显庙，因庙得名，五显庙庙小，和尚也少。白家在五显庙有田产二百余亩，遂决定修筑街房、庭院，聚敛人气，经营粮食、客栈生意，白昭懿将五显庙更名为万年场，希望生意能红火万年。

自民国六年（1917）开始，在白昭懿的操持下，三年后，气派的白家大院终于在万年场建成。十八间街房沿街一字排开，青瓦木梁，街沿宽阔；由一道圆形石门进入大院，正中是堂屋，供奉着祖先灵位，两边则是客栈，院后还有果园、菜园；院子里又有十八间仓库。大院是典型的客家院落结构，雕花门窗，青砖黑瓦，散发着大户人家的气息，既可经商、储运，又能居家，客家人的精明与客家建筑的紧凑得到了淋漓尽致的融合。

白家大院修成后，又有一些富裕的农民陆续来这里兴建街房，

夹杂着土广东话、西南官话的成都近郊场镇，独特而充满
魅力

绘图：崔兵

万年场已俨然是一个乡场了。白昆声说，直到 20 世纪 80 年代，白家大院还留存着一部分街房与仓库，不过早已破败不堪，后来修二环路，白家大院恰好挡在路中央，才被完全拆除。经过几十载，这所见证了万年场历史的家族建筑最终完成了自己的使命。

青龙场
永不散场的客家记忆

又一个下午，我拜访了青龙场最年长的客家人钟勤芳。由于青龙场拆迁，钟勤芳借住在东风渠旁边的一户人家，这里的住户大多是客家人的后裔，坐在街头巷尾用客家话聊天。我问起钟勤芳，他们都知道，说刚刚还在茶铺喝茶，看来同是客家人，钟勤芳与居民并没有什么隔阂。钟勤芳已是八十余岁，记忆力却仍十分好。提及青龙场的故事，他接过儿子点的香烟，绘声绘色地讲起来，而他的儿子，似乎也对祖先的故事入了迷。

狮子楼挨着升仙桥，每逢赶场，顾客盈门。后来，有人看狮子楼生意好，便于光绪初年在狮子楼对面开了一家秉生茶楼，开茶楼的不是别人，正是钟勤芳的祖父钟秉生。秉生茶楼的开张令经营狮子楼的苏家颇为不快，直到 20 世纪 50 年代两家茶楼先后破败，延续了数十年的纠纷才告一段落。

钟家的秉生茶楼虽比苏家的狮子楼晚开了数十年，却大有后来居上之势，每逢阴历三六九青龙场赶场，茶馆热闹非凡，商贩们散了场，都爱花上几个小钱，在这里买碗茶，找同行摆龙门阵，如果有事又要到场上去，就跟跑堂的说一声，把茶碗推到桌子中央，回来还能继续喝。

　　来秉生茶楼喝茶的多是客家人，他们靠在竹椅上，端着盖碗茶，享受着难得的悠闲时光。秉生茶楼开了几十年，顾客也换了一茬又一茬，青龙场就像秉生茶楼里的盖碗茶一样，时而浓，时而淡。

　　抗战时期，秉生茶楼迎来了一位贵客，他便是张大千。张大千夏天、秋天常住在昭觉寺，经常与住持一同走到青龙场喝茶。钟勤芳说，张大千人不高，也不讲究穿着，套着一件呢子大衣，穿着马裤，斯斯文文。看到大画家来了，钟家忙拿出自制的好茶招待。那个秋天，张大千每天都要到秉生茶楼喝茶，时间长了，客家人都知道他是位画家，有人问他，"您的胡子怎么那么多？"张大千哈哈大笑："你不懂，这叫美髯。"

　　每个上午，张大千都坐在秉生茶楼里注视着身边忙碌的客家人，到了中午，他才悠闲地起身，又踱回昭觉寺去了。逢到赶场，茶馆里人多了，他也颇有兴致地听客家人摆龙门阵。除了喝茶，张大千的另一个嗜好是到青龙后街客家人刘羊子店里喝羊肉汤，后来，张大千特地为刘羊子挥毫泼墨，感谢他的盛情款待。我顺便拿着民国时期美国摄影家那爱德拍下的青龙场照片请教钟勤芳老人，他一看到这张照片，就指着上面的一个乞丐说，他叫陈叫化，打小就在青龙场要饭。

　　这张照片与钟勤芳熟悉的青龙场并无太大区别。其时，客家人正在赶蔬菜市，两边的菜摊上摞着一堆堆新鲜的大萝卜、白菜，中间的过道一直通到川主庙，川主庙供奉李冰父子，是青龙场最宏伟的建

筑。庙门口有株茂盛的黄葛树，树下是客家人买卖粮食的场所，这些人正伸手讨价还价，完全没有注意到远处的那爱德。集市上有几处小吃、几个理发摊、一个临时茶桌，一个幼童手举灯草正在游售。

那爱德的照片并未拍下整个青龙场，钟勤芳说，除了蔬菜市，青龙场还有甘蔗市、杂粮市、花木市等，占了几条老街。民国年间，川主庙被改成私塾，钟勤芳在这里读过几年书，逢到赶场，私塾里"人之初，性本善"的读书声与门外讨价还价的客家话显得格格不入，这个时候，钟勤芳与同学总想出门一看究竟，却每每被私塾老师苏八先生的戒尺赶了回来。后来，川主庙渐被拆除，20世纪60年代，庙门外的黄葛树也在一个晚上被暴风骤雨折断，倒在了正街的苏家狮子楼上。

这些留存在移民后裔记忆中的成华场镇，就是一部恢宏的四川移民史

绘图：崔兵

在老龙潭人心中，火神庙一直庇佑着建于明清时期、以木瓦结构为主的隆兴场（龙潭旧称）不遭火灾。图为2005年，龙潭寺因火神庙而得名的火神庙巷

供图：龙潭街道

沙河场镇是历史，也是活化石

结束对成华万年场、青龙场的走访，我试图概括出这些"沙河客家"聚居场镇的共同点。清代四川有着三千余座场镇，我曾经跟移民专家讨论过这样一个问题：为什么四川会出现数目如此众多的场镇。他们的答案是：在农业社会，场镇是农耕经济必要的组成部分，清代四川的三千座场镇，正是发挥了城市所难以发挥的作用，与其说是场镇，还不如说是一个个小型社会，四川在清代被分割成了众多相对独立的社会。

当移民后裔谈起这一个个小型社会时，他的感觉一定是多方位的。对于白昆声而言，场镇包含了他们祖辈的奋斗梦想，却也掩埋着一个家族深深的遗憾；青龙场有着钟家的秉生茶楼，也有着破败的无奈与辛酸。

移民入川后，在都市中，复杂的人际关系很难让他们找到认同感，而相对单纯的场镇正是他们人际关系的一个重要环节，很多时候，移民并不交易商品，却仍要赶场，他们的生活已经与场镇水乳交融了。在我看来，场镇是"湖广填四川"的活化石。与死板的史料、族谱不同，场镇是可以触摸的，是鲜活的，它就保存在移民后裔的记忆中：这里有富贾，也有百姓；有大院，也有平房；有平静的画面，也有喧闹的赶场；有刀光剑影中的江湖气，也有一代宗师流连忘返地惊鸿一瞥。

从某种程度来说，这些留存在移民后裔记忆中的成华场镇，就是一部鸿篇巨制的四川移民史，至少，他们是"沙河客家"的遗存。他们的家族记忆与个人口述史，都值得我们在一种客家方言和"土广东"的方言里记录、抢救与打捞。

客家迁徙
为川菜带来美食基因

人类历史上的每一次大规模迁徙，既是一次人口的转移，也意味着一次文化的传播。明末清初，以闽粤地区为主的客家人背井离乡，迁徙入川，他们最初的愿望仅仅是寻找一个新的家园。但踏上蜀中的那一刻起，他们带来的不仅是重建四川需要的人力，也带来了一些新的种子、食物和饮食习俗。

若干年后，随着几代客家人在四川成家立业，客家的饮食风俗也和四川本土饮食融合，并衍生出一种新的饮食文化。如今，我们细细品味成都东山客家的美食，不仅能从其中尝到客家移民迁徙前所在家乡的饮食风味，也能感受到富饶而包容的"天府之国"赋予其新的味蕾感受。这些美食背后，是东山客家人壮阔的迁徙史、奋斗史，也是他们对故土的乡愁。

迁徙路上
美食诞生记

客家移民踏上入川之路前，有两样东西是必不可少的，一是盘缠，二是干粮。移民入川之路长达几千里，没有盘缠自然寸步难行，而路途之中，翻山越岭，常常一整天也碰不见饭店，有时为了赶路还会露宿野外，干粮的重要性不言而喻。入川之路耗时数月甚至半年以上，因此能够长期存储、便于携带的食物成为客家人的首选。

米饼便是客家移民青睐的一种干粮，美籍华人陈香梅女士在其《陈香梅自传》中便有记载："米饼，广东人都知道是什么东西，那是出远门的人所带的一种干粮，是用米磨成粉，再加上糖的一种混合物，在太阳或炉火中烘烤可以储藏甚久。"与此类似的还有"黄糕"（广东人称"黄饭"，江西人称"黄元米果"）。盐蛋也是客家人迁徙过程中的食物，如今在东山客家人的食谱中依旧常见。

如今被誉为"川菜之魂"的豆瓣，相传也是客家移民在入川途中发明的。据说一位姓陈的客家移民入蜀途中，其赖以充饥的蚕豆遭连日阴雨而生霉。因不忍弃，遂置于田埂晾干以鲜辣椒和盐拌和而食，竟然无比鲜美，余味悠长，入蜀后便以制作此物为生。陈氏后人传承此道，于郫县开设作坊，取本区原料与清水，以此法大量生产豆瓣，经过不断的技术改良，渐成气候，这也就是"郫县豆瓣"的来历。

成都东山的客家人，有一部分人家至今沿袭着制作豆瓣的饮食传统。每年立夏过后，白天变得更长，日照充足，温度升高。此时田地里的蚕豆已经成熟了，客家人将豆子收回家，晒干以后，用以制作豆瓣酱。蚕豆，四川人习惯称为胡豆。制作豆瓣酱的第一步是用清水将胡豆泡胀。泡胀后的胡豆，马上用酵母粉、面粉搅拌均匀，放入箩筐中发酵。大概一个月的时间，豆瓣会长出一丛丛霉菌。随后，用水将其淘洗干净，选择天气晴朗的正午，将豆瓣放在太阳底下暴晒，等待时机成熟入缸。入缸还需要辣椒酱，辣椒酱以二荆条红辣椒为优，每年农历六月开始采摘二荆条，剁制成酱。辣椒酱做好以后，客家人将豆瓣和辣椒酱一同放入土陶缸内，搅拌均匀，加入川盐、花椒等配

因"湖广填四川"而诞生的"郫县豆瓣",可谓今日川菜之
魂,其中不乏客家人的聪明智慧

摄影:杨健

华
城
记

料，再加入生清油进行最后的风味发酵。入缸后的豆瓣酱，要经历翻、晒、露等多种制作工艺，去除多余的水分，最后，一缸色泽红亮、滋味鲜美的豆瓣酱才算大功告成。

东山食谱
粤菜和川菜的大融合

今天的东山客家菜肴品种丰富，家常菜肴有蒸扣肉、煎酿豆腐、麻辣豆花、荤豆花、酸辣红苕水粉、怪味凉拌鸡、姜汁热窝鸡、酸菜粉丝鱼、豆瓣鱼、苕粉水酥汤、酸萝卜老鸭汤、韭黄蛋花酸汤，以及各种药膳炖汤等。这些菜肴都可以在传统的四川菜和广东菜中找到相应的影子。

酿豆腐被誉为客家第一名菜，据说这道菜与饺子有关。中原地区早在汉代就有吃饺子的习俗，取"岁更饺子"之意，寓意着喜庆团圆、吉祥如意。客家人从中原迁徙到粤东之后，由于那里气候温暖，小麦较少，再加上物资贫乏，想要吃上一顿饺子非常不容易。后来客家人想到一种变通的方法，就是把饺子的馅料填入豆腐里，来满足想吃饺子的愿望，寄托对中原故土的思念。广东菜中，煎酿豆腐就是酿豆腐做法的一种，也是一道客家名菜。随着客家移民来到四川，这道菜也因此产生了一些变化。

传统粤菜中的煎酿豆腐，选用卤水点过的北豆腐，在豆腐中挖一小四方孔，酿上馅料，顶上再加一只虾仁，煎好的豆腐正正方方，馅料完全被裹入豆腐中。食用时豆腐嫩滑可口，咬破豆腐后便能尝到滋味鲜美的肉馅。这是客家人逢年过节，招待宾客必不可少的一道菜。而成都东山客家的煎酿豆腐，显然是粤菜煎酿豆腐和川菜麻婆豆腐的一次融合。

东山客家的煎酿豆腐，一般采取较为硬实的南豆腐，馅料是猪五花做成的肉末。用勺子在豆腐上挖出一个小方孔，能放入一半肉末就行了，另一半肉末则暴露在豆腐的表面。煎炸过后的酿豆腐，豆腐仍旧四四方方，但豆腐朝上的一面则将肉糜暴露在外。这种做法的好处是豆腐和肉末的滋味能够相互融合，汤汁也更加浓郁，和川菜麻婆豆腐非常相似。

梅菜扣肉也是客家人的一道名菜，梅菜是广东客家特产，这道菜的主要食材是猪五花和用鲜梅菜腌制后制成的梅干菜。而四川地区的咸烧白和客家的梅菜扣肉在烹饪手法上较为相似，区别只在于

左：客家人的鸟米粿
摄影：刘小葵
中：客家酿豆腐
摄影：甘霖
右：豆瓣酱
摄影：刘乾坤

四川的厨师喜欢用宜宾特产芽菜或者盐菜来代替梅干菜。如今东山客家有一道美食蒸扣肉，在做法上更加不拘一格，有时采用梅干菜搭配五花肉，有时则使用盐菜作为辅料，体现出东山客家菜是粤菜和川菜的融合。

开设饭店
客家美食名扬成都

移民入川不仅增加了四川的人口，四川境内的场镇也如雨后春笋一般兴起，最盛时达到了三千余个。旧时成都人极好赶场，每逢赶场，农民肩挑背负，小贩、商人也蜂拥相聚。一次赶场，动辄有上千人参加，成为了成都人生活中不可或缺的部分。

在东山客家的聚集区，万年场、青龙场等是远近闻名的大场镇，每逢赶场时，人群熙熙攘攘，非常热闹。场镇的繁盛也推动了餐饮业的发展，一些勤劳又善于烹饪美食的客家人，在场镇上开设饭店，售卖客家美食，一时间生意兴隆，宾客络绎不绝。这也让成华客家的美食，从小家小户走入大众的视野与餐桌。

清光绪三十一年（1905）年，在一阵阵鞭炮声中，青龙场的温鸭子店正式开张。"温鸭子"的创始人是温茂森，温家的上川始祖，是从广东梅州迁徙过来的。温家最初落户在现成华区与新都交界的二台子，后逐渐发展到青龙场。

温家做鸭子的手艺是从祖上传下来的，据说在梅州温家祠堂的周边，沿街就开了许多卤鸭子的小作坊。少年时期的温茂森特别热衷于美食的研究，将各个地方的美食精髓进行融合创新，并不断改良家族传承的腌制方法，最终做出了广大食客喜爱的腌熏卤鸭子。温鸭子在20世纪广受追捧，甚至一些名人也成为它的忠实粉丝。据说张大千寄居昭觉寺时，就常光顾温鸭子，对美食本来就颇有心得的他，食后大为赞赏，谓之"川西鸭品一绝"也。

温鸭子的制作工艺要经过几十道工序，所有制作工序全部由手工完成。饭店挑选活鸭时，只选择重量均匀、肥瘦适中的土鸭，宰杀时间和加工时间都有明确规定。鸭子需要经过宰杀、煺毛、腌制、除盐、晾晒、熏制、冷冻等复杂程序，最后卤制。卤制采用慢火熬制的鸡汤、骨头汤等高汤，加入十几种香料按配方秘制，经过复杂的工序，才能达到色鲜、味美、皮嫩、醇香的要求，最终端上食客的餐桌。2016年，温鸭子正式纳入成都市非物质文化遗产，这道客家美食也得到了越来越多的认可。

东山客家对于羊肉的烹饪也是一道绝活。光绪年间，客家人张良

青龙场上，从20世纪90年代开始打出百年老号招牌的温鸭子总店（温鸭子藏）

翻拍：牟春

聪就曾在成都东部的黄土场开了第一家客家张羊肉馆，喜迎八方来客。张家代代相传的羊肉馆生意在后人手上发扬光大，十里八乡的食客都慕名而来，常年座无虚席。此后，张家的羊肉馆先后在新都石板滩、青龙场、龙潭寺等地开业。20世纪80年代，"张羊肉"第三代传承人张辉荣开店以后，将祖传手艺传给了许多亲戚和自己的三个儿子，张羊肉得以发扬光大。如今，成都东郊周边的张氏羊肉馆，多达二三十家，成为了东山客家代表性美食之一。

风味人间
客家宴席和饮食风俗

人类和饮食的关系是极为复杂的，如同俄国作家冈察洛夫所说，"人类无疑是大地的主人，却又是肠胃的奴隶。"不过，中国的传统

对食物向来秉持着节制、养生的思想理念，孔子就曾说："肉虽多，不使胜食气。唯酒无量，不及乱。"客家作为中原汉族的分支，历来有勤俭节约和热情好客的传统。这种传统，在客家的宴席中展现得淋漓尽致。

常见的东山客家宴席大致可分为家宴和坝坝宴两类，家宴，顾名思义，就是在家中举办的宴席，主要用于宴请家族中的亲戚朋友，规模较小，朴实随意；坝坝宴，在四川某些地区也称为"九斗碗"，有的学者也认为坝坝宴是四川民间版满汉全席。由于宴会多选在屋内天井、门前晒坝或屋侧的竹林中进行，故名坝坝宴。

客家人讲究"以酒会友，以茶待客"。东山客家的礼仪中，有一条规则是这样的：凡客人至，待给客人打水洗手洗脸后，主人随即便把一杯沏好的热茶递至其手，然后再煮上一碗红糖醪糟鸡蛋。饭后又再次为客人泡茶，陪客人聊天。

宴席的前菜名为"大丰收"，由五道滋味各异的凉菜和一道小吃组成，小吃的原料主要是紫薯。颜色有黄、红、紫、灰、绿、青，寓意喜庆圆满。热菜为白灼基围虾、煎酿豆腐、油烫卤鹅、孜香秘

左：在沙河边，在东山上，每一道客家美食，都在诉说着
客家人的传承与乡愁
摄影：甘霖
右：以前，成华区龙潭寺盛产的"二荆条"海椒，是成都
城里人做豆瓣的好原料
摄影：甘霖

制羊排、粉蒸牛肉、姜汁热窝鸡、沸腾鱼、酸辣荤豆花、宫保兔丁，汤品则一般是南瓜盅或酸萝卜老鸭汤。饭后，客家人还会为客人端上水果，东山区域为水果之乡，枇杷、水蜜桃、葡萄等水果资源丰富。虽然客家人的菜品非常丰盛，不过大多数的食材都源于农家自己种植，保留了宴席风味上的精美，又不会过于铺张浪费。

　　每年农历二月初二，即民间传说"龙抬头"的日子，这一天代表大地复苏，农事开始忙碌。这一天至清明的前一天，也是客家人祭祖的时节。客家人格外敬祖重祀，每年这段时期，一种特别的食物就会大放异彩，登堂亮相，这就是客家人的鸟米粿。鸟米粿，来源于客家人的音译"niaomiguo"，即艾蒿馍馍。

客家人将棉花草和大小艾叶统称为艾蒿。艾蒿开春后生长，清明过后逐渐长老，就已经不适合食用了。每一年的清明前后，沙河边、东山脚下的客家人将采摘回来的艾蒿鲜叶清洗干净，然后用开水烫熟、捣碎，倒入磨碎的米粉，再加入清水，混合揉捻，使艾蒿和糯米粉融为一体。艾蒿馅由腊肉、咸菜构成，制作好的艾蒿馍馍，不仅带着艾蒿的清香，还有腊味的香浓，方便美味，且十分耐饿。

一块小小的艾蒿馍馍，对成华客家人有着极为不凡的意义。它是祭祀的食品，客家人用艾蒿馍馍祭祀祖先，表达哀思，并告慰先人。艾蒿馍馍还是跟随客家人上川的食物之一。来到四川后，在沙河边，在东山脚下，客家人在下地干活时，也会时常带上一些艾蒿馍馍充饥。当一位客家子弟从长辈那里学习艾蒿馍馍的做法时，他一同接受的，还有客家人勤俭持家、敬重先祖、不畏艰苦的精神与传统。

名人

1945 年，张大千从敦煌莫高窟归来，回到成都，选择在昭觉寺西塔院整理敦煌临摹作品。一个是千年古刹，一个是绝壁重光，一斜逆光，洒落在昭觉寺大千画室，一幅幅精美的画作在西塔院问世，这位著名画家『画风为之一变』。

张大千在昭觉寺绘画，也授业育人。

成华区有着悠久的教育历史，孙震在祠堂里创立树德小学，几经发展，成为民国时期成都中学四大名校之一，被誉为『北有南开，西有树德』；张培爵与叙州十七名同乡学子，筚路蓝缕，以十七块银元创办叙属联中，是为列五中学前身。

敦煌归来

张大千在昭觉寺

　　张大千，四川内江人。其才气、学养过人，于山水、人物、仕女、花鸟无所不擅，特别在山水画方面卓有成就，是 20 世纪中国画坛最具传奇色彩的画家。后旅居海外，泼墨与泼彩结合，开创了新的艺术风格。曾荣获纽约"国际艺术协会"金奖，当选为"当代世界第一大画家"，被西方艺坛誉为"东方之笔"。徐悲鸿赞"张大千，五百年来第一人"。与其二哥张善孖创立"大风堂派"，传人满天下。

　　张大千的著名，还与其临摹敦煌壁画有关，其艺术成就也与敦煌之旅息息相关。今天，四川博物院二楼的"大风堂"张大千书画馆中常年展出的敦煌壁画摹本总是引人驻足。自 1941 年起，张大千在敦煌耗时约两年半的时间，临摹了敦煌壁画二百七十六幅，其中六十二幅于 1949 年带去台湾捐赠给台北故宫博物院，另有一百八十三幅由其大太太曾正蓉在 1950 年转交给四川博物馆（今四川博物院）代为保管，1963 年正式捐赠。今天，川博也成为收藏张大千敦煌壁画摹本最多的博物馆。

　　1943 年，张大千从敦煌回成都后，一直在进行摹本整理和创作的工作，事实上，直到 1949 年其匆匆离开大陆也没有完成，那么，这么大体量的壁画摹本，他是在哪里整理和做后期创作的呢？让人意想不到的是，这个地方就是今成华区青龙街道境内的昭觉寺。

敦煌归来

民国二十九年（1940）10月，四十二岁的张大千率三太太杨宛君、子张心智（十哥）拟赴敦煌，没想行至广元，听闻二哥张善孖病逝于重庆歌乐山，只能赶回重庆治丧。次年5月，经过一番精心准备，张大千再次携三太太杨宛君、子张心智前往敦煌，正式开始临摹敦煌壁画，同年加入团队的还有徐悲鸿的学生孙宗慰，以及托敦煌朋友帮忙聘请的油工窦占彪、李复。1942年春，又邀请青海塔尔寺的五名藏画师昂吉、格朗、三知、小乌才朗和杜杰林切加入。1942年夏，在张大千的召唤下，二太太黄凝素及幼子心澄（澄澄）、侄儿张比德和门人肖建初、刘力上，及知交谢稚柳等也赶赴敦煌协助其工作。1943年春，门人罗新之奉师命赶赴敦煌，但到达时，张大千一行已经离开，在兰州才师徒会合。同年8月，"张大千临摹敦煌壁画展览"在兰州首展，引起轰动。

民国三十二年（1943）11月，张大千携二太太黄凝素、三太太杨宛君、儿子张心智和心澄、侄儿张比德、油工李复和大风堂弟子肖建初、刘力上等人，从敦煌回到了成都。从1941年春末至1943年的两年零七个月时间，张大千完成了309窟敦煌石窟的编号工作，成为第一位完成这一工作的中国人，同时，他用二十头骆驼带回了临摹的敦煌莫高窟壁画。

1944年1月25日，由四川美术协会主办的"张大千临摹敦煌壁画展览"，在成都的提督西街豫康银行大楼隆重开幕，共展出张大千

五百年来一大千

临摹的敦煌壁画44幅。据其女弟子雷良玉回忆："当时的展览获得了极大成功，1月25日是农历正月初一，门票虽高达五十元一张，但参观的人络绎不绝。结束时间不得不从31日推迟到2月4日。"雷良玉当时还没有成为张大千的学生，其丈夫胡立（字梦痕）是该年七月才在青城山拜张大千为师，关于展览的细节，当是二人后来的听闻。

这次在成都的敦煌临摹展，四川省立艺术专科学校的两位学生史苇湘、欧阳琳被张大千借去帮忙布展，因为耳濡目染和受到张大千的鼓励，并经沈福文老师的推荐，欧阳琳、史苇湘先后来到莫高窟，这一对伉俪迷上了敦煌艺术，把一生都奉献给了壁画临摹工作和"敦煌学"。

左：张大千被誉为"五百年来第一人"

翻拍：甘霖

右：张大千与二哥张善孖（左）

这一年的 5 月，由西南印书局印制了《张大千临摹敦煌壁画展览目次》一书。该书是两位弟子罗新之与刘君礼遵师嘱，根据张大千在敦煌考察时所写的笔记资料编辑整理而成，辑录了每件展品出自莫高窟（或榆林窟）的第几窟，壁画时代、名称、尺寸大小，同参加临摹者之名，以及张大千对该画的历史考证、艺术分析等重要信息。同年，还出版了白描版《大风堂临摹敦煌壁画（一二集）》。

民国三十三年（1944）5 月 19 日，第三场"张大千临摹敦煌壁画展览"由教育部主办，在当时的重庆中央图书馆隆重举行。虽然，从兰州、成都到重庆，相继做了三次敦煌临摹画展，但从敦煌带回来的太多临摹画作，仍然需要一个足够宽敞和安静的地方来整理和进一步创作。先后借住在桂王桥西街四十五号严谷荪贲园和青城山上清宫的张大千，这时候急需一个地处成都近郊、大而安静的地方。

昭觉寺西塔院

1944年12月，张大千在成都举行近作展，其中最受人瞩目的是四幅彩绘工笔仕女，即《按乐图》《春灯图》《采莲图》《读书图》，据说这四幅作品是张大千在成都郊区一个庙里画的。当时，他因与太太吵架，一怒之下负气出走，来到这个小庙闭门用功数日，画出了这四幅优美之作。白巍在《画坛巨匠——张大千》里的一段记载，可以看出，张大千"玩失踪"的这个"成都郊区一个庙"，就是青龙场的昭觉寺。

至于吵架这件事，从与张大千一同回蜀的油工李复的话中可以知道缘由："张大千先生回到成都以后，有四位夫人围在他的身旁，就不像在敦煌那么安静自在了，特别是二夫人黄凝素喜欢打牌，张大千先生反对赌博，经常听到张大千先生住的屋子吵架。有一回张大千先生住的屋子吵得很厉害，后来听说动了手，二夫人黄凝素用画画的镇尺打到张大千先生的胳臂，张大千先生一怒出走，吓坏了这个大家庭，全家人四处寻找，最后还是二夫人黄凝素承认错误赔礼道歉才算了事。"

张大千和太太吵架而离家出走，似乎不止一次。长女心瑞记得住在青城山的时候，父亲就有过一次出走："有一天午饭后，母亲、八奶（曾氏）、宛君姨不知道为什么事情合起来跟父亲争执，父亲一气之下放下画笔出去了，三位妈妈也没有在意。我们小孩子在院子里玩，根本不知道画室里发生了什么事。到了半下午，三位妈妈才感觉事情不对了，大家出门去找父亲。从我们住的上清宫到山顶第一峰，一共有三个亭子，我一口气跑到第一峰的亭子四处看，大声喊爸爸，也没有看到父亲的身影。三位妈妈都着急了，天色开始暗下来，我们举着火把又沿着山路寻找，绕了一圈，最后看见父亲就躺在上清宫后门出来的第一个亭子的板凳上。我领着弟弟妹妹都跪下了，一边说'请爸爸回去了'，三位妈妈也都连请带劝说好话。父亲一言不发，拽着我的手，在家人的簇拥下回到上清宫。"

或许是因为那次在昭觉寺难得安静的体验，最终让张大千决定把画室搬到昭觉寺。大约在1945年年初，张大千的昭觉寺画室就已大功告成。张心瑞记得，同年夏天她就和弟弟葆萝（心一）在昭觉寺陪父亲。

张大千书画鉴定专家、四川博物院首席专家魏学峰说，大千先生曾经在上海松江县禅定寺小北庵出过家，法号"大千"，因为这层缘故，与昭觉寺当时的方丈定慧法师交好，所以有一段时间，他在昭觉寺暂住，"张大千在敦煌临摹的壁画几乎都是在昭觉寺整理的"。除了整理画作，张大千还一度将自己的大部分书画作品存放在昭觉寺，"如今的昭觉寺，还留有张大千作画的画案"。

张心瑞记得，1947年夏天，父亲租借的是昭觉寺的西塔院，"宛君姨、我和葆萝弟与父亲一同搬去，同去的还有外省来的门人何海霞、俞至贞、王慧男。几个家在成都附近的门人刘力上、罗新之、娄炯、龙国屏、胡梦痕有时也来昭觉寺，王永年、况锦华家境较困难，父亲让他们也住昭觉寺"。这次，张大千特别聘请了青海的藏画师来昭觉寺帮助调制壁画所需的矿物质颜料，二百多件临摹的敦煌壁画也被搬到了昭觉寺。

当时在《华西晚报》任记者的车辐，曾和《大公报》特派记者张篷舟，《成都快报》罗芸荪、罗作阶，《中央日报》薛熙农，《黄埔

张大千：《临敦煌八十四窟西魏释迦牟尼像》，1941—1943

左：张大千:《临初唐供养菩萨》，1941—1943

右：张大千:《临敦煌盛唐药师佛》，1941—1943

左：张大千敦煌临摹期间的画作《仿李伯时罗汉图》

中：张大千：《榆林石窟唐人壁画吉祥天女像》，1942

右：张大千临摹敦煌壁画，1941—1943

华
城
记

日报》张君特，《新新新闻》谢趣生一并相约去昭觉寺的张大千画室，
"嘬他一台"。他记得，"张大千曾住在昭觉寺的最后一殿，即御书楼
（今藏经楼左侧的大师殿），那是藏木版经书的地方。他携带徒弟、裱
工、佣人、家眷及厨师等分住几间大屋子，画案上文房四宝，应有尽
有。大千内室门口，拴了一条从西康带出来的长毛大狗，既肥且大，
有如小狮，用粗铁链拴住，外人休想接近。"民国三十六年（1947），
七月中旬，张大千与老友、中央银行成都分行经理杨孝慈和门人王永
年相约同游西康，不过车辐所见的"长毛大狗"，应该是张大千从敦
煌带回来的两只藏獒之一——心瑞记得，这两只藏獒，一条父亲为其
取名"黑虎"，一条则名叫"丹格尔"。八月下旬，张大千返回成都，
就住在城北昭觉寺，整理蜀西之行所作的诗画。车辐一行，当是在张
大千从西康写生回来之后去蹭的饭。

逆光里的画室

1945 年，从敦煌归来的张大千"画风为之一变"，在成都昭觉寺，
除了整理敦煌临摹作品，还完成了许多经典之作，如巨幅作品《四屏
大荷花》《八屏西园雅集》。另有《四屏西园雅集图》两种，也是作于
该年。其中，一幅题识云："去年冬友人索写此图以代春帖子，因为
敦迫甚急，草草于岁除完成之，殊不能继，顷者逭暑昭觉禅林，古树
阴凉复制此本，要不入明清一辈也。乙酉夏月，蜀郡张爰。"而同时
期的《虬松高士》，也是作于昭觉画室。

在昭觉寺期间，张大千所做人物画多以隐士自况，也可见其在昭觉寺如鱼得水、如鸟归林的心境。在这里，他接待访友，和学生们一起画画，和儿女们耳鬓厮磨。然而，对于张大千来说，那只是一段短暂的时光。

1945 年 6 月中旬，叶浅予偕夫人舞蹈家戴爱莲访印归来，在成都等待一同去康定藏区采风的庄学本到来之前，跟随张大千在昭觉寺住了三个月，并向张大千请教中国画。叶浅予回忆："张大千画画时总是喜欢旁边有人与他闲谈，客人来来往往，作画不怕干扰，没有客人时，自有学生在旁看画。我到了之后，不受拘束，在他的画案旁站了一个多月，学到不少手上功夫。"

每到周末，弟子雷良玉则总是和蒙志萍手挽着手，从文庙后街的四川省女子师范学校前往郊区的昭觉寺大千先生家中看画、画画，听大千先生评画、讲画。"老师最不喜欢学生穿西装，要求我们和他一样穿长布衫"，"老师痴迷川菜，最拿手是东坡肘子和粉蒸牛肉"，"老师总是一身布衫、布鞋、布袜。两道剑眉，一把大胡子，面色红润，一副和蔼可亲的样子"。这么多年，当年跟着大千先生学画的情景，依然历历在目，房间里永远是一张大画案，老师伏案作画，周围是或站或伏、或观或思的学生，"边画边教我们构图、勾勒、着色的要领"。对于昭觉寺学画，罗新之则记得，大千先生作画时间很长，常至深夜，最后有时仅有他和张心智、张比德留在大千画室。张大千不仅教学生们绘画技巧，同时还关心他们的生活，时常问他们有何困难需要帮助，大家都深受感动。

一生致力于大千文化研究的汪毅，在其编著的《大风堂的世界》里，收录着一张罗新之之子罗伦建收藏的照片——1947 年 1 月 1 日，张大千在成都昭觉寺课徒，门人有王永年、张比德、娄次郊（娄炯）、刘君礼、胡梦痕（胡立）、况景华，据说还有 1946 年从北京来川的何海霞，另有裱画师周龙昌。一斜逆光，洒落在昭觉寺的大千画室，八个求知若渴的学生围绕在张大千周围，那种千余年来，中国画家传统的师父带徒弟、手工作坊式的课徒与学艺，仿佛是一帧定格的电影胶片，随时显影，永不褪色。正如车辐所见，"他红光满面，美髯飘拂……看他的弟子们作画，他在一旁指点。"

据说，张大千为昭觉寺书写了一幅径逾两尺的横匾"变华严相"，可惜今已不存。今天的游人香客们，偶尔会从大师殿前走过，他们不会把其与张大千的画室联系在一起。听说，那张黑亮照人的大画案至今还放在昭觉寺后来重修的普同塔院内，但我在2018年夏天去寻访的时候，普同塔院内并没有什么画案。

像乡音留在故乡

1945年9月15日正午，国民政府第四方面军司令官王耀武在长沙岳麓山岳麓书院接受日本第二十军司令官板西一良之投降。在收音机里得知这一消息后，张大千欣喜若狂，在昭觉寺的画室大摆宴席，与家人、弟子举杯同庆。当天，昭觉寺向晚的余晖与蝉声里，他挥毫泼墨，画下满纸豪情的《喜浪摇荷图》，并题诗云："夫喜收京杜老狂，笑嗤胡房漫披猖。眼前不忍池头水，看洗红妆解珮裳。"以及题记："乙酉八月十日，倭寇归降，举国狂欢，祉布道兄见访昭觉寺，为写此留念。不忍池在东京，为赏荷最胜处也。爰记。"

抗战胜利，举国欢庆，定慧方丈也邀请张大千造本师释迦牟尼佛像与西方极乐世界教主阿弥陀佛各一尊，刻石成碑，立于寺中，以利世人供养朝拜。故作为佛教"清信弟子张大千"，"敬为"图画，由昭觉寺住持定慧立石，蜀中镌刻高手杜旭泉敬刻，完成了今天存于普同塔殿中的汉白玉造像两品。

然而，时光匆匆，从敦煌回来，整理临摹的敦煌壁画一直是张大千的首要工作。"父亲要建初常来昭觉寺帮忙整理壁画，也把一些事情交给他去办。父亲的心愿是把这批壁画整理完成之后捐赠给四川大学，当时的川大校长黄季陆跟父亲是好朋友。从1946年到1949年，父亲频繁地举办画展，出门的时间也更多了，整理壁画的事情时续时停，最终也没有完成。"张心瑞在《珍藏的记忆》一文里写道。

敦煌之行，给张大千以学习的机会，但也让其陷入破坏千佛洞壁画的争议。在《张大千临摹敦煌壁画展览目次》中，张大千曾叙及此事："莫高窟重遭兵火，宋壁残缺，甬道两旁壁画几不可辨认。剥落处，见内层隐约尚有画，因破败壁，遂复旧观，画虽已残损，而敷彩行笔，精英未失，因知为盛唐名手也。东壁左，宋画残缺处，内层有唐咸通七载题字，尤是第二层壁画，兼可知自唐咸通至宋，已两次重修矣。"1948年，由于敦煌参议员郭永禄发难指责其破坏，十名参议员联名附议要求"严办"。直到次年，甘肃省一届七次参议会做出"张大千在千佛洞无毁壁画事"的结论，但未公之于世，张大千至死也不知道这个公案。

1949年10月，张大千赴台举办首次个人展。次月下旬回到成都。同年12月6日，携徐雯波乘军用飞机离开成都。

那一年的秋天，大女儿张心瑞记得，父亲跟她说，他要去印度办画展，给家里准备了三个月的粮油，还叮嘱她："放在昭觉寺的壁画和留在金牛坝的古字画，以及父亲自己的字画、粉本、文房用品等，一定要照看好。当时，父亲完全没有想到他这次出门就再不会回来了，更没有考虑要把这些字画物品留给家里任何人。我们早已习惯父亲时常出远门，所以也没有觉得特别的依依不舍。"

成都解放后，门人先后各自散去。不久，定慧方丈托人带信给

华
城
记

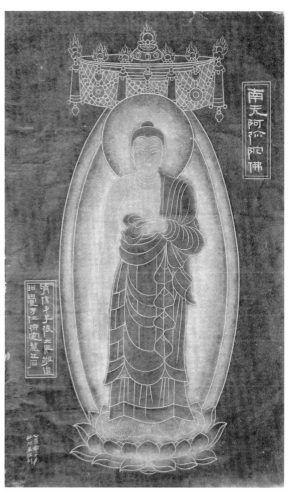

左：1945年11月，张大千造本师释迦牟尼佛像与阿弥陀佛各一尊，刻石成碑。正面为释迦牟尼佛坐于莲台之上。背面为阿弥陀佛站于莲台之上。此为拓本

右：背面为阿弥陀佛站于莲台之上。此为拓本

肖建初、张心瑞夫妇，说大千先生存放在昭觉寺的临摹敦煌壁画恐怕不安全，要他们赶紧想办法搬走。1950年初夏，张心瑞和肖建初晾晒这批临摹壁画时，发现有些画已经有受潮的迹象，遂感事关重大，肖建初当即就去见了张大千的好友、时任川西博物馆馆长的谢无量，向他请教商量。

谢无量认为论保存条件，这批难得的画还是放在博物馆比较好，但是私人物品又怎能寄存在公家的博物馆呢？他们有点犯难。后来还是谢无量提出可以用为张大千办画展的名义，从家属手中把这批画借调给博物馆，这样就有个合理的说法了。事情商定后，肖建初和博物馆人员一起把这批画搬到了川西博物馆（今四川博物院）存放妥当。1962年，由文化部批示，这批敦煌壁画由全体家属共同捐赠给了四川博物馆（今四川博物院），有关部门向在国内的全体家属颁发了奖金。1963年，张心瑞在巴西探望父亲时，向张大千谈及此事，张大千说，"这也很好嘛。"

据说，山水画家冯若飞曾以"富可敌国，贫无立锥"八个字赠张大千，而张大千观后又加八个字以自嘲："一身是债，满架皆宝。"张大千有几幅最心爱的收藏，对其来说是"富可敌国，贫无立锥""南北东西长相随难分离"，但1952年，即将远行巴西的张大千，在香港通过挚友徐森玉的儿子徐伯郊，与时任国家文物局局长郑振铎联系，经过周恩来总理特批，最后以低价把部分国宝半卖半送地留在了祖国，其中有两幅五代的作品后来都成故宫博物院的镇馆之宝，它们就是顾闳中的《韩熙载夜宴图》、董源的《潇湘图》。

1952年8月25日，郑振铎致信徐伯郊说："回港后，请和张大千多联系，凡在美国的名画，还有在日本的，最好通过他的关系能够弄回来。这是一件大事，盼他能够努力一下也。《晋文公复国图》及卢芹斋之所藏，均盼能够回国来。此事甚为重要，且须机密。"由此可

《仿石溪笔意》青绿山水，
1947 年，张大千作于昭觉
寺。其款识："子云气未
古，近知臣甫语惊人。凭
谁与说佳山水，逻墨苍茫
乱笔真。丁亥十月既望，
借居成都城北昭觉寺，偶
与诸门人论白秃画法，拈
此示之。大千居士爰。"

见，当时张大千在新中国建立伊始，对于文化部文物局"香港秘密收购文物小组"的秘密收购抢救文物工作是起到了积极作用的。

傍晚时分，跟随一群吃了昭觉禅茶散场的青龙场人，我步出昭觉寺，悄然走出了张大千与昭觉画室的故事。立秋后的青龙场的街道上，满街霓虹与沉醉。而七十年前的某个傍晚，大千先生在昭觉寺是否会一边作画一边听见周边庙产里农人的打谷声声，还有子规，在哪一树浓荫里喊着不如归去不如归去……

孙震
祠堂里创立名校

　　孙氏宗祠，又称孙家祠，位于成都府华阳县保和场何家湾浙江会地，即今成华区保和街道东升社区九组。孙家祠系中华民国国民革命军上将孙震（字德操）在华阳县保和场修建的孙氏祠堂支祠。孙家祠始建于民国十五年（1926），孙震因祭祀其父孙芷卿而建。民国十七年（1928）春，孙氏宗祠落成，"贺者云集"。

　　1929年夏，孙震利用家祠，与热心教育的同仁成立树德教育董事会创办了私立树德第一义务小学，招收贫困家庭子女入学，免除学费、书本费，并为入学学生的家庭提供生活补贴，其义务教育惠及华阳东山一带贫困孩童，成为树德教育的发源地。继而，在城东多宝寺、城西宁夏街、城北簸箕街先后创办了树德二小、三小、四小。树德教育秉持"树德树人"之理念，历时十年，几经发展，建成从树德小学到树德中学完整的教育体系，名贯大江南北。20世纪40年代，树德中学跻身于民国私立中学六大名校之列，被誉为"北有南开，西有树德"，在中国西部"抗战大后方"创造了一个教育奇迹。

　　现今孙家祠堂正堂、后院、古井、古树等部分建筑和遗迹尚存。1998年，孙家祠被列为"区级文物保护单位"。

孙家祠堂

摄影：甘霖

保和场有座孙家祠

　　2017 年 6 月，在亲友聚会上，陈开春给我津津有味地摆起保和场（又叫赖家店，今成华区保和街道）过去的"老龙门阵"，这些"老龙门阵"深深地吸引了我。陈开春出生在保和，家住保和场下街，将近二十年都生活在保和场。他约我去孙家祠，看看当年读书的母校，这正合我意。

　　到了孙家祠，里面正在进行封闭式维修。门楼里面是一个小坝子，正在修建一座仿古戏楼，旁边立有成华区文物保护单位的石碑。往里走还有一道内门，一条幽巷串联起几个庭院，沿曲径走到尽处，是一个四合院，这就是名声在外的孙家祠。

离开孙家祠许多年了，陈开春依然印象深刻："面目全非了，门的朝向也变了，只有祖堂还保留了点原样。"1965年，他在这里读小学，那时叫孙家祠小学。后又更名为保和小学、东升小学。民国十八年（1929），孙震创办的树德义务小学就在这里。

孙家祠建筑为明清风格，是一座由青砖、石料、粉墙、小青瓦、楠木雕花门窗构建的四合院，古朴典雅。孙家祠由正堂、厢房、廊庑等组成，有大小房屋二十余间，祖堂内供奉着孙震之父孙芷卿和祖父的神位。后院占地九亩，有古井两口，古香樟一株。祠堂大门是公馆式高大青砖门楼，门楣嵌有"孙氏宗祠"四个大字。两侧嵌有楹联，上联："马鬣喜崇封万鞏松楸春露秋霜增孝感"；下联："蚕丛新启宇一龛香火晨钟暮鼓壮先灵"。

据说，孙家祠建筑是参照清代绵竹南轩祠所建的。孙震幼年时，父亲孙芷卿在绵竹县衙做刑幕，常带他到南轩祠游玩。南轩祠是供奉南宋著名教育家张栻的家祠，受其影响，孙震从小就对享有"东南三贤"之称的张栻怀有深深的敬意。

祖堂院中那棵黄葛树，就像当年一样，茂密的枝叶如同一把大伞遮蔽了强烈的阳光，树荫下清风入怀，凉爽宜人。祖堂曾是小学校长和教师办公的地方，全是木质地板和木质天花板。院子很大，后来经过改建，从中间隔出了一排房子，就成了前后两个院子。院坝全是青砖铺地，出祠堂大门就是一个大操坝，坝子里有单、双杠，学生上体育课就在这里。坝子外是一条红砂石板铺的路，两侧是苍翠的柏树，形成一道绿荫长廊。一千米外是孙震的兵营，后来作为树德一小高小部。

我随陈开春转到孙家祠后花园，那棵香樟树还在，凉亭和水池占了后院一半的面积。"亭子和水池是后来修的，"陈开春向我描述着那时的情景，"后花园占地约二十亩，60年代修成昆铁路花园被截去了大部分，只剩下一亩地大小。过去，后花园有砖铺的花径，园中种有紫荆树、桂花树、银杏树、黄葛树，附近还有一口堰塘，叫'母猪堰'，这些都没了。"

让人称奇的是香樟树旁边那两口并排的"双眼井"，这是老古井。从祖堂侧的小门巷出来，街沿下曾铺有三级红砂石台阶、石板小道和方形井圈。看似"双眼井"，实则两口井是相互独立的，井壁布满绿茸茸的苔藓，井水还清澈见底。水井勾起了陈开春学童时代的幸福回忆："这两口井的水冬暖夏凉，每到夏天，下课或放学，我们就要扯井里的水来喝，又凉快又回甜……"

孙震为何选择在保和场的地盘上修建孙家祠呢？说来话长。民国时期，保和场属成都市华阳县第一区所辖。保和乡东升村自清朝以来就有一大片地被浙江来川的孙氏族人圈下，作为客居华阳浙江人的义地（公墓），又称"浙江会地"。守墓人姓卢，因脸上长有雀斑，村里的人就叫他"卢麻子"，浙江会地也叫作"卢麻子棺山"。

孙震祖籍浙江绍兴府杨家坽（今绍兴市柯桥区齐贤镇），"五世祖方川公习刑名之学，自浙就幕四川，落籍成都"。浙江孙氏祖上自游幕来川，在成都、嘉定、叙府等地都有后代。嘉定的分派族人在嘉定府建有祠堂，供奉和祭祀来川亡故的族人。孙震幼年时曾随父亲孙卿芷参拜过嘉定的孙氏祠堂。父亲对孙震说："将来有能力胜任时，要在成都建一个支祠，要把家谱也重修一修，使族人不忘祖宗。"父亲告谕的这两件事，幼小的孙震一直谨记在心。

民国十七年（1928），孙震已身任国民革命军第二十九军副军长兼第五师师长。这年春，孙震为父亲孙芷卿在保和场何家湾"浙江会地"旁边修建了一座祭祀亡父孙芷卿的孙氏支祠，人称"孙家祠"。祠堂建成后，孙震亲自撰文，记述自己的身世以及对父母的思念之情和养育之恩，写下了《芷卿公支祠纪》碑文，勒石以记述。

孙家祠堂牛腿、挂落、撑拱等建筑构件雕刻精妙

摄影：甘霖

何家湾的朗朗书声

保和场下场口过成洛路往南有一条小径通往何家湾，这里的地形如一轮弯月，弯弓似的黄土高埂怀抱着一片略微平坦的小块黄土坝子，这湾就叫何家湾。这条乡间小径入口是一片柏树林，沿路是一片枝繁叶茂的桂花林，每到农历八月十五，桂影扶疏，幽幽的香味扑鼻而来。小径的尽头，是一片高大的楠木林，栖在树上的鸟儿，每至晨昏，总是一片叽叽啾啾的清脆鸣叫。在寂静的何家湾，鸟儿是最快乐的。

与鸟儿一样快乐的是一群背着布袋书包上学的穷孩子，他们虽然衣衫褴褛，打着光脚，面有饥色，却像鸟儿一样欢乐地扑腾在上学的乡间小道上。这些家住保和场乡下的穷孩子，压根儿就没有想到他们会有上学读书的一天。平日，他们不是背着背篼割猪草，就是在地里做农活，给家里放羊。女孩子呢，就在家里学做针线刺绣、缝补浆洗、搓麻纺线一类的事。读书识字，那是有钱人家的事，穷人家的孩子哪有钱读书。

"孙师长在孙家祠办起了学校，穷人家的娃娃上学读书不收学费……"这个消息不胫而走，迅速传遍了保和场街上的居民和乡下客家人院落。客家人有句俗话："养子不读书，不如养大猪。""不读诗书，有眼无珠。"客家人历来有"耕读传家"的传统，重视对孩子的文化教育。但是，供得起娃娃读书的家庭"望子成龙"不说了，供不起娃娃读书的穷家小户常常要为学费犯难"扯指拇"。那是，在东山一带的乡村，因为穷而上不起学的娃娃很多，乃至不少青壮年都是"扁担倒下去，认字认棒槌"的文盲。

孙震办学后，这些娃娃们安安静静地坐在教室里，在老师的带领下，开始识字读书了。

左：私立树德一小毕业证书

翻拍：冯荣光

右：1937年树德一小高小三班毕业照

　　"好光阴，好光阴！一寸光阴一寸金。光阴一去不复返，不要空过好光阴。"

　　"秋天早上好：墙脚边，树枝梢，虫声唧唧鸟儿闹……"

　　一双双忽闪忽闪的眼睛看着黑板，看着老师，在他们眼中一切都很新奇。他们惊异地看到了黑板上老师书写的汉字，竟能组合变化为悦耳动听的歌谣，朗朗上口，易记易背。童稚的声音抑扬顿挫，欢快的读书声在何家湾上空回荡。

　　孙震为什么要在远离城区、穷乡僻壤的保和场何家湾办学呢？

　　光绪二十九年（1903），孙震父亲孙芷卿病逝。光绪三十一年（1905）孙震的胞姐庆姑病逝，他们都葬在何家湾浙江会地。孙震成年后，清明节随母亲到何家湾祭祀已故的父亲和胞姐庆姑。母亲看到保和场这一带穷人家的孩子没钱读书上学，从小放羊、放牛、割猪草、做农活，触动了她的心事，想起孙震小时候，家住成都北门火神庙，全靠她每天熬更守夜、糊火柴盒补贴家庭生活开支。因为贫困，无力供孙震上学读书，她常常为此感到遗憾。

孙震原就读于免收学费的成都县立中学堂（现成都七中），后学校开始收学杂费，对这个贫困家庭无疑晴天霹雳，孙震不得不弃学，去报考免收学费的官办四川陆军小学为母亲解忧。孙震在陆军小学毕业，先后就读于陕西陆军中学和保定陆军军官学校，学识大长。母亲看到尽孝父母、懂事明理的孙震已长大成人，内心十分高兴。所以在何家湾上坟时，常常对孙震说："只要将来你有出息时，多为像我这样贫穷的母亲想想，帮助她们的儿子能上学读书。"

民国三年（1914）孙震母亲病逝，临终前对孙震说：

> 望汝力求上进，勿负余十余年苦节抚汝之心，余虽不及见汝腾达，但能勉为端士，努力事功，余亦含笑九泉矣。（孙震《申太君行述》）

从此，孙震牢牢记住了母亲的遗愿："每忆吾母期望之殷，深憾贫寒未竟所学……凡可为勤苦学子谋者，靡不殚竭心力以赴。"当年，他弃学成都县中时也曾发下誓愿："自己将来有了成就，必当设置义学，以嘉惠清寒学生。"

民国十七年（1928），孙震在何家湾修建了孙家祠堂。成都、华阳两县新式教育的发展催生了孙震立志办教育的理想，他觉得现在有能力有条件在这里办学了。

民国十八年（1929），为了实现母亲的遗愿和自己的理想，孙震"约集热心教育之各同志"成立树德义务教育董事会，捐资"共同创办树德学校"。

兴办的第一所树德义务小学就在孙家祠。学校的名字，孙震采自父亲孙芷卿当年在绵竹县衙的堂名"树德堂"，取名"树德义务小学"。"树德"，源自《尚书·泰誓》"树德务滋"之义。树德义务小学开宗明义就是"树德树人"，面向华阳县保和场一带穷人的孩子，实行免收学杂费、免费送课本、发给学生制服的招生办法，鼓励穷孩子上学读书。每年冬天，学生还可以申请发给棉被、棉衣。

尽管这样，树德义务小学创办之初仍然只有少数几个穷困家庭的孩子来读书。孙震很纳闷，就到学校附近农户家里访问，才了解到农民家的孩子从小都要忙农活做家务事，没有空来念书啊。孙震心情沉重，做出决定：凡是送小孩子来读书的家庭每月给予两个银圆的生活补贴。

给贫困孩子家庭发生活补贴，鼓励孩子们上学读书，这可是破天荒的大善举，那会给渴望上学的贫困家庭孩子带来多大的希望啊！保和场贫困人家便纷纷将自己的孩子送到孙家祠来读书。

"一小初立，实加惠于东山一带至大。此一大片地，当时并无学校……父亲一生致力于办学，树德一小是他最用心的一所学校，也是他创办教育的开始。"2010年，孙震之子、台北建国中学退休教师孙静山在给堂妹孙琪华的家书中如是说。

孙震为了办好树德义务小学，聘请了热心教育的王述君担任校长。学校自开办以来，重视教育质量，管理严格，教师认真负责，大部分学生学习努力，取得优良成绩，学校为此受到华阳县政府的表扬。

原保和乡乡长李长松听父亲经常讲到在孙家祠读书的往事："我们家的房子就在孙家祠斜对面，父亲就是免费进的学校，孙德操给学生发白大褂。到了春节，孙德操还在操场上摆流水席，这一摆就是一个星期，凡是树德一小的学生都可以免费吃一周。"

八十年过去了，一位当年的树德一小老校友写下了一首诗，倾注了深厚的感恩怀念之情：

上：成都树德小学的校史墙

摄影：甘霖

下：成都树德中学校门

摄影：甘霖

二九年，保和场。四月四，树德堂。将军孙德操，家祠办学庠。怜己求学苦，倾囊为家乡。树德第一小，自此始滥觞。续办二三四，再办中学堂。忠勇勤为训，立德重学养。师高弟子强，盛名播远方。白发学童今尚在，闲坐犹念孙师长。

北有南开
西有树德

孙家祠树德义务小学取得成功后，在社会上产生了影响，慕名而来孙家祠读书的学生也越来越多。孙震向原成都县中的同班同学、树德义务教育董事会董事吴照华咨询下一步的打算，吴照华主张应该继续再办几所小学，帮助更多的贫家孩子接受教育。吴照华的想法与孙震一拍即合，两人共同策划布局，议定了下一步办学的地点和聘任校长人选等重大事项。同时为了适应当时华阳县政府新式教育体制的要求，也为了树德教育的进一步发展，经校董事会研究决定将孙家祠"树德义务小学"更名为"私立树德第一小学"。

1930 年，树德义务教育董事会随即在保和场多宝寺办起私立树德第二小学，聘请黄伯华为校长；在宁夏街办起私立树德第三小学，聘请刘琼华为校长；在北门簸箕街办起了私立树德第四小学，聘请曾孟柏为校长。这四所学校一切经费，都由孙震负担。

中国西部著名的树德教育，就在保和场何家湾孙家祠堂奠基，从此成为树德教育的发源地。如果说，树德教育是孙震播下的一粒优良种子，其志"峨峨兮若泰山"，那么辛勤浇灌使之成为参天大树的则是吴照华，其行"洋洋兮若江河"。孙震与吴照华可谓伯牙与钟子期，高山流水遇知音，二人强强联手，共同谋划树德中学，创造了民

孙震之子孙静山书写的"树德树人"条幅

摄影：冯荣光

国时期巴蜀教育的奇迹。

1932 年 8 月，当树德一小第一批学生即将毕业之时，为了能给贫寒子弟提供升学的机会，孙震特委托吴照华创办了树德初级中学，男生部设在宁夏街树德里，女生部在宁夏街树德巷，仍然免收学费和伙食费。1937 年秋，树德初中第三班毕业时，孙震又创办树德高中，吴照华为校长。至此，树德中学就成为初、高中齐备的完全中学了，树德教育正式形成从小学到高中的完整体系。

在抗日战争艰难时期，树德中学蒸蒸日上。为了鼓励"潜修迈进，达才成德，庶贤俊辈出"（孙震语），考虑到家境清贫的学子，树德中学又设了"申太夫人奖学金"和助学金制度，不仅对在校的中学生予以奖学金，对于已毕业上大学的贫寒家庭子弟也给予奖学金，一直供给到大学毕业。

吴照华以严治校、礼贤下士著称，树德中学名师荟萃，勤奋学习蔚然成风，教学质量有口皆碑，与成都县中（成都七中）、华阳县中、成属联中（石室中学）并称，成为民国时期成都中学四大名校之一。1940 年全国实行高校统一招生，树德中学第一个毕业班就有 90% 以上的学生考上了大学，此后每年都保持着这样的升学率，与国内天津南开中学、长沙周南中学等私立学校比肩而立，进入全国私立中学名校之列。1944年，民国最具影响力的报纸《大公报》称"成都树德中学是全国六所办得最好的私立中学"，因而，在社会上享有"北有南开，西有树德"的美誉。

如今的成都树德中学，是四川省首批省级重点中学、首批国家级示范性高中，仍保持着树德近百年的光荣。孙氏后人今天依然在成华区这片诞生了"树德"的地方，在成都树德小学教书育人，继续为成华、为成都的教育事业贡献力量。

四川大学中文系1948年毕业生、老学者何韫若先生在所著《锦城旧事竹枝词》中盛赞"树德"之精神：

太上勒名德务滋，
立身树人贵修持。
叶茂根深多硕果，
名播西州秀一枝。

张培爵
十七块银元办新学

　　成都市成华区双园巷位于新华大道双林路与双林北支路之间，长约三百米，整个小巷两侧种满了樱花树。每当樱花盛开的季节，整条巷子灿若一片粉红色云霞。"嫣然欲笑媚东墙，绰约终疑胜海棠"，那是双园巷撩人心境的一道风景。成都列五中学（高中部）就坐落在这条美丽、整洁、幽静、雅致的小巷，雄伟高大的教学楼外墙赭红与灰色相交，洋溢着浪漫书香的民国建筑情调。

　　列五中学是我的母校，1965年秋我进校时叫"成都五中"。几十年过去了，当我从马镇街列五中学（现初中部）来到双园巷列五中学（现高中部），这段路距离不算长，却仿佛在穿越历史时光。马镇街列五中学（初中部）和双园巷列五中学（高中部）分别塑有张培爵的塑像，供校友和后辈学子瞻仰。"吃水不忘打井人"，至今犹忆张培爵。1904年，张培爵与叙州十七名同乡学子共襄义举，以十七块银元创办叙属联中始，在辛亥革命的反清风云中，在抗日战争的艰苦岁月里……从叙属联中到列五中学，九易校名、八迁校址，办学多艰而校训"公勇诚朴"得以传承百年之久，方有如今之百年名校。何韫若《锦城旧事竹枝词·叙属联立中学》赞曰："英雄崛起荣隆间，蓄势待机托校园。如磐风雨结黄谢，临难挺身奋铁肩。"

晚清新政
推动新式学堂兴学热潮

1901 年，一个新世纪的开端。

这年是大清光绪皇帝坐上龙庭的第二十七个年头。世纪伊始，一个统治中国二百多年老迈龙钟的王朝，一个内忧外患、危机四伏、丧权辱国的王朝，为了缓和内外交织的社会矛盾，颁布了一个新政，给死水微澜的中华大地带来了一股改革的清风。其中教育新政引人注目，这是自上而下的教育体制的重大变革，史称"晚清新政"。

同年秋，大清新政诏布天下，其中主要集中在教育改革方面，有三大内容：一是废除八股文和科举制度，终结了自隋以来实行了一千三百多年的科举制度。二是兴办新式学堂，引进西方教育模式；三是奖励归国留学生，掀起国外留学的高潮。世纪伊始，这无疑是惊天动地的大事件。一股启迪民智、兴学育才的浪潮在全国激起巨大波澜，并迅速波及巴山蜀水，促进了以成都为中心的四川早期教育改革和持续十年之久的留学生运动，影响深远。

早在五年前，光绪二十二年（1896），四川中西学堂就率先创办，这是川督鹿传霖上奏清廷批准创办的，也是成都地区最早创办的官办新式高等学堂，引领了深处内地的巴蜀教育改革之风尚，取得的社会效益也极其显著。

教育新政颁布后，光绪二十八年（1902）春，川督奎俊按照京师大学堂的办学规制，将著名的锦江书院、尊经书院与四川中西学堂合并，在成都文庙西街石牛寺侧创办了四川通省大学堂，任命翰林院编

左：马镇街列五中学校内张培爵塑像

摄影：冯荣光

右：成都名校之一列五中学源于1904年创建的
叙府公立中学堂，在成华已经开枝散叶，形成
了囊括多所学校或分校的列五系

摄影：甘霖

修胡峻为四川通省大学堂总理（校长）。年底，川督岑春煊将四川通
省大学堂更名为"四川省城高等学堂"。学堂面向全省和本校附中招
生，主要是培养高级人才和中等学堂师资。针对各府、州、县开办新
式中小学堂师资的紧缺状况，四川省城高等学堂特别设立了速成班和
四年制优级师范科。

光绪三十年（1904）春，四川省城高等学堂正式开学。"四川省
城高等学堂是四川近代第一所文理分科的综合性高等学府。它的建立
是四川高等教育的起点，代表了清末四川的学术文化水平"（《成都通
史》卷六清时期）。四川省城高等学堂即今四川大学的前身，是"晚
清新政"四川新式教育的典范，从创办之始便享有"西南最高学府"
之称。

晚清教育新政改革之风吹到了远离省城地处川南的四川荣昌县，
在远离县城偏僻的荣隆场，有位家境贫寒却怀抱远大理想、意气风发

的青年，姓张名培爵，字列五，清光绪二年（1876）出生，即后来辛亥革命著名的重庆蜀军政府都督和大汉四川军政府副都督、四川民政长。民国四年（1915），因反对袁世凯复辟帝制，被袁世凯杀害而喋血京城，是著名的民国先烈。

张培爵出生于世代行医的家庭，从小好学，十四岁师从私塾教师王申甫先生并深受其影响，先生经常给他讲述岳飞、文天祥的故事，在张培爵幼小的心灵上留下深刻印象。当这股新政改革之风吹拂到荣隆场，在沉闷的川南乡下，张培爵呼吸到了这股清新的空气，感觉到了这个时代变革的风云激荡。

光绪二十五年（1899），时年二十三岁的青年张培爵在隆昌参加县试科举考试，成绩优异，考中秀才，这对一个贫困家庭和农村少年来说，是天大的喜事，读书做官光宗耀祖历朝历代都如此。但张培爵却高兴不起来，受当时新思潮的影响，他决心放弃省城的科举乡试。风华正茂的青年更渴望寻求革新救国图强之路，这是他的理想。他得知成都开办了新式学堂四川省城高等学堂，并且在全省开始招生的消息，便对父亲张照清说："我是汉人，决不作清朝的官，我要去学新学。"他说服父亲同意他上成都报考新式学堂。

光绪二十九年（1903），二十七岁的张培爵考入四川省城高等学堂，就读于四年制高等理科优级师范科，是四川省城高等学堂招收的第一批入学的学子。与张培爵一起入学的有来自川南富顺自流井的李宗吾，李宗吾即后来以《厚黑学》惊世、被誉为"影响中国20世纪的二十位奇才怪杰"之一。还有来自叙府各县中榜的考生陈全性、王简恒、雷昭仁等十余名优秀学子，都成为张培爵的同窗好友。

风华学子
创办叙属公立中学堂

光绪三十年（1904），晚清新政在成都地区落地开花，除四川省城高等学堂及分设中学堂外，一批各类新式学堂如雨后春笋般应运而生。如四川铁路学堂、四川武备学堂、军医学堂、淑行女子学堂、成都东文学堂、私立法政学堂、成都府中学堂等。这一年，成都创办的各类新式学堂达二十余所，全省达一百五十余所。

光绪二十九年（1903）底，二十多名从叙府各县来的学子风尘仆仆到成都府中学堂来报考，然而，却碰了一鼻子灰。川省学务处对新式学堂有所规定，成都府办的中学主要招收成都本地考生，不招收外府县赴省城的考生。这一"硬杠子"就将所有外府县赴省城的考生拒之门外，没有资格在成都府办的中学堂读书。这二十来个学子困于旅店，进退维谷，找到在省城高等学堂读书的同乡寻求解决读书的办法。

当时，川省有能力的府县都要将中学堂办在成都府，以便解决赴省城子弟读书难的问题。但是，川省各府必须用同乡会、试馆等名义申请办学，才能在川省学务处获批备案，各府县办的这类新式学堂统称为驻省中学堂。

就读于四川省城高等学堂的叙府富顺学子王检恒，时年二十七岁，曾就于富顺自流井炳文书院，在同乡同学中享有"大办事家"的美誉。他立即找到来自宜宾、南溪、隆昌、富顺、兴文的同学李宗吾、陈全性、钟永光、陈大鸿、濮志和、赵增贤、胡文英、张培爵、谢廷勋、钟书、蔡克庸、何正元、杨澍、王奎光、雷昭仁、雷民心一起谋划解决方案，同乡学子一致认为，必须创办一所学堂，才能解决滞留省城叙属各县学子读书难的问题。按照川省学务处规定，须先成立同乡会，才能获取资格申办驻省中学堂。于是，他们又约了成都东文学堂的邓奠坤、张智民、杨芷沅，军医学堂的王克成、武备学堂的曾鹏程等，共同创办了"叙属各县旅省同乡会"，首推陈全性为会长。

发起建校的陈全性、张列五、李宗吾等十七人，每人捐资一个银元，共集得办学款十七个银元。1904 年 11 月，这十七名学生以"叙属各县旅省同乡会"的名义向川省学政处报请备案，正式创办学堂，取名为"叙属公立中学堂"，主要招收叙府所辖宜宾、南溪、富顺、隆昌、屏山、雷波、马边、高县、珙县、兴文、庆符、长宁、筠连十三县来蓉读书的学子。最初办学地点在成都陕西街节孝祠茶馆，解决了那二十余个滞留成都的叙府学子读书的急难问题。叙属公立中学堂即今四川省首批重点中学、四川省一级示范性普通高中成都列五中学的前身，这就是尔后被人们称为"十七块银元创办了一所名校"的肇始。

这十七名学生的义举，也感动了省城高等学校校长胡峻。他非常开明，为这十七名学生大开"绿灯"，支持他们办义学，并特事特办，为了解决师资问题，准许他们十七人可以外出轮流担任授课教师，让十七名学子深受感动。

在陕西街节孝祠堂茶馆，这十七名学生一面在校努力学习，一面轮流在外授课，做到了学业、事业两不误。一学期后，师生、家长都感到满意，也认可了这所学堂。经过这番实践，逐步打下了办学的基础，也产生了一定的社会影响。

叙属公立中学堂成立了，叙属各县要求来蓉读书的学生多了起来，显然，陕西街节孝祠茶馆是不能再上课的了，必须另找地方。于是，他们将校址选在城西通惠门城外的北巷子公馆，租用了两间房作为教室。热心教育事业的隆昌举人郭书池慷慨地捐出两百个银元支持办学，用作教室的租金。

1905 年 1 月，叙属公立中学堂从陕西街搬到了城西幽寂清静的北巷子，郎朗书声给这条小巷带来了一丝生气。省城高等学堂校长胡峻给新创办的叙属公立中学堂不少支持，教学仪器、标本、教具都由省城高等学堂无偿借用，另外，省城高等学堂分设中学堂（现石室中学）也提供了不少帮助。

学堂创办初期是没有任何经费的，名曰"公立"，实则全靠自力更生。十七名发起学子人人都尽义务，外聘教员也只领半薪。聘原富顺炳文书院学友廖绪初为学监，也是尽义务管理学堂，既无薪水，连伙食都完全自理。为了解决经费不足的问题，廖绪初、濮志和、雷昭仁等还多次典当或变卖自己的私人物品，换来的钱用于学堂日常开支，维持了学校的正常运行。

光绪三十一年（1905）暑假，陈全性、张培爵等隆昌同学回县筹得办学款白银三百两，富顺的同学筹得办学款白银三百两。8 月，叙属公立中学堂从北巷子迁往城中心的大坝巷。这时，"叙属各县旅省同乡会"会长陈全性因病去世，于是，同人们公推张培爵为会长，主

华城记

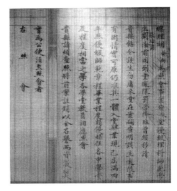

左：四川军政府副都督张培爵像，摘自民国二十八
年（1939）成都球新印刷厂铅印《张列五先生手札》
中：张培爵坐像
来源：川大校史馆
右：张培爵肄业照会
来源：川大校史馆

持学堂的全面工作。仍聘廖绪初为学监，掌管教务、文牍、会计、庶
务等，但只管伙食不发薪水。在十七位同人的艰苦努力下，学堂逐渐
规范，社会声誉日高。

叙属公立中学堂办得有声有色，在叙府人中很有口碑，也引起
了叙州知府文焕的关注。他到省城公干之时，又特地到叙属公立中学
堂视察办学情况。文焕是雷昭仁的老师，雷昭仁向文焕陈述了学堂面
临的困难，因为只有私人临时捐助，缺乏固定教育经费，希望老师在
资金方面给予援助。文焕当即承诺由各县拨付办学款，并议定从各县
劝学积谷中每年拨给经费白银三千两，作为学堂常年经费，但这笔办
学款必须由学堂负责到各县催收。所以，每到年终期末，会长张培爵
和学监廖绪初就要结伴而行，前往川南叙属各县催收经费。为凑集办
学资金跋山涉水，风餐露宿。在办学中，他俩心心相印，相互砥砺，

彼此也成了莫逆之交。李宗吾称赞道："叙校之成，二人之力量最多。"

光绪三十二年（1906），郭书池来到成都。郭书池，名祖楷，是隆昌县云顶寨郭孟四第十九世孙，郭氏家族以"耕读传家"，是川南著名的世族、巨富。郭书池毕生从事文化教育事业，在家乡隆昌也独资办了一所"知耻中学堂"，开隆昌办学之先声。郭书池到省城来发展文化事业，看到叙属公立中学堂发展态势很好，颇感欣慰。他决定把自已在家乡隆昌兴办的知耻中学与成都叙属公立中学堂合并，进一步扩大办学规模，创造更好的办学条件。郭书池看中了成都城区东北角马镇街原马政司官衙旧址，这里曾是宋代茶马交易管理马政的办公地点。宋、明时称马务街，又叫马政街。这条街环境清幽，朴实宁静，旧址面积较大，非常适合办学，于是，他捐资三千块银元买下了马镇街马政司官衙旧址十四亩土地和房屋，作为叙属公立中学堂新校

左：四川高等学堂的网球场和外国教员

摄影：[美]**路德·那爱德**　供图：王玉龙、海波

中：1912 年冬天，四川高等学堂自习的学生

摄影：[美]**路德·那爱德**　供图：王玉龙、海波

右：1911 年 11 月 27 日，大汉四川军政府成立，宣布四川独立。老百姓在成都"老皇城"高举"汉"字旗欢庆新政

摄影：[美]**路德·那爱德**　供图：王玉龙、海波

址。大部分房屋用于学堂教室、教师办公、图书室等，临街一排房屋拿来出租，租金用于补贴学堂常年费用开支。

光绪三十三年（1907），叙属公立中学堂从南门外清昭通侯杨遇春别墅迁到了马镇街，这是学堂创办以来第五次搬迁。学堂迁到马镇街后，从此校址稳定，距今 113 年不变。

光绪三十四年（1908），张培爵从省城高等学堂优级师范科肄业后，就在马镇街叙属公立中学堂任学监（校长）。从创办学堂到 1911 年被迫离开成都前往重庆，张培爵在叙属公立中学堂经历了整整七个春秋，把学堂办出了很大的影响，奠定了名校的基础。

1965 年，成都五中（现列五中学）校园仍保持着当年的格局。那时，在毕业报考之前，就听闻社会上有"四、七、九、五"之说，即成都五中排名在成都名校第四位，加上五中的篮球水平，还出了围棋名将黄德勋，更是名声在外，对考生很有诱惑力。

投身革命
叙中成为反清策源地

20 世纪初，反清浪潮风起云涌。在新式学堂里，民主革命的思潮在年轻学子中迅速传播。张培爵还在省城高等学堂读书期间，就与叙属同乡富顺同龄人谢持结识，受到民主革命思想的影响。光绪三十年（1904），张培爵干了两件轰动一时的事件。一件是借回乡为母亲守孝时，在荣隆场老家发起组织了"女子放脚会"，并让堂妹张培卓、女儿张钟兰做表率，带头放脚。荣隆场很多女孩纷纷效法，在荣昌、隆昌两县影响很大。另一件是在省城高等学堂发起组织"剪辫队"。清顺治二年（1645），清廷下达"剃发令"，强令汉人归顺，口号是

"留头不留发，留发不留头"。剪掉男人头上那条长长的辫子，无疑与妇女放脚一样，都是晚清石破天惊的叛逆之举。张培爵率先剪掉自己头上的辫子，以示与满清王朝彻底决裂和他追求革命的决心，于是同窗学子纷纷效法。

光绪三十二年（1906），谢持受孙中山派遣回川秘密开展反清和发展同盟会会员的活动，谢持介绍张培爵加入了同盟会。张培爵利用他的双重身份，一方面在省城高等学堂同乡同学中发展同盟会会员，为革命积蓄力量；一方面利用叙属公立中学堂，将其建立为可靠的反清革命据点。辛亥革命风云人物筇连曾省斋、隆昌黄复生、荣县谢奉琦、泸县佘英、井研熊克武等，也常到叙属公立中学堂给师生上课、做报告，宣传孙中山先生民主革命思想。

经过张培爵等同盟会员多年不懈的努力，叙属公立中学堂近百名高年级学生参加了同盟会。辛亥革命前夕，马镇街叙属公立中学堂已经成为成都同盟会的重要领导机关，因而被革命党人称为"成都同盟会之机关""党人集中及交通会聚之所"。

张培爵在学堂多次与同盟会骨干策划反清武装起义，后来，叙属公立中学堂被清廷密探盯上了，同盟会机关被暴露，张培爵自身的安全也受到严重威胁。1911 年，张培爵离开成都，前往重庆府中学堂任学监，在重庆继续从事反清革命活动……

影像

那爱德拍下的青龙场，留下了『成华人』最早的众生影像，青龙场原住民的祖辈就这样被定格在一张张玻璃底片里，栩栩如生，透过画面，仿佛都能听见他们的客家口音。

英国植物学家、『植物猎人』威尔逊曾来到昭觉寺，驻足在一条林荫道中；美国摄影师甘博从北门入城，留下了熙来攘往的市场以及忙碌的百姓影像；日本人岛崎役治镜头下的驷马桥，是一座颇为精致的砖石小桥……

外国人镜头下的百年成华，既车水马龙、摩肩接踵，又茂林修竹、古意盎然。

外国人镜头下的
百年成华

位于成都东北郊的成华，是成都东部、北部出入的门户，可谓成都北门古蜀道的起点或金牛道的终点，也是今天川陕路的起点，向东则有牛龙路（今成华大道）接通往川南、川东的古"东大路"，一东一北，辐射到四面八方的是一个锦官城的锦绣梦想。那么，自摄影术发明的一百八十年来，这片区域是否有外国人闯入呢？他们的镜头下，昔日的成华存照，又有着怎样的风采与芳华？

1908 年，
昭觉寺·川陕路·古三洞桥·土地神龛

威尔逊（Ernest Henry Wilson，1876—1930），英国植物学家、有"植物猎人"之称。1899—1911 年，威尔逊先后受英国维奇花木公司和美国阿诺德植物园的派遣，四次来到中国西部考察，三次来到了四川，并将数万份植物标本和一千多种植物种子带回了西方培育。其收集的植物中，最著名的要数被称为"鸽子树"或"手帕树"的珙桐、"高傲的玛格里特"黄花杓兰、"花中皇后"月季、"华丽美人"绿绒蒿、"帝王百合"岷江百合，以及后来成为新西兰重要栽培水果的"中国鹅莓"猕猴桃等。威尔逊赞叹道："在整个北半球的温带地区，任何地方，没有哪个园林不栽培数种源于中国的植物。"

在寻找成华区百年存照的时候，我惊喜地发现了一张似曾相识的照片。这是 1913 年，威尔逊出版的《一个博物学家在华西》一书的第二卷，刊登着一张今成华区昭觉寺内八角亭前林荫道的照片，其图注写道："A Cypress Avenue（Cupressus funebris），Chao—chueh Temple near the City of Chengtu"。译成中文是："成都昭觉寺内，一条柏树相拥的林荫道。"这张照片摄于 1908 年 6 月 11 日的早晨。然而，我发现还有一张摄于川陕路边昭觉寺的照片，可谓成华迄今发现的最早的老照片，这张照片当拍于几天前的 1908 年 6 月 4 日。

此次川西之行，威尔逊出发之前在北郊有过短暂的逗留，然后正式从成都出发，过郫县、都江堰，前往川西康定、雅安一带考察植物，然后经邛崃回成都。1908 年 6 月 4—11 日，威尔逊在昭觉寺一带逗留，拍下了昭觉寺和沙河上的一座古桥。15 日，正式从成都出发，经郫县往川西进发。16 日到都江堰，第二天到漩口，后经三江牛头山、卧龙、巴郎山、日隆、小金、丹巴、康定、雅加埂、海螺沟、泸定、化林坪、宜东、青溪、雅安，8 月 10 日，过邛崃，经新津、双流返回成都。

6 月 4 日至 11 日这几天，在成都北门外逗留的威尔逊会不会一直住在昭觉寺呢？但寺内的大树和寺院，似乎都没有更多地引起他的兴趣。林荫道这张很好辨认，我个人也收藏了一张民国时期无名氏摄影的昭觉寺内林荫道，几乎差不多的角度。当时，威尔逊拍完这张照片，离开昭觉寺，经过驷马桥和沙河上的一座古桥，然后回城，出城

1908 年 6 月 4 日，威尔逊一行慕名来到了赫赫有名的昭觉寺。他拍下了昭觉寺的第一张照片，位于当时川陕路口的昭觉寺东林园

摄影：[英] 欧内斯特·亨利·威尔逊

1908 年 6 月 11 日，成都北郊今双水碾一带，树下供奉着土地神

摄影：[英] 欧内斯特·亨利·威尔逊

华
城
记

1908 年 6 月 11 日这天早晨，威尔逊拍下了昭觉寺内八角亭前的林荫道。这张图片收藏在其 1913 年出版的《一个博物学家在华西》的第二卷，原图的图注写道："A Cypress Avenue（Cupressus funebris），Chao-chueh Temple near the City of Chengtu"。（成都昭觉寺内，一条柏树相拥的林荫道）

摄影：[英] 欧内斯特·亨利·威尔逊

1908 年 6 月 11 日，威尔逊沿着沙河上溯，经过了一座三洞桥

摄影：[英] 欧内斯特·亨利·威尔逊

时过茶店子、郫县，往都江堰方向而去。北郊，或者说北门的川陕大路，也似乎成为他这次出发前的一次探索。

在拍下昭觉寺林荫道之前的 6 月 4 日，或许是从成都出城考察的威尔逊一行在这一天特意慕名来到了川陕路旁赫赫有名的昭觉寺。他拍下了昭觉寺的第一张照片，当时的川陕路似乎还是一条羊肠小道，路两旁翠竹葱茏，各有一座几乎呈对称的、供人们歇脚或做买卖的歇山顶半边亭建筑，一条清澈的小溪潺潺而过。翠竹下，一幢房子（幺店子）附近，一名戴着瓜皮草帽的村民推着"鸡公车"，其身后有一位婆婆和孙女，还有数位在货物堆里的村民，右边歇山顶半边亭建筑下，有似乎售卖东西的百姓，其后隐约还有两座错落有致的塔尖。近处，一名身着长袍布鞋的男子或者女子回头张望着什么，他（她）的视线和摄影师威尔逊的镜头一致，仿佛在凝望一片土地来时的长路。

这张照片，有着典型的川西林盘、茂林修竹的影子。2007 年，重走"威尔逊之路"的中科院成都生物研究所研究员印开蒲，终于寻找到了这张照片的确切位置。当时昭觉寺已八十八岁高龄的常济师父，看着这张照片里的场景，六十多年前就在昭觉寺出家的他一眼就认出，照片里的农家小院属于昭觉寺的庙产"东林园"，是当年种菜僧人居住的地方。

不过，也有人说从照片的编号判断，川陕路口"东林园"这张照片拍于 8 月 11 日。但 8 月 10 日威尔逊都还在邛崃，从当时的交通工具来看，一百多千米的路程，无论如何一天也不能走完，何况他回成都的路线是过邛崃、新津，过双流从南门入城，不可能又绕到北边的川陕路上，再次经过昭觉寺，从北门入城。所以，我更倾向于他是在 6 月 4 日拍了第一张川陕路口昭觉寺东林园的照片，6 月 11 日临走之前，又拍了第二张，两张照片的光线明暗也差不多，当为同一段时间，也是明证。至于编号，或许为后人整理时，有所误记。

6月11日这天，在今成华境内，威尔逊似还拍下了沙河上靠近驷马桥的一座古桥，这座桥是否就是位于今府青路街道府青路社区的"古三洞桥"上三洞桥呢？经过古今照片对比，几乎可以确认。上三洞桥，南北横跨沙河之上，始建于清光绪末年，为三孔平栏式石拱桥。桥身长35米，宽8.2米，高5.2米，跨度30米，中拱高4.7米，两侧小拱高3.7米。桥墩上有石刻龙头、凤尾，桥栏杆处有石刻兽雕，做工精致，现尚完好，为成华区区级文物保护单位。

沿着沙河上行，经过今双水碾境内时，威尔逊在11日或还拍下了大树下供奉着土地神的一座神龛，神龛背后，隐约可见竹林人家。这张关于川西林盘和土地神龛的照片，同样显得弥足珍贵。虽然土地神龛存照并不能完全确认具体位置，但对于进一步研究当时沙河两岸的民风民俗，以及双水碾一带的林盘文化有着重要作用。

重新入城做准备后，威尔逊正式于15日从成都出发。两年后的1910年8月8日，威尔逊正式出成都北门，取道北面的川陕大路，穿成都平原，过广汉、安县，开启了他的松潘之旅……

1910年，青龙场

路德·那爱德（Luther Knight，1879—1913），对成都充满了由衷热爱的一个美国摄影家，1910—1913年间任四川省城高等学堂教授算学、化学、地质和矿物学的教员。在川期间，那爱德拍摄了大量带有强烈个人色彩的照片，连同其日记和书信，记录了在成都工作、生活的社会人生以及他所到之处的风物民俗，涉及辛亥狂潮、天府农事、高等学堂、茶马古道、长江三峡等珍贵细节。今天，那爱德这些珍贵的影像不仅是清末民初蜀地人文的历史写照，也成为了中国近现代摄影史的发展佐证之一。

或许是经历匆匆，那爱德这个为成都乃至四川 1910—1913 年存照的摄影家，一直默默无闻。直到其曾侄孙来约翰到成都任教，逐渐了解有这样的一位曾叔祖父那爱德，并和好友王玉龙一起，经过数年的挖掘和考证，让其一张张玻璃胶片重新显影在世人面前。而尤为幸运的是，那爱德是继威尔逊之后，第二个为百年成华拍下存照的人，而且让人惊喜的是，至少有两张照片可以确认是拍摄于一百年前成都北郊今成华区境内的青龙街道。一张是青龙场川主庙前的菜市场，一张是菜市场川主庙墙壁布告前站着的一个衣衫褴褛的小乞丐。

一百年前的那个冬天——或许是在一个不上课的周末，或许是数次，那爱德是在一种怎样的好奇心的驱使下，带着他的那部心爱的老式干版照相机，跟着学生或友人走进成都北郊的青龙场，为青龙场留下了最早的两帧珍贵的影像。

据王玉龙讲述，一天，来约翰在仔细考证照片时，发现集市的一面墙上贴的残缺布告与照片上少年乞丐身边的布告是一模一样的。由此，他认为两张照片拍摄的是同一个地点。他惊喜地把这个发现打电话告知了好友王玉龙，王玉龙又根据乞丐背后残缺布告上写有"青龙上保保正（保长）陈光烈，保副（副保长）李坤宜"等文字信息，结合老成都地图，并三次拿着照片到现场找当地老人进一步辨认，最后证实这两张照片确实为同一个地点，即青龙场老集市场。王玉龙说："为了这批老照片，我在四川先后拜访了有一百多位研究巴蜀民俗文化的专家学者，两次重走当年路德·那爱德先生的拍摄之路。"

1910 年，四川成都北郊，青龙场集市，俗称"赶场天"，摆满下霜后收获的大萝卜。

在青龙场习惯的"赶场天"六、九日，那爱德拍下了青龙场热闹而繁忙的集市，时间仿佛刹那间停滞，人们袖手观望着这个突然闯入的带着一个大方盒子的外国人。这一天，离成都发生"成都教案"和义和团"打洋灭教"也才过去十多二十年，即使还未剪掉辫子，人们对老外也不再那么陌生和敌视了。在那爱德的镜头里，他们只是留下了对摄影术充满好奇的眼神。真挚的那爱德藏在相机后面，没有谁看见他对这个世界的微笑以及对这片土地的爱意。他远远地望去，集市的几处小吃摊，一个临时茶桌，黄葛树下正讨价还价买卖粮食的客家人，川主庙檐下的理发店，举着比自己还高的灯草卖灯芯的幼童在四处走动，仿佛听见了他稚嫩的吆喝声，降霜后的大白萝卜，长长的一大溜，仿佛一件装置作品，被菜农们艺术性地陈列在世人面前。经历了一百年的时光，栩栩如生，又如真似幻，以至于你会觉得，今天青龙场搭建在一片临时空地上的菜市场，那些在昭觉堰、沙河水里洗净的萝卜，和过去只有着买菜人与卖菜人不同的分别。

青龙场的照片也有可能拍摄于1911年春，集市和乞丐两张照片，或为同一天拍摄。那爱德还留下了数张拍摄于成都近郊农村的照片：菜园茅屋，牵黄牛的老农，农人们正在水田里薅秧除草……这些照片里面，相信就有着成都东北郊的今成华境内沙河流域的农村场景，因为当时这一带也是他最容易涉足的成都近郊。

关于那爱德拍下的青龙场"川主庙"，清李玉宣等修、衷兴鑑等纂《同治重修成都县志》卷一"舆地志第二祠庙"载"川主庙"条："……一在县北六甲十里青龙场，创建年月无考，国朝乾隆五十五年重修。"青龙场的"川主庙"，或许是因为丈雪重建昭觉寺之后，因水兴场，当地百姓以祭祀李冰而修建了"川主庙"。需要指出的是，我在青龙街道采访时，当地自小长大的唐智芳、钟正清、郑光阳三位老人则告诉我这座庙叫东岳庙。是否"川主庙"后来又人为地易名，改

1910 年冬或 1911 年春，冬春之交的青龙场集市

摄影：［美］路德·那爱德　供图：海波、王玉龙

祀或者增祀了掌管地狱和生死的泰山神东岳大帝呢？

在唐智芳、钟正清、郑光阳等的记忆里，"解放后，这座庙因为所处北街菜市坝，就顺势改成了场上的供销社"。1952 年，青龙场小学组建时，川主庙—东岳庙曾经被临时当作学校上课的地方。几个月后，在青龙包上建起了青龙小学，学生们才和老师一起帮着把桌椅板凳搬到了新校区，郑光阳老人打开手机里面的一张老照片说，他就是青龙小学的第一批学生，照片中间坐着的一男一女两位老师，就是他当时的老师。

华
城
记

后来，川主庙—东岳庙渐被拆除。20 世纪 60 年代，庙门外的黄葛树也在一个晚上被暴风骤雨折断，倒在了正街的苏家狮子楼上。一棵树的命运，和川主庙—东岳庙一起，成为了一段遥远而模糊的、需要一个个老人讲述的记忆。而那爱德拍下的青龙场菜市场，却留下了成华人最早的众生影像，青龙街道一些原住民的祖辈，以一种永不散场的方式，就这样被定格在一张玻璃底片里，栩栩如生。透过画面，仿佛都能听见他们的客家方音与土广东话。

1917 年，成都北门·北郊幺店子

西德尼·戴维·甘博（Sidney David Gamble，1890—1968），美国社会经济学家和摄影家，燕京大学社会学系的创建者之一。1908—1932 年，完成了五部有关北京及中国其他地区社会面貌的著述，留下了关于中国的五千幅照片和几百幅手工上色的玻璃幻灯片，记录涵盖中国北部、中部、东部、西南和南部地区的城乡社会生活，堪称百年中国的"底片"。

1908 年，十八岁的甘博随父母来华，到杭州旅游，认识了刚从宁波调到杭州育英书院任教的费佩德（Robert F. Fitch），并成为一生挚友。大约在 1912 年上半年，因社会局势动荡而离川赴沪、在上海美利丰相馆任摄影师的那爱德向费佩德——有可能是在二人来往的书信中——展示了他任教期间在四川拍摄的照片。研究甘博的文章说，1908 年甘博经费佩德介绍就认识了在成都教书的那爱德，但那爱德其实是在 1910 年才受聘入川。甘博很有可能并没有亲眼见过那爱德，只是从费佩德口中听闻，但或许他见过那爱德拍的关于四川的照片。

这些来自中国西部的照片，深深吸引了同样热爱摄影的"发烧友"费佩德和甘博。

1917年6月11日，甘博和朋友费佩德、安尔吉从上海出发沿长江而上，在湖北宜昌坐木船至重庆上岸，经铜梁、遂宁、潼川（三台）、中江、赵镇（金堂）到达成都。又从成都经郫县过灌县，沿岷江上溯至汶川（绵虒）、里番（理县）、茂州（茂县）、安县等地考察，最后经新都从北门入成都。然后又沿水路从重庆而下返回汉口，于10月9日回到上海。

1917年，从汶川一带考察归来的甘博从成都北门入城的时候，看见颇为热闹的北门，兴奋的他在北门拍下了几张照片，还留下了一张手工着彩的幻灯片。于是北门（大安门）和城楼（涵泽楼）就如此清晰地，在近一百年后让我们回溯到那个熙来攘往的场景。

挑桶的，挑着箩筐的，赶马的，推鸡公车的，背着巨大的货物架的，抬轿子的，卖小吃的；抱着一捆菜的妇人，光着上身的男人，骑着马的，抱着小孩的，肩上搭着褡裢的……而一会儿，一群挑着满筐的挑夫从城里出来，似乎往川陕路方向去。他们在北门口放下货物歇稍，货物占满了城门口的通道。他们的目光稀奇地集中在一个新闯入的老外身上，老外似乎在摆弄他的西洋玩意儿，一只鸡，在旁边悠闲地散着步。城门两边堆得最多的是木捆柴，似乎是柴火的批发市场，或许还有茶馆和可以喝酒吃饭的幺店子，以及小角落里还有理发的"带诏"（成华区双水碾人对剃头匠的称呼）。一切都在时光里定格，又仿佛他们的呼吸、汗味儿以及打闹笑骂的声音，以湖广话和客家话、土广东话活灵活现地呈现在我们眼前。

这些大多是北门郊外的乡下人、苦力人。他们就是今驷马桥、双水碾、青龙场乃至附近凤凰山、天回镇一些原住民的祖辈。甘博不经意间，又一次为我们留下了"成华人"珍贵的百年存照。如果能够

上：1917 年，成都北门的城楼
摄影：[美] 西德尼·戴维·甘博
下：1917 年，成都北郊，一家可
以歇脚的幺店子
摄影：[美] 西德尼·戴维·甘博

找到他们的后裔，说不定他们还能依稀认出父辈祖父辈曾经的模样。

　　在甘博的成都北门以及川陕路上北郊可以歇脚的幺店子照片中，有一种推车，也是其和友人从川陕路到北门，一路见到并且一路坐过来的川西平原上的独特运输工具"鸡公车"。有竹枝词说鸡公车："单轮独座四无遮，响似鸡鸣木造车。田畔村间任意拐，颠颠簸簸到娘家。"似鸡鸣似乎是鸡公车名称的来历。但李劼人先生并不这样认为，他说："我们至今称之为叽咕车，但一般都写作鸡公车，不免太歪曲了。"鸡公车，独轮，可以载人，亦可以驮货。傅崇矩在《成都通览》里就记载："鸡公车能走灌县、汉州、郫县、龙泉驿、中和场等处，

左：以前，青龙场客家人云集。这张 1917 年成都北门大街
的照片里，当有过驷马桥而来交易的青龙场客家人
摄影：[美] 西德尼·戴维·甘博
右：1917 年，成都北门口的挑夫们
摄影：[美] 西德尼·戴维·甘博

价甚廉，乡下乘者极多。"

甘博看见的一些推鸡公车的苦力，新中国成立后，就成为了"兽车队"的运输工人。兽车队，即兽力车运输队。

以前的金牛区运输队位于站东的荷花池，即今成华区双水碾街道七里香大酒店附近，双水碾街道的沈良富、尹显根老人说，当地人就叫"兽车队"。而双水碾村七队的刘钦发老人说，他的爷爷以前就是拿马鞭子赶马车的。刘钦发的爷爷，是否就在甘博的北门影像里，留下一帧属于自己的存照呢？毋庸置疑，甘博的北门、川陕路幺店子照片里，为当时民国初期成都北郊今成华境内的一些居民的祖父辈，留下了他们努力生活的身影。

1926 年，驷马桥

岛崎役治，1893 年生于日本高知县，毕业于日本东方摄影学校。1924—1944 年间，以杂志社摄影师为名，拍摄了中国大量影像，内容涵盖文化、经济、军政、人物、工业、农业、交通、地理、民俗、风景、宗教等。

岛崎役治到过四川两次，分别是在 1926 年 6 月及 1928 年冬。

1926 年，入川的岛崎役治，拍下了川陕路上、成都北门口外的一座重要的桥——驷马桥。从岛崎役治拍下的照片可知，清末民初的驷马桥，是一座颇为精致的砖石小桥。从照片的人物衣着可知，当是夏秋时节，故应为 1926 年拍摄。岛崎役治发表有多张关于四川的照片，其中成都的"卖灯芯""水车""万里桥""去成都途中的客栈"等图片，均标明拍摄于 1926 年 6 月。其洗印颜色与"驷马桥"几乎

一致，可见为同一时间拍摄无疑。

在这张照片的文字说明中，岛崎役治提到桥头有石碑，碑文为张鹏翮所题写，上面还引用了岑参的《升仙桥》一诗。

康熙末年，成都驷马桥进行整修，竣工后特邀当时的吏部尚书，后被誉为"清代第一清官"的四川人张鹏翮撰写碑志，并亲书《成都驷马桥碑记》。该碑今已不存，也没有拓片存世，其文献记载也仅见于民国成都人薛志泽著《益州书画录》[民国三十四年（1945）成都薛崇礼堂刻本]。岛崎役治所做的图说，或许能够说明，自康熙末年驷马桥就已经是砖石结构，直至民国，都变化不大。而且，早在嘉庆年间，驷马桥到北门一段似乎就已是石板路。嘉庆六年（1801）中举的成都人杨燮做竹枝词就说，"百花潭上一龟城，驷马桥头石路平"。

从照片上还可以看出，驷马桥旁边有一些建筑物，或就是驷马桥场（曾叫升仙铺）的一部分。驷马桥边长大的钟德明老人回忆说：

> 那时驷马老桥处四周有不少房子，从北门出来，未过河的左岸，有三间长亭叫迎客亭，右岸有三间平起的大瓦房叫观音阁。老人们说是迎客亭就是迎送客人们、官员们用的；观音阁还塑有观音菩萨。过河还有三间是住家的，我家就占了两间。另一间是做小生意的住家户。我家对面还有一家大茶铺，店主用沙河水泡茶，用沙石过滤河水，茶香呢！城里城外天天都有不少人来喝茶，喝夜茶的还特别多！那时还有说评书的。李麻子肉铺也搬到这驷马桥头来凑热闹，搭的茅草偏偏房子。总之，我看到的驷马桥热闹得很呵！后来搬起来的还有张稀饭，他修的是大间，张稀饭卖得（生意好），主人家从不与人见面，他姓张，叫张怡，我弄得清楚，他是国民党军的一个排长，他也想借热闹的驷马桥发点子财。（林元亨、郑光福：《双水碾》）

钟德明老人所说，印证了岛崎役治所拍驷马桥存照上的场景，也让人能够想象昔日驷马老桥在成渝铁路修建而被拆迁之前，从升仙桥到驷马桥的历史。

另外，抗日战争后期的 1944 年 4 月底，"超级空中堡垒" B-29 重型轰炸机第 20 航空队第 58 轰炸机联队分批进驻成都周边的新津、广汉、邛崃、彭山，当时的飞虎队第 14 航空队受命组建"华西突击机群"第 312 战斗机联队以保卫成都"超堡"基地，于 4 月 19 日分别驻扎凤凰山机场、广汉机场、双流机场与彭镇彭家场机场。1945 年 10 月 5—18 日，飞虎队员艾伦·拉森（H. Allen Larsen）与威廉·迪柏（William L. Dibble）在成都拍下了二十二张像油画一样的彩色照片，部分是机场附近和城郊，这也是成都第一次在彩色胶片上定格。或许其中就有凤凰山机场附近今成华区境内的影像，只是没有显著的地标而无法确认。

　　总之，对于成华的百年老照片，相信随着史料的发掘、披露和整理、考证，还会有新的惊喜出现。"天府影像"中"百年成华"之绰约风姿，我们当拭目以待。

亲历

20世纪70年代，东郊在成都市民眼中是时尚的代名词，和东郊联系在一起的，有420、106、107、82、69等一串串在数字后冠以信箱、带着神秘色彩的国防工厂。

一百六十多家工厂落户东郊，伴随工厂迁徙而来的的，是沈阳、北京、上海、山东、湖南、江西等地的十多万工业迁徙者，构成了成都又一次移民浪潮。

他们之中，有国学大师王国维之子，更多的，则是默默无闻、任劳任怨的东郊人。在东郊人吹响的劳动号角下，成都完成了由消费城市到具备现代工业体系大都市的华丽转身。从某种程度而言，成都的工业文明进程，是由东郊体现的。

五湖四海
东郊工业移民

20 世纪 70 年代前后，东郊在成都市民中，是一个非常时尚的名词，和东郊这个词联系在一起的，有 420、106、107、82、69 等一串串在数字后冠以信箱、带着神秘色彩的国防工厂。

这些工厂的工人大多来自东北和东部沿海，最早开始于 1953 年，到 1958 年，单是从沈阳、北京、上海、山东、湖南、江西来东郊的，就达十多万人，构成了成都又一次移民浪潮，也汇聚成了成都工业移民的洪流。

大家先生产后生活，挤在工棚或农民的房子里，艰苦奋斗，硬是在短短的时间，把曾经农田纵横的东郊，变成了美丽的花园工厂。106 厂、107 厂、82 厂、69 厂等结伴簇拥在建设路一带；职工家属加起来有五万之众的 420 厂，是国防厂中的"巨无霸"，独自雄踞在从水碾河到双桥子的一大块地盘上。工厂的内迁和随之而来的工业移民，改变了成都古老的商业城市面貌，成都的现代工业亦从此起步。

榆钱牵起东北人的乡愁

东北人是东郊工业移民的主力军，从辽宁迁过来的东北职工和家属，带着他们心爱的樟木箱子、腌菜缸子，分别落脚在建设路、双桥子，说东北话，做东北饭，习惯性地买一大堆大白菜码在家门口，用大白菜做腌酸菜，包东北饺子，做猪肉炖粉条。

春天来了，厂区周围的老榆树发芽了，一长串一长串的榆钱，绿绿的，嫩嫩的，引发了东北人对家乡榆钱馍馍的怀念，星期天便带上小孩挎上篮子去撸榆钱，还示范性地撸一把榆钱进嘴，边嚼边告诉孩子：榆钱生吃，可清香了。低处的榆钱撸完了，孩子就爬上树去撸，一大把一大把地往篮子里丢，大人小孩兴高采烈。

在四川长大的小孩子们，一路上听父母讲家乡的榆钱馍馍怎么好吃怎么香甜，听得口水直流。回到家，眼巴巴看着妈妈把榆钱淘洗干净，合上玉米面蒸成窝窝头。锅盖一揭开，迫不及待地抓一个尝鲜，大失所望，看着爸爸妈妈吃得那一个香啊，瘪着嘴批评："糙糙的，一吃就掉渣，有啥好吃的？清明菜加糯米面做的馍馍软软的，绵绵的，那才好吃呢！"

父母兴致盎然地继续吃，边吃边数落："东北小孩嫌弃榆钱馍馍，这是忘本知道吧？榆钱还嫌粗糙啦？"

孩子们不爱吃，榆钱馍馍以后当然不做了。不过每当榆钱一长串一长串在春风里飘来摆去的时候，平时因为工作和生活而忙个不停的东北媳妇们，心里就会滋生出几丝惆怅来。晚上躺在床上也会和丈夫商量，来成都多少年了，也该合计合计回老家看看了。

身为技工或者车间领导的丈夫会说，谁不想回趟老家看看呢，这走得开吗，拖家带口的，光车票就得多少钱啊？请事假吧，还不好批，批准了还得按天扣工资。

上：刃具厂技术人员与苏联专家在一起

供图：周明生

下：1958 年苏联专家援建锦江电机厂（784 厂）与中方

专家合影

供图：周明生

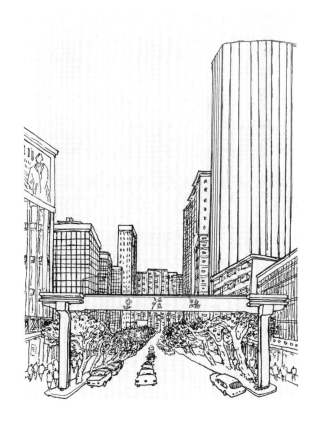

成华区建设路

绘图：崔兵

东北过来的职工们多是在老家乡下娶的媳妇，大都没有工作。媳妇们在老家不怎么生孩子，一到四川就忽然开了怀，孩子接二连三地生出来。孩子一多，钱就不够用了，纷纷要求参加工作。厂里照顾职工，职工家属后来都给安排进了后勤的幼儿园、食堂，或者大集体编制的"五七大队"，一月工资也就三十来元。请事假扣钱，买车票花钱，回家还不得买点土特产什么的，乖乖，这日子还过不过啦？

国防厂周围都是农田，每到春天，地里的野菜长得飞快，灰灰菜、地地菜、清明菜，四川人最多采摘一点清明菜回去做馍馍，灰灰菜、地地菜之类，根本不屑一顾。东北媳妇看见地地菜眼睛就放出了喜悦的光芒，哎呦，这不是咱东北的荠荠菜嘛，包饺子可好吃啦！

东北媳妇们惊喜于四川居然也有东北的荠荠菜，庆幸着这么好的东西四川人竟然不闻不问，一个个挎起篮子下到田里埋头苦干。当她们挖累了，直起腰来歇气的时候，锦绣川西平原的碧绿扑面而来，辽阔深远，恍然间，似乎置身于东北老家一望无际的农田。

荠荠菜挖回来，割上一刀猪肉，斩成肉馅拌进去，一腔的乡愁，包成美味的荠荠菜饺子吃进嘴里，在一家老少的赞不绝口中，对家乡的思念似乎淡了，又似乎更浓了。

唉，吃的东西有时候就是那么奇怪，一吃进嘴，许多的记忆和往事就浮上来了。孩子们小，不晓得榆钱馍馍、荠荠菜饺子里面，揉进了父母多少的乡愁。

20 世纪 50 年代正破土开建的东郊锦江电机厂工地

来源：成华区档案馆资料

如果撸榆钱、挖荠荠菜是东北人个体的乡愁，春节期间，厂工会组织的踩高跷巡游表演，则是东北人个体乡愁的集体寄托了。

踩高跷巡游表演以载有东北鼓钹的三轮车为前导，沈阳、辽宁过来的师兄弟们一个个神采飞扬，铜钹锵锵，大鼓咚咚，大红绸的鼓槌上下飞舞，稍微走近一点，感觉那鼓槌不是打在鼓面上，简直就是打在人的心口上！咚咚咚咚——咚，咚咚咚咚——咚，一听这鼓声，各家各户正在准备年饭的大人小孩立即跑到厂区马路边上，笑着跳着看热闹。

鼓钹后面是秧歌队。扭秧歌的都是厂子弟小学的小女生，一个个稚气未退，素面朝天，扭起来特别好看，让人一下子就明白了什么叫作祖国的花朵！秧歌队后面的高跷队，老嘴老脸的，化着很浓的妆，穿着彩色的绸衣绸裤，和自然清新的秧歌队相映成趣。踩高跷那是技术活，表演者一个个手里拿着棍棒、扇子、关刀等，扮成孙悟空、猪八戒等各种妖精妖怪，很娴熟地做着各种动作。那踩着高跷还抽烟扮鬼脸的，风头最劲，引得一大群小孩子跟在后面追逐，让踩高跷的师兄弟们非常亢奋。

看完了踩高跷回到家里，端上香喷喷的饺子，边吃边向四川长大的孩子介绍东北老家过年的盛况。末了照例感叹一番：什么时候回老家过一次年呢？

地处双桥子的新商店是典型的工业文明的衍生品，它的服务对象就是东郊的家属职工，正式名称是"双桥子工矿贸易公司"。新商店的命名者，最早应该是五七大队的东北媳妇们。新商店名字短小精练，朗朗上口，一下子就叫开了，其知名度远胜拗口的"双桥子工矿贸易公司"，和后来水碾河的建设者雕像一样，牢牢地嵌入了东郊工业文明的编年史。

新商店的位置就在如今的蜀都花园对面，后改名为"北京华联"。

左：红光全国第一条显像管生产线

来源：成华区档案馆资料

右：红光显像管玻壳之屏与锥体封接

来源：成华区档案馆资料

　　东郊的老职工，对于诸如双桥子的新商店、建设路的服务大楼、沙河电影院，都有着特别亲切的回忆。这些工厂搬迁后赶着修建起来的商业设施，里面有肉铺、理发店、布店、文具店、照相馆，还有卖锅瓢碗盏、撮箕扫把、晾衣长竹竿的杂货店——总之，基础的生活用品样样齐全。日常生活的柴米油盐都在这些商店去购买。慢慢地，和商店的人都搞得很熟了，那些卖米卖菜卖肉的、剃头理发的年轻女店员，很多成了东郊职工的妻眷，这让那些男店员心里很是失衡但又无可奈何。

　　东北人买肉，和牛市口、九眼桥的本地居民有些不一样。当时

1958 年，苏联专家列别捷夫在实验室对研究生进行辅导
供图：周明生

油荤少，猪肉每月每人定量供应一斤，膘厚肉肥的宝肋、头刀座墩，是当地居民的首选，而这些说着有点像普通话的东北人，却尽指着瘦瘦的后腿肉割！

原来，东北人爱吃饺子，而讲究的饺子馅，是不能够用宝肋肉等来做的。会做菜的四川人开始还"踏屑"东北人的爱吃饺子：灰面脑壳，除了饺子，就不晓得做另外的菜嗦！到东北人家里吃上几次饺子后，改变了看法：这个饺子还是好吃，做起来简单又闹热，主人客人一起动手，一斤肉加三斤菜，四斤的馅，包四斤的皮，主人不用忍嘴，和客人一样，吃得个肚儿溜圆，经济实惠。

上：20世纪50年代，东郊企业的幼儿园

供图：成华区文化馆

下：国光电子管厂（776厂，6信箱）写着"振兴中华"的

厂门

供图：成华区文化馆

正如东北话成为东郊厂区的流行官话一样，东北饺子也成为东郊厂区的流行主食。不仅四川人，凡是成了家的五湖四海人，都开始学着和馅擀皮包饺子。但是四川人做出来的饺子，就是没东北人做出来的好吃。深入考察后才发现，问题出在用料上。四川人总怕猪后腿肉太瘦，没油气，殊不知菜多肉少的饺馅，靠的就是瘦肉的鲜味，油气嘛，馅和好了加瓢熟菜油进去，比肥膘肉香到哪里去了。

饺子在东郊的流行，造成了东郊肉铺子宝肋肉、头刀坐墩肉滞销的可喜局面，附近的居民，甚至远在九眼桥牛市口住的都纷纷跑到新商店排队割肉。当他们如愿以偿地提着一刀肥得打颤的宝肋肉走出新商店时，总会心满意足地揶揄一句："灰面脑壳，这么好的肉都不晓得割！"

独树一帜的上海人

东郊的上海人人数虽然不多，但因其强烈的地域文化特色，成为一道独特的风景线。

上海人的独特，在于他们对生活有自己的见解，不会因为地域的变化而随波逐流。他们到任何地方，都会按照上海的生活习惯，迅速建立起舒适的小巢，不仅不被同化，相反，还以对穿衣讲品位、生活讲情调、住房求舒适的身体力行，于无言之中影响着周围的人们。应该说，内地的成都人是从上海人那里第一次实实在在地感受到了来自十里洋场的生活形态。

那个时代，爱美的男青年理的都是一边倒的"一匹瓦"，散塌塌的。"一匹瓦"到了上海人头上，就变得有模有样了，他们把上海发蜡打在头发上，往后反梳，再在前额一寸处轻轻按一道波浪出来，就

左：建于 1956 年的成都量具刃具厂俄式红楼，当时被称为
"成都莫斯科"，一度是东郊的地标建筑，并在 2007 年被列
为省级文物保护单位

供图：成华区文联

右上：机车车辆厂旧址

摄影：甘霖

右下：位于二仙桥的机车车辆厂影剧院

摄影：唐跃武

成了一个低调的"准飞机头";戴眼镜的再稍稍来点偏分,知识男性儒雅的味道就出来了。

女性的发式在任何历史时代都是最富于变化的,可那个年代也只有长辫、齐肩短辫、刷把、柯湘头(京剧《杜鹃山》女主角柯湘梳的一种齐耳短发)四种发式。上海女子的发式在这四种样式之外,剪的是一种成都人称为"梭梭头"的发型。同样的短直发,"柯湘头"一溜下来,发脚剪得一溜平,没有层次;"梭梭头"层层递进,层次丰富,让人显得灵动而洋气。

那个年月,成都的服饰也是单调无比,男性服饰"多年一贯制,一身蓝涤卡",女性服饰除了冬天的花罩衣、夏天的花衬衣花裙子有点变化,春秋两季和男性一样单调。而一拨一拨上海人探亲回来,就是年度流行服装新品发布会了,在东郊年轻人的心中掀起层层涟漪。凡在东郊工作过的人,都有过托上海人买衣服买皮鞋的经历。那时候没有退货一说,几张十元的大钞兴奋而忐忑地交出去了,花色品种样式就全凭受托人的眼光。尽管购买者毫无选择,买回来的衣物也不尽称心如意,但只要是"上海带回的",大家就很满足了。那时,上海人回家探亲,对于周围的人是件大事情,要走的前几天,请他们带东西的人就络绎不绝地登门前来;他们回来的时候,自然会有人心甘情愿地前去接站,哪怕火车晚点也毫无怨言。

同样是从上海带回来的衣服,穿在人身上的效果就是不一样!成都人的都洗得发白,变得皱哇哇的了,人家的还跟新的时候一样"伸抖"。尤其让人百思不得其解的是,人家衣服的肩肘部、裤子的膝盖处,咋就那么耐磨,不易掉色呢?跑去请教奥妙何在,人们笑而不答。

后来,厂里嫁人的姑娘多了,这个谜底才得以揭开:人家出门穿的好衣裳是回到家马上就脱下来叠好;洗衣服的时候,要翻过来打肥皂;衣服半干的时候就收下来熨烫;熨烫好了能够挂起来的就挂起来，尽量不折叠。另外，好衣服穿在身上，吃饭喝汤一定要注意，菜汤汤、酱油水水洒在上面，穿出去很不体面。

按照这个秘诀做了几次以后，大家终于明白，在人们光鲜的衣服后面，是细心的呵护和辛勤的劳作。四川或者别的什么地方的人，没有打小上海弄堂里那种氛围的熏陶，是学不来的。

那个年代普遍住房紧张，家具的功能就是放东西，没有谁去注意收纳功能以外的装饰性。东北人的家具是两口大箱子，"可能装了！"四川人的家具是两门的衣柜，"带镜子的柜门就是落地穿衣镜，巴适！"

上海人的家具则是一个顶端带镜子的五斗橱，视其房间的宽窄，外加一个或两个秀气的床头柜，从画图纸到下木料、油漆，都是自己动手做。五斗橱是家中的灵魂，收纳功能和装饰性同时具备：顶端靠墙到那面镜子，既美观实用还扩大了视觉空间；橱面上，一个茶盘，四只上海带回来的拉丝玻璃杯环绕着一个漂亮的暖水瓶或者时髦的凉水杯，再经镜子一照，显得富丽辉煌。

橱体一分为二，右面是拉通了的柜体，人用它来挂熨过的好衣裳，左面是四个抽斗，分门别类装些衬衣春秋衫什么的，使用起来特别方便。第一个抽斗的位置，被两扇小小的玻璃推拉门所替代，里面的饼干筒、瓶装麦乳精、大白兔奶糖，折射出上海人的小资情调。

上海人超前的小资倾向，虽然暗地里让人艳羡不已，但在嘴上，大家对人仍然是要表现出不屑的，比如说他们抠，一条带鱼砍成六节，要吃一星期。表面上好像顿顿有荤腥，其实还不够四川人吃一顿。

一如质地优良的上海轻工产品曾经是风靡全国的抢手货一样，保持强烈地域特色的上海人在备受诟病的同时，成为那个时代仅次于军人的最佳择偶对象。在物质匮乏的当时，选上海人做男朋友，抛开上海服装、丁字皮鞋、麦乳精、大白兔奶糖等物质上的便利不谈，光

上：东郊的沙河电影院，成为一代代东郊人的美好记忆

来源：成华区档案馆资料

下：20世纪五六十年代，沙河边晨读用功的成都电讯工程

学院的学生

来源：成华区档案馆资料

是结婚可以坐火车到大上海去走一趟，就有好大的诱惑力啊！而且，上海人的精明能干会生活，是看得见摸得着的，一个女人，要的不就是这种精致、这种生活的从容优雅吗？

印象中，上海人在工厂里脱颖而出的并不多，经商大潮席卷全国的时候，下海经商的也不多。他们就是那么实实在在地生活着，日子过得平静而不乏滋润，平凡而不乏情趣。

性格耿直的湖南人

东郊的湖南人，大多来自株洲航校。东郊除了随工厂整体搬迁而来的，就是从全国各地航空学校、无线电工业等专业学校招收来的毕业生。

以 420 厂为例，建厂之初，就派出了招工队伍去全国各地的航空技术学校招收毕业生。到 1964 年，航校学生已经有三千多人了！这些分别来自北京、沈阳、上海、西安、南昌、株洲等航空技术学校的毕业生们，操着响亮的京片子、老陕话、上海话、福建话，打破了东北话的一统天下。南腔北调的航校生们，后来纷纷成长为生产一线的技术骨干，车间、分厂中层干部。

湖南人除了性格火暴耿直、踏实上进不服输，还有一个特点，就是普遍都写得一手好字，那是因为湖南有麓山书院，自小就受到了熏陶；读小学的时候老师要求又严格，字写得不好要挨手板。后来读航校，工程绘图又必须写仿宋字。那些个被提拔到分厂总厂工会、团委的湖南老乡，那一手漂亮的字就是打门锤啊！

东郊厂里的年轻人男性居多；地处东郊的川棉一厂则清一色的纺织女工。于是东郊各厂纷纷与川棉一厂联姻，虽不像和本厂的女工结婚那样享受不到双职工分房和孩子上幼儿园的优先待遇，但比起其他在老家找对象结婚的同学，又很幸福了。在老家结婚的，长期两地分居，伢崽都十多岁了，还在厂里的独身宿舍栖身。

湖南人刘先生很幸运地和本厂安岳籍的一名女工结了婚。结婚前，刘先生和妻子都是集体户口，结了婚分了房子，从派出所办完集体户口变迁上户手续出来，捏着写有两个人名字的户口簿，从这一刻起，刘先生才感觉自己成了真正意义上的成都人。湖南人、四川人都爱吃辣椒，性格也差不多的耿直火爆，湖广填四川么，湖南人、四川人有一份天然的联系，刘先生很快也适应了四川人爱吃花椒的口味，由开始的怕麻，到现在做菜离开了花椒就不得行，刘先生说自己已经是一个十足的四川人了。

东郊生产一线的规矩很严格，上班八小时，乖乖地杵在机床面前，只能够站不能够坐；一定要把机床地下的铁刨花清扫干净，用棉纱把车床擦拭得一尘不染才下班。下班洗手，满手的油污不能够图方便拿团棉纱偷偷倒公家的汽油来擦手，得学着师傅，去特为洗手准备的锯末箱那里，抓一把锯末来裹吸油污。倒一点公家的香蕉水来擦手是允许的。锯末子粗糙磨手，香蕉水腐蚀性大伤手，条条蛇都咬人，劳保肥皂不咬人，每月又只有半块，擦完锯末后才舍得抹上一点点，黑黑的油污残留在指甲缝里、皮肤褶皱里也懒得去理它了，反正明天上班还是要搞脏的。

那时社会崇尚的是手上有老茧，穿补疤衣服是艰苦朴素不忘本，白白净净的手一伸出来，肯定不属于劳动人民的范畴。老乡同学见了面，相互伸出变得粗糙、指甲缝有污垢的手，都为自己拥有最进步的思想而骄傲。

刘先生一边当工人，一边很用心地在夹具设计上下功夫，寄希望从技术上脱颖而出，早日干上技术员的本职工作。但是刘先生的技

上：2015 年，成都机车车辆厂宿舍区的东郊建设者们

摄影：董旭武

下：川棉厂女民兵

供图：成华区文化馆

术之路没有走通，领导调他去了分厂团委，最后当了一名政工干部。

和刘先生一样，汇聚东郊的湖南人、江西人、北京人、上海人，就这样通过婚姻和创业，在东郊这块土地上落地生根，繁衍生息。如今，儿孙们一口地道的成都话，他们仍然乡音难改，说着已经不再地道的家乡话。

据统计，从 1952 年开始，全国各地来东郊的工业移民有十万人之众！如刘先生一样，每一个东郊人的故事三天三夜都摆不完。是他们用满腔的热血和稚嫩的双肩，撑起了东郊的厂房林立、机器轰鸣、车流如梭，亲手锻造了成都工业的盛景和东郊的繁荣。

当年风华正茂、南腔北调的外地人，正在东郊这块他们曾经引以为傲的土地上日渐老去，已步入暮年的东郊工业移民，不会忘记的是东郊工厂独特的机器轰鸣，以及他们曾经在沙河边建起的厂房与家园。

曾经的辉煌，归于沉寂。曾经的辉煌，永远照耀着东郊。曾经的辉煌，永远珍藏在东郊十万建设者的心底，像一个个令人自豪而神秘的信箱！

王国维之子
把人生刻录在大东郊

　　成都市成华区二环路东一段 14 号，有一座被老成都人称为"红楼"的苏联式建筑，高耸的尖顶塔楼和红色的外墙。这是按照 1952 年苏联在我国东北援助修建哈尔滨量具刃具厂的图纸，于 1956 年翻版修建的成都量具刃具厂塔楼。它曾经是 20 世纪 50 年代成都最漂亮的建筑之一，也是当时成都东郊的标志性建筑。2007 年 6 月 1 日，成都量具刃具厂塔楼被公布为四川省第七批文物保护单位。

　　见证这栋大楼诞生的成都量具刃具厂老一辈东郊人，好多已经谢世。其中，就有国学大师王国维的第五子王慈明，这位把人生刻进这栋红楼的成都量具刃具厂的总工程师，直到他去世前几年，人们才知道，他原来是王国维之子……

儿女心目中的父亲

　　第一次听说成都量具刃具厂（简称"成量"）的前任总工程师是王国维的儿子，还是在 2018 年 3 月。那天，我在一个座谈会上认识了成

王慈明像　摘自王东明：《王国维家事——王国维
长女王东明百年追忆》，安徽人民出版社，2013

量厂的退休老同志万玉宁，他在回忆本厂的往事时，随口说道，我们
厂的第一任总工程师王慈明就是国学家王国维的儿子。

　　说者无心，听者有意，他的这句话立刻引起了我的注意。散会
后我专门找他摆谈了一会儿，向他了解关于王国维儿子王慈明的事。
摆谈之中，才知道自己的孤陋寡闻，原来这已经不是什么新闻，媒
体早有报道，王慈明先生也已经于 2009 年 11 月 24 日去世了，享年
九十五岁。长久以来，邻居们只知道这个文质彬彬的老人曾是成都
量具刃具厂的总工程师，却不知道他就是国学大师王国维的儿子，
他也从未向人提及过自己的身世。直到 2006 年，王慈明被四川大学
历史系教授黄奇逸意外"发现"。王国维的儿子原来已经在成都"隐
居"了五十年，真是"众里寻他千百度，蓦然回首，那人却在灯火
阑珊处"。

　　虽说王慈明 2006 年才被意外"发现"，但是作为他工作和居住了
五十年的成量厂，知道他身世的人还是有几个的。1956 年，王慈明
就被派到成都担任成量的总工程师，他来了以后曾向当时的厂领导打

过招呼，请他们一定保密，千万不要泄露他是王国维之子的消息。他认为，父亲的成就始终属于父亲，子女绝不应该抬出来炫耀。就因为他有要求，组织上一直为他保守这个秘密，他的身世才一直不为外人所知。难能可贵的是，他自己从不把父亲的名望与自己联系起来，从不想沾父亲一点光，硬是用自己的一双脚走出了与父亲全然不同的人生路。

王国维（1877—1927），字静安，谥忠悫，浙江省海宁人，与梁启超、陈寅恪和赵元任号称清华国学研究院的"四大导师"。中国近现代享有国际声誉的著名学者，中国新学术的开拓者，连接中西美学的大家，在文学、美学、史学、哲学、古文字、考古学等领域成就卓著。鲁迅先生认为"他才可以算一个研究国学的人物"（《热风·不懂的音译》），郭沫若则称他为"新史学的开山"（《鲁迅与王国维》）。

王国维先后娶两妻，前为莫氏，育有三子。莫氏病逝后，续弦潘氏，再育六子二女。王慈明是王国维先生的第五个儿子，排第六，为潘氏所生。

王慈明的童年是在父亲身边度过的。1915 年 3 月，怀着慈明的母亲带着孩子们从日本返回海宁盐官，7 月 7 日，王慈明出生。1916 年 2 月，寓居日本五年的王国维携长子潜明回到上海，租了吴兴里的一个房子。3 月，一大家人在上海团聚，这一住就是十年。在吴兴里的日子，小慈明爱画画。姐姐王东明记得，弟弟慈明"常常缠着父亲要他画人，父亲不会画，就拿纸上一个策杖老人或一叶扁舟丢给他，调皮的慈明马上就给老人添上一副眼镜和一根长长的辫子，嘴里嚷着'画了一个爸爸'逃开了"。王慈明记得，自己七八岁时发蒙，但并未进正规学堂，而由父亲亲自给他讲授《左传》。王东明回忆，父亲对子女的要求显然没有对学生那般严格。每次父亲为她讲课，讲完了问她懂不懂，她点点头，当天的功课就算完了。要背诵的时候，因为她经常背诵得磕磕绊绊，父亲也只是"皱皱眉头"，不待她背诵熟练，就开始教新的课程了。王慈明十岁左右时，是最顽皮的时期，到处跑闹淘气，父亲忙于治学，也没有多少时间管他。

王国维，这位不苟言笑、严肃呆板的父亲，在孩子们的记忆里却是一个温暖的人。在女儿王东明心里，"父亲一生爱书，除了吃饭，时间几乎都在书房里消磨掉。平时他读书，我们兄弟姊妹围在旁边打架吵闹捉迷藏，他丝毫不显厌烦之色，依旧读他的书，写他的文章"。孩子们记得，父亲最爱吃零食：

在他与母亲的卧室中，放了一个朱红的大柜子，下面橱肚放棉被及衣物，上面两层是专放零食的。一开橱门，真是琳琅满目，有如小型糖果店。

每个月母亲必须进城去采购零食，连带办些日用品及南北什货。回到家来，大包小包的满满一洋车。我们听到洋车铃声，就蜂拥而出，抢着帮提东西，最重要的一刻是等待母亲坐定后，打开包包的那一瞬，这个吃一点，那个尝一尝，蜜枣、胶切糖、小桃片、云片糕、酥糖等等，大部是苏式茶食，只有一种茯苓饼，是北平特有的，外面两片松脆薄片，呈四寸直径的圆形，大概是用糯米粉做的，里面夹着用糖馅混在一起的核桃、松子、红枣等多种小丁丁，大家都喜爱吃，可是母亲总是买得很少，因为外皮容易返潮，一不松脆，就不好吃了；一些细致的是为父亲买的。其他如花生糖、蜜供等，是我们大家吃的，酥糖是六弟吃的，虽然说各有其份，放在一起，常常会分尝一点……

父亲每天午饭后，抽支烟，喝杯茶，闲坐片刻，算是休息了。一点来钟，就到前院书房开始工作，到了三四点钟，有时会回到卧房，自行开柜，找些零食。我们这一辈，大致都承袭了父亲的习惯——爱吃零食。（王东明：《怀念我的父亲王国维先生》，摘自《追忆王国维》）

1925年，清华学校国学研究院教师合影。前排左起：李济、王国维、梁启超、赵元任；后排左起：章昭煌、赵万里、梁廷灿

父亲去世后的第二年，母亲潘丽正携着年幼的子女离开北京搬回了海宁老家。十三岁的慈明在海宁继续念小学，当时三年级。后来在嘉兴省立二中（现嘉兴一中）读初中，之后又在杭州读高中。

1935年，王慈明高中毕业后，考入上海交通大学工学院电力系电机制造专业。1939年，他大学毕业，被招至昆明中央机器厂工作，通过努力，从甲种实习生逐级升至工程师，一直在昆明工作到抗战胜利后才重新回到上海。

王慈明与大东郊"成量"

1949年后，王慈明被任命为昆明机床厂副厂长，重新回到昆明工作。1952年，他奉命从昆明机床厂调到第一机械工业部，为武汉重型机床厂项目选址。选址工作刚完成，1953年又奉调去了新组建的哈尔滨量具刃具厂。1956年，王慈明被派到成都，参与筹建成都量具刃具厂，并担任成量总工程师。在他担任成量厂总工程师期间，曾先后成功研制了滚刀测量仪、齿轮周节测量仪、电感测量仪、光栅尺、千分比较仪、万能测齿仪等量具产品，不仅发展为成量厂又一大类主打产品，也纷纷填补了我国的空白。

王慈明虽然工资比厂长杨亭秀还高，1968年就达三百多元，当时是厂里最高的，但他却过着与一般职工一样的简朴生活，与职工一起在食堂排队打饭，常常穿着工作服，从吃到穿没有一点点特殊，也从未要求过特殊待遇。据曾在他手下工作过的老同志万玉宁说，王总平时总是文质彬彬，谦和有礼，和工人们一起在食堂吃一样的饭，从来不摆架子，更不会和人争吵，宽容平和，职工们都很尊重他。

王慈明曾住过的刃具厂宿舍区66号院，那是个普通的小院，楼下有一片葱绿的树木花草。1994年，王慈明夫妻被分配到三楼的一套两室一厅，房间面积六十多平方米，从未装修，一直保持着分房时的原貌。房间内的陈设非常朴素，最贵重的东西就是那套旧式彩电、影碟机和普通音响组合了。王慈明从小爱听京戏和古典音乐，一辈子也没有忘掉这癖好，音响组合可是老人家听京戏和音乐的必需品。

王慈明老人对电子兴趣很浓，家中订有多种电子类杂志。20世纪70年代，他曾自己动手组装了一台电视机，那也是成都量具刃具厂职工自己动手组装的第一台电视机，曾引起了小小的轰动，不少邻居、同事闻讯挤到他家蹭电视看。

厂领导看他一直住在这套面积不大的老旧宿舍里，多次想给他换套大点的房子，让老两口晚年能住得舒服点，可是他总是推说算了，之后就一直住在这里。直到他逝世前几年，才在子女们的"强

制"安排下，搬到西安中路附近的一个条件较好的小区居住。

王慈明的妻子顾华是苏州的大家闺秀，家里的老宅曾经是明弘治间尚书吴赛复园故址。小女儿王令尔两岁时，顾华就离开这个有着私家花园的庭院，随丈夫来到了成都，住在大东郊成量厂的职工宿舍里。顾华也在成量作技术工作，两人育有两子一女。大儿子王庆元曾是八里庄中学（后改为成都外国语学校）教师，二儿子王五一曾任蜀锦厂厂长，两人均已退休。小女儿王令尔，十八岁那年母亲提前退休让她顶替进了成量厂。

王慈明在成都相伴东郊，低调地生活了五十年，除了少数人知道他父亲是王国维，他从没有向其他人提起过自己与父亲王国维的事，就连子女也所知甚少。小女儿王令尔直到 20 世纪 70 年代才得知

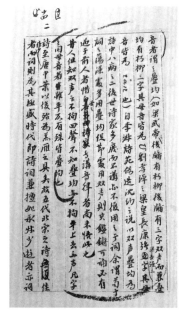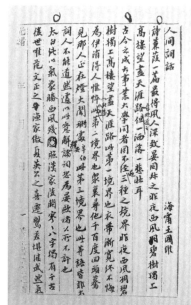

左：王国维《人间词话》手稿

右：1987年，王国维的几个子女在香江重聚，中间者为王慈
明。摘自王东明：《王国维家事——王国维长女王东明百年
追忆》，安徽人民出版社，2013

自己的爷爷是王国维。20世纪90年代，一个研究王国维的国际组织在上海召开王国维学术研究会，王慈明受邀参加了一次，那也是他参加的唯一一次有关父亲的学术研究会。

1983年，王慈明带着儿子王五一回到海宁盐官老家，那是五一第一次回家乡探亲。王五一记得，"当时，房子很破旧。站在老屋前，父亲指着房子对我说，这就是他出生的地方"。

1987年9月，王国维的四个子女，台湾的三子王贞明、长女王东明，成都的五子王慈明，上海的六子王登明，分离近四十年后，终

于在香港见面了。此刻，四人年龄相加刚好三百岁。

1994 年 11 月，王东明再一次来到成都看望弟弟慈明，也顺便到新疆探望已故二哥的儿辈至亲。后来的岁月，连接姐弟俩的是隔着海峡的一根电话线。王慈明晚年对电子的兴趣丝毫未减，为了满足他的兴趣，儿女还专门为他买了笔记本电脑，老人经常上网浏览，偶尔还打打游戏，就像年轻人一样。

2009 年，九十七岁的王东明，在自己的生平简表里，记下一条：11 月，五弟王慈明在成都去世。此后，儿女这辈就只有她一个人，继续活着讲述父亲王国维的家事。2013 年，《王国维家事：王国维长女王东明百年追忆》在国内出版。

"山寺微茫背夕曛，鸟飞不到半山昏。上方孤磬定行云。试上高峰窥皓月，偶开天眼觑红尘。可怜身是眼中人。"父亲王国维的这首充满悲悯情怀的《浣溪沙》，不知是否曾经常常被儿女们想起。他们不管走怎样的路，注定绕不开父亲和他的名字，绕不开他在《人间词话》说的"三种境界"：

古今之成大事业、大学问者，罔不经过三种之境界："昨夜西风凋碧树。独上高楼，望尽天涯路"，此第一境界也；"衣带渐宽终不悔，为伊消得人憔悴"，此第二境界也；"众里寻他千百度，蓦然回首，那人却在，灯火阑珊处"，此第三境界也。

一位工业迁徙者的故事

　　我是 1958 年从沈阳 111 厂来成都的，十七岁时从沈阳航空技术学校毕业就进了 111 厂——全国第一个搞喷气式飞机发动机的工厂。虽说是 1951 年建的厂，前身却是东三省航空处 1920 年建的。沈阳航空 410 厂，是 111 厂 1954 年建的；成都航空 420 厂，是 111 厂 1958 年建的。

　　援建 420 厂的时候，组织上找我谈话，现在国家工业重心内迁，迁去四川支援祖国的航空工业，有利战备，如果有困难，可以不去。

　　我二话不说，热血沸腾报完名，回到家里一说，老娘就掉眼泪了：哎呦，四川在啥地方啊，这天远地远的，这一走，什么时候回来得到，娘还见得你吗？

　　对老娘的不舍，即刻被豪情万丈的整装待发冲淡了。四千多名职工，被子一卷，带着铝锅、牙膏、脸盆，还有腌酸菜的瓦缸，分三批向四川出发。我是第三批坐火车来的。前两批来的还有坐船的，先到大连，坐船到重庆，再坐车到成都。

　　临走时我跟老娘说放心，沈阳在东北，四川在西南，正好一条对角线，等几年铁路就直达了，到时候坐火车回来看她。结果这一

成都航空 420 厂
来源：成华区档案馆资料

走，还真没再看到老娘。第二年，老娘去世了，这边老婆怀孕又要临产了，光坐火车，来回就得六天六夜呐！没回家奔丧，心里难过了好久。

先生产后生活
"100 天建成 420 厂"

现在看看，双桥子多繁荣，我们来的时候，就是一片荒地。但谁也没有被眼前的荒凉景象吓到，一下火车，安顿好行李被盖，卷起袖子就开干了。

那年头真是一个火红的年代，第二个五年计划开始实施，无数建设者携家带口来到成都，落户东郊，双桥子这块土地一下子就热闹起来。当时我们的口号是"一百天建成420厂""先生产后生活",修建顺序是先建厂房,后盖宿舍、食堂。

现代化的厂房内,机器等生产设备一切都已经就绪,职工宿舍还没有建起来几栋。咋办?自己动手,修"干打垒"。"干打垒"是一种垒泥为墙、上覆石棉瓦或牛毛毡的土坯房。双桥子遍地黄泥巴,修"干打垒"简直得天独厚,就地取材,不花一分钱。

建土坯房有两种办法,一种是将泥巴挖起来,放进木模具里,捶打结实,制成泥坯;一种是直接用大几号的木模具垒墙,程序和打土坯砖一样,只是人要站到墙上去用木杵把黄泥土捶打夯实。优点是墙一次成形,不用一块块地砌,缺点是随着墙的增高,填泥、夯土难度增大。

大家伙一合计,决定采用土坯砖砌墙的办法修,制砖、砌墙,流水作业。工厂三班倒,师兄弟在厂里上完自己的正班,又热火朝天地往建筑工地上加班。上夜班的干白天,下白班的接夜班。高音喇叭里高唱着"咱们工人有力量",工地上,大家嗨呀嗨地干得欢,"咱们的汗水往下淌,咱们的脸上发红光"。

大家打砖的打砖,砌墙的砌墙,一天立起一排土坯房,两天盖石棉瓦封顶,三天就搬进去住人。建厂初期咱修建的干打垒,作为临时性的住房,一直到20世纪80年代还住着,发挥着余热。

除干打垒外,马棚、无名高地在420厂也是有名的临时住房。马棚属于当地一个交通运输合作社,后来划归420厂区,厂里就把它隔成一间一间做宿舍,还当成招待所,接待安置汉中等兄弟厂来学习"取经"的工人。

无名高地的得名,源于两排平房的地基高,和后来修建的职工宿舍的二楼齐平,又因为临时建筑没有编号,无名高地的名字就叫开了。无名高地是搞基建时候堆放建筑材料的两排平房,基建结束后,和马棚一样，稍加改造，弄点竹子编成篾笆墙，隔成一小间一小间，黄泥巴往上一糊，再上一层石灰浆，就开始安置职工家属了。

那时候，无名高地等简陋住房，别看一没厕所，二没厨房，紧俏着哩。新婚夫妇能够在无名高地分上一间，可高兴了，排在后面等空缺的一长串。

历经十二年
分到独门独户的单间

1958年，大批苏联专家带着从厂房土建到机器安装的全套图纸来支援成都工业建设，420厂的16号大楼、三层楼小洋房的职工家属宿舍，都是典型的苏式建筑。

这些三层楼的"洋房子"，在东郊企业中是普遍存在的，红砖外墙玻璃窗，家家有个伸出约一米的阳台，石质栏杆上面有几何形状的浮雕，洋气得不得了。房子铺的木地板，五寸多宽、两米来长的大木板子，公母榫的镶嵌工艺。公母榫，就是地板与地板之间的连接榫头，一个凸出来一个凹进去，不用一颗钉子，一合拢，就扣得紧紧的，一杯水泼洒上面了，一时半会都漏不下去。

看着一栋栋套二套三的家属宿舍雨后春笋

东郊记忆公园，原红光电子管厂

摄影：毛背心

般立起来，大家伙心里别提有多高兴了。哎呦，楼上楼下，电灯电
话，当时给我们宣传的共产主义就是这个样子啊，现在就缺一电话，
也差不离了！

大家伙憧憬着住进套二房子的好光景，干起活来，一身都是劲。
结果呢，套二住两家人，套三住三家人，漂漂亮亮的洋房子，变成了
大杂院。

房子紧张，分房肯定是要论资排辈、先来后到的。我是最早从
沈阳过来的元老，只分配到套二的一个小间，九平方米。和我合住的
老师傅一家四口，住十四平方米大间。就这样，也很满足了。毕竟，
这是正儿八经的房子，还有好多结了婚的双职工，还住马棚、无名高
地干打垒呢。

随着孩子们的出生和长大，住房也从套二的九平方米调到套三
的十五平方米。当我终于分到一间十五平方米独门独户房子的时候，
距离从沈阳来成都，已经十二年了。

三家人合住套三的十五平方米和一家人独门独户的十五平方米，
天壤之别啊！三家人共用一个厨房，三个蜂窝煤炉子，夏天进厨房相
当于进高温车间，受罪啊。水箱冲水的厕所好是好，三家人十来个人
也用不过来呀，家家户户都得备一个搪瓷痰盂解决内急。

那时只要分到房子了，家具不用考虑，可以去房产科领一张双
人床，一张二抽桌，两张方凳。孩子多的，再申请一张或者两张单人
床，加上几乎家家都有的樟木箱子，够用了。我家是一张双人床上架

双桥子三街坊文化广场，原420厂家属区

摄影：甘霖

个单人床，前面摆张吃饭的圆桌；另外一间单人床和双人床呈丁字形摆放，房产科发的二抽桌就架在单人床上面。摆上后抽屉底面距离床铺还有三十厘米的高度，晚上睡觉，脚就伸到二抽桌下面。

重叠起来的二抽桌和单人床，归大孩子使用。我和老伴的一些小东西，就放墙角那两口樟木箱子上了。樟木箱子弄块花布罩上去，跟桌布一样，每天吃完饭，看到孩子们趴在饭桌和二抽桌上写作业，我和老伴心里暖和着呢。

420厂
建设者心中永远的丰碑

420厂建厂初期，厂子附近都是农田，咱吃的住的，那一个艰苦啊，但再苦再累，心里有一股自豪感，干起工作来劲头十足。

让咱自豪的事情多了去了：花园式的工厂、高大的车间厂房、职工食堂、医院、幼儿园、中学小学、俱乐部、电影院、灯光球场、图书馆……职工家属几万人，日常生活，读书学习，文化体育娱乐，不出厂区，一应俱全。

双桥子这条老马路，从水碾河一直通到双桥子咱厂大门。每天上班这条路上川流不息。好多的人专门跑过来当稀罕事看，看了回去吹牛得吹好几天。

东郊国防厂的家属宿舍，在成都最先烧上天然气，煮饭炒菜，就是划一根火柴的事情。那个时候的姑娘找对象，一听说东郊，一听说带数字的工厂，心里就欢喜。大学毕业生、转业军人，谁不盼分到东郊带数字的国防厂？

从青丝到白发，我在东郊干了一辈子。420厂在咱这些老人的心里，是一座谁也搬不走的纪念碑！那是咱历经艰难困苦，用青春、理想和信念修建起来的。没事我爱沿着这条老马路，从双桥子慢慢溜达到水碾河，默默地念叨着这是三街坊，这是俱乐部，这是厂医院……咱的根，已经扎在这块土地上了，情深意长。

非遗

成华区东风路北一巷，长两百多米，被戏称为『冷巷子』，成都市川剧研究院就坐落于此，由民国时期川内有名的三个戏班——三庆会、三益公、三三川剧改进社合并而成。2012年，成都市川剧院更名为成都市川剧研究院。

一批批川剧大师从这里走出，将精湛的川剧表演艺术带进京城，走向全国，继而登上国际舞台。自1984年始，成都川剧院共有九名演员荣获中国戏剧表演艺术最高奖——『中国戏剧梅花奖』。这条不起眼的『冷巷子』，绽放出九朵梅花，上演着生旦净末丑，讲述着成都的川剧故事。

"冷巷子"
走出川剧大师

东风路北一巷是一条僻静的小巷，位于成华区东风路与玉双路之间，长两百多米。在这条成都人戏称为"冷巷子"的中段，成都市川剧研究院就坐落在这里。

小巷极其普通，过往之人也难留下什么印象。但说起"二团排演场"，大多数过来人就会说："那地方我熟得很，川剧好多名角都出在那里。"而川剧圈内人士却不这样叫，他们习惯的叫法是"文工队"。六十年前，这里还是金牛区区保和公社点将三队的地盘，瞩目四望一片葱绿的田野和菜地。1959年，市长李宗林划拨了十亩土地给成都市川剧院修建培训基地。在一圈插满竹竿的"围墙"里，盖了几栋砖混结构的简易平房，培训基地就算是落户在这里了。单位的名称几经变更，后来改为成都市文化工作队。因为没有街名，大家就叫这地方为"文工队"。

川剧，是成都人的民间记忆，也是这条小巷让人们难以忘怀的文化符号。一批批川剧大师从这里走出，将精湛的川剧表演艺术带进京城，走向全国，继而登上国际大舞台。2012年，在成都市文艺院团体制改革中，成都市川剧院更名为成都市川剧研究院。

414

"五腔共和"
川剧一统

　　20 世纪伊始，落日西沉的晚清帝国试图通过推行"新政"挽救危机四伏的大清政权。这种自上而下的变革思潮，在巴山蜀水得到了强烈的呼应，客观上推动了社会文明和经济、教育、文化艺术的进步。在川剧界，最引人注目的大事件就是催生了"五腔共和"川剧一统的新局面，使现代川剧经过不断的整合而最终成形，从而成为川剧发展史上一个重要的里程碑。川剧研究专家公认，川剧历史以此为界，分为早期川剧和现代川剧两个历史阶段。

　　"五腔共和"无疑是现代川剧的最大特色，古镇犍为罗城船形街有座戏楼，台柱两侧有副楹联："昆高胡弹灯曲绕黄梁；生旦净末丑功出梨园"，便是对现代川剧"五大声腔""五大行当"特色的高度概括。川剧的五种声腔原本各是一个独立的剧种，相互之间没有必然联系。经过清代中期到晚清一百多年漫长岁月的洗礼，几代川剧艺人不断地探索、创新，在清代中期就以"二下锅""三下锅""风搅雪"的方式，逐步将这五种声腔融合到川戏这个地方剧种中，出现了五种声腔用四川话演唱川剧的趋势。光绪二十六年（1900），当人们在除夕之夜的鞭炮声中迎来 20 世纪到来之时，"五腔共和"顺应历史滚滚潮流应运而生，它像一个初生的"世纪婴儿"，给川剧带来了前所未有的新希望。

　　现代川剧的形成与四川"四条河"有着十分密切的关系，现代川剧素有"五腔四条河"之称。所谓"四条河"，是指川剧的四大流派。早期川剧是以散布在川省各地民间班社为演出单位，它是声腔流传的重要载体和媒介。据传，昆、高、胡、弹四种声腔早年是沿川西岷江、川东长江、川北嘉陵江和川南沱江等四条河流输入四川的，唯有灯戏是四川土生土长的"土特产"。这与历史上声势浩大的"湖广填四川"移民运动有着直接的关系。外省移民带来的各路声腔，在经过四川本土化的交融后，按声腔流行不同区域而划分为"川西坝""资阳河""川北河""下川东"四大板块。川西坝以成都为中心，以胡琴为主，形成"坝调"独特的艺术风格。"资阳河"以自贡、内江等川南地区为中心，以高腔为主，艺术风格最为谨严。"川北河"以南充等川东北地区为主，以唱弹戏为主，受秦腔影响较大。"下川东"以重庆为中心，特点是戏路杂，声腔多样化，高腔、胡琴、弹戏并重，受徽剧、汉剧影响较大。这四大流播区域在川剧界史称"四条河道"。

川剧演出最具特色的器乐就是高腔锣鼓，锣鼓起到指挥的重要作用，无论在哪里，只要开台锣鼓一响，远远地听到那让人激动和亢奋的铿锵之声，谁都会知道那里一定有戏班子在演川剧了。于是，戏迷们便呼朋唤友，牵浪打群地前来看戏。

晚清，成都戏班演出场所也发生了很大的变化。之前，戏班演出场所大多在会馆、寺庙、场镇万年台或乡间临时搭台，没有固定的演出场地，戏迷自带坐凳或"看战国"（方言：站着看戏）。这类演出，一般由会首或寺庙"包戏"，不向观众卖票。因为露天看戏，戏迷叫着"看坝坝戏"。光绪三十二年（1906）华阳县人吴碧澄在成都会府北街创建"可园"，迎合了成都人喝茶的习俗，开创了川剧进茶园、首开卖票看戏之新风。可园有正座二百四十座，楼座一百六十座，副座一百二十座，普通座五百座，共计一千零二十座，是当时成都最大规模的茶馆戏园。这样的演出场所气派、正规，演出时还供应茶水、点心和其他小食品，每座五角，吸引了川内有名的川剧班社旭春社、二乐和、三庆会、长春堂等来此演出，可园就成了这些川剧班社演出的固定场所。由可园开端，标志着川剧演出

因"湖广填四川"兴起的川剧，至今仍在巴蜀大地上演
摄影：刘莉

华
城
记

左：川剧绝活《变脸》，其手法大体上分为三种："抹脸""吹脸""扯脸"。此外，还有一种"运气"变脸。随着剧情的进展，在舞蹈动作的掩护下，一张一张地将它扯下来，一般有三变、五变、九变乃至十多变

摄影：甘霖

右：《顶灯》说的是皮金好赌，其妻皮氏罚夫将油灯点燃顶在头上，在板凳上下做若干翻滚动作，不许将油灯打倒熄灭，并让油灯在头上"走路"（移动位置），还要用嘴将头顶上的油灯吹灭。整个表演始终贯穿着川剧绝活

摄影：甘霖

走向商业化、大众化，由"坝坝戏"走向"舞台戏"的嬗变。晚清诗人冯家吉在《锦城竹枝词》写道："梨园全部隶茶园，戏目天天列市垣。买座价钱分几等，女宾到处最销魂。"在风气未开的晚清，可园首开女宾座，当时在社会上也引起了轩然大波。

可园茶馆戏园的兴起，启发了力主改良戏剧的四川劝业道道台周善培（孝怀），他力促成都商业总会协理樊孔周也来修建一座新式剧场。光绪三十四年（1908），樊孔周募集股银八万两，买下成都川剧艺人公会所在地老郎庙旧址，修建悦来茶园，他与艺人签订协约，明确"园址为伶人度让与悦来公司，承办改良戏曲，为伶人永远谋生之所。"民国二年（1913），著名的三庆会在悦来茶园成立，悦来茶园从此就成了三庆会的"根据地"。民国十二年（1923），可园因故不复存在，悦来茶园便取代了可园，成为成都地区川剧演出的主要场所。至今，悦来茶园仍然是市民心目中的百年"川剧戏窝子"。

川剧渐渐趋于一统，也促进了"戏曲改良"运动的产生。光绪三十三年（1907），在清末"新政"的影响下，周善培（孝怀）积极倡导"改良戏曲"，由于官方的支持，很快就在华兴正街老郎庙（现锦江剧场）成立了"戏曲改良公会"，公会奉行"改良戏曲，辅助教育"为宗旨。成都天回镇金华寺戏楼楹联："弄假成真随他，演来无非扬清激浊；移宫换羽自我，听去都是教愚化贤"，也点明了川剧的教化功能。

"戏曲改良"运动发起六年后，民国二年（1913）春，成都三庆会剧社成立，它既是"戏曲改良"的时代产物，又是践行"戏曲改良"的大本营。"三庆会"取名是由古语"三多吉庆"而来，它由长乐、宴乐、怡乐、翠华、彩华、太洪、舒颐、桂春川内八家有名的戏班联合组成，共有三百多个川剧艺人，汇聚"五大声腔""五大行当"。有人撰联赞曰："顺潮流梨园五腔归一统，迎世纪氍毹百卉竞千秋。"

三庆会的成立标志着川剧声腔艺术的完整统一，是现代川剧艺术走向完全成熟的阶段。民国时期，是川剧界公认的成都地区川剧演出的主力军。

戏曲改良影响至深，三庆会面貌日新，甚至影响整个民国时期。抗战时期，张大千先生因喜爱川剧，与三庆会贾培之、周企何、陈书舫等艺人结为好友、至交，一时成为美谈。几十年来，三庆会虽几易会长，但会风依旧代代相传，直至1949年后，三庆会改组为"大众川剧院"，才结束了民国这段历史。

小巷深处
历史回眸

成都市川剧研究院驻地在成华区东风路北一巷，它的前身颇为复杂，源流颇多，三言两语很难说清。成都市川剧研究院宣传策划部主任熊剑说，成都市川剧研究院前身是1959年成立的成都市川剧院，简言之，就是"三三合一"。它是由民国时期川内有名的三个戏班三庆会、三益公以及后来并入的三三川剧改进社合并而成的。

新中国成立后对民国时期的戏班进行改造、重组，新式剧团从此取代了旧时戏班。三庆会与启群川剧团、蜀场剧团、蜀育剧团组建为大众川剧院，1953年更名为四川省川剧团，1955年再次更名为四川省川剧院二团。三三川剧改进社于1944年在四川省广安县成立，1952年辗转来到成都，1952年并入大众川剧院。"三益公戏班"是因为演出场地在成都春熙路北新街后巷子三益公大戏院而出名。三益公大戏院于民国二十三年（1934）九月兴建开业，开业后，民国时期川剧名角天籁、翠霞、唐笑吾、静环、廖静秋、杨玉冰、陈

华
城
记

组图：川剧分小生、须生、旦、花脸、丑角五个行当，各行当均有自成体系的功法程序，尤以"三小"，即小丑、小生、小旦的表演最具特色

左：马丽的旦角扮相

中：薛川的丑角扮相

右：为杨宗桔饰贾似道的花脸扮相

供图：成都市川剧研究院

全波等都曾在戏院登台献艺。抗战时期，秦怡、吕班等著名话剧演员也曾在三益公大戏院演出过《升官图》。1950年，三益公戏班更名为成都市实验川剧团。1953年再次更名为成都市川剧团。1959年，成都市川剧团与四川省川剧院二团（原西南川剧院二团）合并，成立成都市川剧院。

这是一场脱胎换骨的"革命"，数家旧戏班子经过"整编"，从此进入了国营川剧团的编制。成都市川剧院不仅是成都地区川剧演出中心，也是全国最大的戏曲艺术表演团体之一。成都市川剧院下属有少年队、一团、二团、青年川剧团。

过成都东风大桥就是出城了，城外是另一番风景，碧绿的农田与鸡犬之声相闻的林盘，构成平原上古典风情的农耕乡野画图。成都市川剧院少年队与成都市戏剧学校川剧班的学员背着铺盖卷来到这片土地，住进了简易的红砖平房，开始在成都市川剧院培训基地学文化、练功、唱戏。清晨，淡淡的炊烟像清雾一样弥漫在竹篱院墙外的田野，会不时听到穿透时空的"吊嗓子"的清音，与雄鸡的一声声高亢的啼鸣浑然一体，相映成趣。这是什么单位，因为名称变来变去，连附近点将大队的农民都说不明白，只知道这是娃娃们学唱戏的地方。直到1965年，基地成立成都市文化工作队，单位名称才固定下来。门前的路没有街名，队员们就叫此地为"文工队"。

1979年，新组建的成都市川剧院二团进驻文工队，给这条小巷带来了无限生气。20世纪80年代，是春风拂面、意气风发的时代。二团迎来了改革开放、"振兴川剧"的社会大气候，领导有指示，演员有干劲，群众有看头。成都市川剧院二团对文工队的小型排练场进行大规模技术改造，建成了一座可容纳一千多名观众看戏、看电影的正规剧场。1982年10月，新剧场落成，因剧场在二团大院内，命名为成都市川剧院二团排演场。内部做排演用，外部做电影院，二者兼顾。10月，二团排演的新编历史剧《玄武门》正式对外售票公演，让成都戏迷欢天喜地，奔走相告。1981年地名普查，成都市才将这条无名小巷命名为"东风路北一巷"。二团排演场是东门外的"戏窝子"，顿时，"冷巷子"成了"热巷子"，那时排队买票看戏、看电影的"长蛇阵"一直要排到东风路口。戏迷、电影迷管这里叫"二团排演场"，提起它，无人不知无人不晓。如果打的，报二团排演场，司机会准确无误地把乘客送到二团大门口。如果说巷名，恐怕好多老成都都记不起，说不清。

一位资深川剧票友在他写的博文《怀念茶馆看川剧的日子》中回忆道："那个时候，成都城里有很多剧团，他们骑着自行车整日穿梭在这个城市的大小茶馆里的舞台上。喜欢看戏的朋友，每周末可以去锦江剧场的悦来茶园、二团排演场的聊园茶馆看省市川剧团的正规演出，平日里也可以到水津街、木综厂、大慈寺的茶馆听票友玩票。可以说，20世纪80年代是成都茶馆与川剧共同繁荣的一个时期。"

然而，"繁华过后成一梦"。20世纪90年代中后期，成都市川剧院从80年代"黄金时代"一下坠入了世纪末"冰河时期"。曾经的"热巷子"又成为无人问津的"冷巷子"。许多川剧艺人生活陷入困境，不得不自谋生路。丑角演员廖晓宣是著名川剧艺术大师周企何的学生，由川剧"转型"到影视剧，其过程充满艰辛，却让"冷巷子"爆出个人人皆知的"巴蜀笑星"。世纪之交，成都电视屏幕上强势推出《府河人家》《下课了，要雄起》《老坎客栈》等四川方言电视剧，廖晓宣饰演的曹医生、王保长，一时街谈巷议。至今，成都影迷摆起，还津津乐道："廖晓宣把曹医生演活了！""廖晓宣演的王保长味道长"……

"九朵梅花"
盛开蓉城

　　成都市川剧院自 1959 年成立以来，在川剧舞台上既有"无限风光"的荣耀，也有"上下求索"的困厄。说起成都市川剧院，必然要说到老市长李宗林，他被川剧界人士称为"川剧的好老板"。1956—1957 年，李宗林市长组织成都市川剧团在全国巡回演出，这次演出，使川剧在全国十几个城市产生了极大影响，更重要的是，成都川剧团涌现出廖静秋、杨淑英、静环、司徒慧聪等全国知名演员，提高了成都市川剧团在全国的声望。

　　"久班则富"是川剧界流行的一句戏谚。李宗林市长十分重视成都市川剧院的建设，他采取种种措施，就是要让成都市川剧院表演人才"富"集起来，既发挥老艺人传帮带的作用，又要造就一批全国知名川剧表演艺术大师。那时，成都市川剧院可谓人才济济，群星闪耀，著名川剧表演艺术大师有陈书舫、刘成基、阳友鹤、竞华、杨淑英、周企何、曾荣华、司徒慧聪等，著名编剧有徐文耀、吴伯祺、徐棻、周静、范光翔、钟子勤、蒋维明等。1963 年，阵容强大的成都市川剧院再次出川，在北京、天津、上海、杭州、武汉、合肥、重庆等大城市巡回演出，这次巡回演出获得巨大成功，受到社会各界和专家学者的高度评价。

　　成都市川剧院自成立至 20 世纪 60 年代中期，创作、演出了大量有特色有影响的艺术作品，如《拉郎配》《白蛇传》《鸳鸯谱》《夫妻桥》《杜十娘》《柳荫记》《御河桥》《红梅赠君家》《刘氏四娘》《目连之母》《军代表智灭匪巢》《许云峰》等，很多艺术珍品至今仍保留在川剧舞台之上。

　　"不经一番寒彻骨，怎得梅花扑鼻香"，1978 年，成都市川剧院重新恢复了建制。蓦然回首，幸运的是成都市川剧院"青山依旧在"，原来的老班底没有散。老艺术家宝刀不老，舞台风姿依然。当年的年轻演员已经成熟，成为剧院骨干。老中青三代川剧人迎来了川剧艺术大好春天的到来，各行当既有领军人物，又有后起之秀，形成了和谐有力的集体效应和完整的艺术结构。说起成都市川剧院发展的风云历程，首届"中国戏剧梅花奖"获得者、现年八十二岁的晓艇老师对我说："没有李市长，就没有川剧院的今天。"的确，那时打下的雄厚基础，助力新时期成都市川剧院的"厚积薄发"，让许多川剧人至今犹念李市长。

1982 年 7 月，中共四川省委发出了"振兴川剧"的号召，成都市川剧院进入了一个新的历史发展时期，相继演出了众多的优秀传统剧目，同时又创作了不少新的剧目，在四川文艺舞台上引起很大的反响，如《田姐与庄周》《王熙凤》《红梅记》《红楼惊梦》《刘氏四娘》《目连之母》《激流之家》《文成公主》《青春涅槃》《山杠爷》《四川好人》《欲海狂潮》《尘埃落定》《天衣无缝》《落下闳》等经典剧目，不仅极大地满足了戏迷"渴戏"多年的愿望，丰富了文艺舞台，而且在"振兴川剧"中涌现出一大批优秀的中青年演员。

多年来，成都市川剧研究院除了抓演出、抓创作，还特别注重对新人的培养。最近，我去成都市川剧研究院采访，在排演场内，恰遇满头银发、精神矍铄的晓艇老师正在现场指导青年演员排练传统折子戏《问病逼宫》。《问病逼宫》是晓艇老师的代表作，1984 年，晓艇老师凭借《逼侄赴科》《问病逼宫》的精彩演出，获得首届"中国戏剧梅花奖"。

培养新人，"出人出戏"，是成都市川剧研究院（原成都市川剧院）自 1959 年成立以来形成的优良传统。改革开放以来，成都市川剧研究院更是新人辈出。小巷犹如一条红地毯铺就的星光大道，一个

①

②

⑤

③

④

组图："不经一番寒彻骨，怎得梅花扑鼻香？"一个个川剧表演艺术大师从东风路北一巷走出来，他们为我们留下了极其宝贵的川剧艺术文化遗产。时至今日，成都市川剧研究院仍然是全省拥有"梅花奖"演员和川剧代表性传承人数量最多的川剧院团，共有9名演员获得中国戏剧表演艺术最高奖"中国戏剧梅花奖"。其中：刘芸、陈巧茹更是二度荣获中国戏剧梅花奖

供图：成都市川剧研究院

① 陈巧茹　② 虞佳《红梅记·放裴》饰李慧娘　③ 王超《越王回国》饰越王　④ 刘芸《游园》饰杜丽娘　⑤ 晓艇、孙勇波《酒楼晒衣》，分饰陈商和蒋兴　⑥ 王玉梅《燕燕》饰燕燕　⑦ 蔡少波《纪信滚帐》饰纪信

华
城
记

个川剧表演艺术大师从东风路北一巷走出来，为我们留下了极其宝贵的川剧艺术文化遗产。仰望星空，大师们的风采，大师们的舞台艺术形象，在历史的长河中，如星星般闪闪发光。时至今日，成都市川剧研究院仍然是全省拥有"梅花奖"演员和川剧代表性传承人数量最多的川剧院团。成华区东风路北一巷，犹如人们夸赞的那样：这里是川剧界的"黄埔军校"。

"中国戏剧梅花奖"是中国戏剧表演艺术最高奖，始创于1983年，每两年一评，表彰在戏曲表演艺术上取得突出成就的中青年戏剧演员。自1984年晓艇荣获首届"中国戏剧梅花奖"起，在其后的三十五年间，成都市川剧院共有九名演员荣获中国戏剧表演艺术最高奖——"中国戏剧梅花奖"，其中，刘芸、陈巧茹二度荣获中国戏剧梅花奖。

九朵梅花开蓉城，非物遗产有传承。成都市川剧研究院历届"梅花奖"获得者和非遗传承人如下：

晓艇（国家一级演员）：1984年荣获首届"中国戏剧梅花奖"，代表性剧目有《逼侄赴科》《幽儒放裳》《问病逼宫》等。

刘芸（国家一级演员）：1988年荣获第五届"中国戏剧梅花奖"，代表性剧目有《田姐与庄周》《活捉王魁》《山杠爷》等。

陈巧茹（国家一级演员）：1992年荣获第九届"中国戏剧梅花奖"，代表性剧目有《打神》《白蛇传》《目连之母》《贵妃醉酒》等。

刘芸（国家一级演员）：1994年二度荣获第十一届"中国戏剧梅花奖"，参赛剧目《刘氏四娘》。

刘萍（国家一级演员）：2001年荣获第十八届"中国戏剧梅花奖"，代表性剧目有《妙常拜月》《翠香记》《秋江》《杜十娘》等。

孙勇波（国家一级演员）：2003年荣获第二十届"中国戏剧梅花奖"，代表性剧目有《白蛇传》《玉簪记》《太后改嫁》《鸳鸯谱》等。

孙普协（国家一级演员）：2005 年荣获第二十二届 "中国戏剧梅花奖"，代表性剧目有《五台会兄》《山杠爷》《铡美案》《经堂杀妻》等。

陈巧茹（国家一级演员）：2011 年二度荣获第二十五届 "中国戏剧梅花奖"，参赛剧目《欲海狂潮》。

王玉梅（国家一级演员）：2011 年荣获第二十五届 "中国戏剧梅花奖"，代表性剧目有《中国公主杜兰朵》《三击掌》《拷红》《三祭江》等。

王超（国家一级演员）：2013 年荣获第二十六届 "中国戏剧梅花奖"，代表性剧目有《越王回国》《装盒盘宫》《欲海狂潮》等。

虞佳（国家二级演员）：2019 年荣获第二十九届 "中国戏剧梅花奖"，代表性剧目有《目连之母》《三击掌》《拷红》等。

2006 年 5 月 20 日，川剧经国务院批准列入第一批国家级非物质文化遗产名录。成都市川剧研究院晓艇、陈巧茹被文化部授予国家级 "非物质文化遗产传承人" 称号，李笑非、蓝光临、刘芸、孙普协被列为省级非物质文化遗产传承人。陈巧茹被评为全国非物质文化遗产保护先进工作者。